임원경제지
권50

섬용지

贍用志 2

추천사

찬연히 빛나는 풍석 할아버님의 실용 정신!

2백여 년 전 풍석 서유구 할아버님이 저술하신 《임원경제지·섬용지》가 출간된 것을 대구서씨 후손을 대표하여 진심으로 축하합니다.

풍석 할아버님은 조선 후기 영정조 시대의 치세를 실질과 실용정신으로 떠받친 대구서씨 가문의 가학을 《임원경제지》라는 풍요로운 학문 체계로 꽃피우셨습니다. 젊어서는 정조대왕의 두터운 신임 속에 문치(文治)의 하명을 수행했고, 중년에는 고향에서 논밭을 갈며 고단한 삶의 실상을 이용후생 정신으로 절차탁마하여, 장년에 고위 관료로 복귀한 이후 노년이 다 가도록 조선의 부국안민을 위해 노력하며 조선 경세명물지학(經世名物之學)의 결실을 《임원경제지》 113권으로 남겨 놓으셨습니다.

이 《섬용지》만 해도 당대의 건축 기술과 집에 살면서 필요한 온갖 일상생활용품을 규모와 제도에 비추어 낱낱이 서술해 놓았을 뿐만 아니라, 그에 필요한 공업 지식의 범위와 시대적 요구를 절실하게 담고 있습니다. 풍석 할아버지는 진실로 조선 실학 정신의 체현자이자 새 시대를 열어간 선구자이셨습니다.

21세기 현대는 물질주의와 황금만능 사고가 뒤덮은 만큼이나 정신이 황폐해 있습니다. 이 어지러운 시대를 사는 우리에게 풍석 할아버지의 실용주의 정신은 더욱 빛나고 있습니다. 과연 우리 삶에 정말로 필요한 것이 무엇인지, 식력양지(食力養志)의 참뜻이 무엇인지 곰곰이 따져볼 때입니다.

현대 대중을 위해 풍석 할아버지의 위대한 저술을 15년 가까이 연구, 번역해 온 임원경제연구소 학자 여러분께 진심으로 감사드리고, 이렇게 훌륭한 책으로 출간해 주신 풍석문화재단과 출판사 여러분께도 감사드립니다.

– 서진석(대구서씨대종회 회장)

귀하고 감사한 책, 《섬용지》 출간을 축하합니다

조선시대 전통 장신구 중 남자가 허리띠에 차거나 여자가 옷고름에 달았던 장도의 맥을 잇고 있는 장도장으로서, 그동안 숨어 있던 장도들을 모으고 연구하기 위해 장도에 관한 기록을 줄곧 찾아다녔습니다. 그런데 놀랍게도 이번에 출간되는 《섬용지》에서 '패도'라는 이름으로 우리나라 장도뿐 아니라 일본과 중국의 장도를 소개하고 있습니다! 전통 장인에게는 정말 귀한 자료가 아닐 수 없습니다. 《섬용지》는 우리 같은 전통 장인에게는 고향과 같은 책입니다. 당대에 만들고 쓴 실상을 현장감 있게 접할 수 있기 때문입니다. 귀하고 또 감사한 책입니다.

다른 분야의 전통 장인을 위해서라도 하루빨리 《임원경제지》 16지 전체가 출간되기를 고대합니다. 그동안 번역하느라 고생해 온 임원경제연구소의 노고에 감사드립니다.

— 박종군(국가무형문화재 장도장)

엄밀함과 따스함이 공존하는 책!

평생을 자수와 함께 살아온 저로서는 《섬용지》야말로 조선 전통 장인의 매운 손맛이 담긴 유일한 책이 아닐까 싶습니다. 풍석 선생은 집 안에 있는 자수 놓은 베개나 자개로 장식한 옷장, 담배쌈지, 골무, 비녀, 분첩 하나도 그냥 지나치지 않으셨습니다. 용도와 제작법뿐만 아니라, 식물과 광물로 온갖 색을 만들어 문양을 내는 법까지 알려 주십니다. 읽다 보면 선생의 엄격하고도 자상한 눈빛을 대하는 듯합니다.

— 이승희(대한민국 자수공예명장)

조선 후기의 일상 풍경으로 떠나는 여행

'금칠을 한 탁자 위에 뜨거운 차를 놓으면 대부분 누렇게 된다. 그럴 땐 탁자를 밖에 내놓아 하룻밤만 서리를 맞히면 예전처럼 반짝거리게 된다. 눈 속에 두면 효과가 더욱 빼어나다.' 《섬용지》에 나오는 내용입니다. 《고금비원》의 내용을 되살린 것으로, 이 글 하나로도 저는 감격에 차고 조선 후기의 풍경이 선연하게 그려집니다. 손님을 대접하거나 하면서 뜨거운 찻잔을 놓으면 금칠한 탁자가 변색되는데, 그에 대한 처방을 이야기하는 것입니다. '금칠한 탁자를 마당에 내놓는다. 밤새 서리가 내려앉는다. 하얀 눈 속이면 더욱 좋다. 등잔불을 끄고 잠에 든다. 다음 날 아침에 반짝거릴 금칠 탁자를 꿈꾸며.' 아름답지 않습니까. 《섬용지》에는 이러한 보석들이 밤하늘의 별처럼 무수히 깔려 있습니다. 건조한 사막의 성에 사는 현대인들은 그 보석밭으로 여행할 필요가 있습니다.

— 이명훈(작가, 칼럼리스트)

새로운 시대를 열어 간 거인의 생애

조선 후기 엄격한 예와 신분질서를 앞세우고 국정을 움켜쥔 노론 보수파와, 그에 반발하여 완고하게 굳은 조선 주자학을 비판하고 정치 개혁을 외치는 재야 진보 지식인층으로 양분된 당대의 흐름에서, 풍석 서유구는 북학파의 유산을 짊어지고 홀로 실용주의의 길을 걸었습니다. 《임원경제지》는 대립과 혼돈의 시대적 어둠 속에서 묵묵히 혼을 불사르며 새로운 시대를 열어 간 한 거인의 생애, 그 자체입니다.

– 이학종 (미디어붓다 대표)

우리가 잃어버린 그리운 것들을 찾아서

요즘 관광지에서 파는 등긁개가 조선 후기에도 있었고 '마고할미의 손[麻姑手]'이라 불렸다는 것을 아시는지요? 지금 같은 싸구려 대나무 제품이 아니라, 뽕나무로 만들거나 말갈기를 추처럼 엮어 대나무 자루에 끼우거나 옥으로 만든 예술적인 것까지 있었습니다. 왕골을 쪼개어 엮어 만든 왕골자리는 물론 창포의 일종인 부들로 짠 아름다운 자리[香蒲席]도 있었고, 예술작품 같은 대나무발[竹簾]도 있었습니다. 《섬용지》 2권에는 조선 후기의 일상용품과 그것들을 만들던 섬세한 손길이 오롯이 담겨 있습니다. 지금은 잃어버린 그리운 것들입니다.

– 최연우 (단국대 전통의상학과 교수)

조선 후기 사람들의 일상생활을 들여다본다

《섬용지》를 읽다 보면 마치 살아 있는 민속박물관에 들어와 있는 듯합니다. 당시 일상에 쓰이던 온갖 기물을 하나하나 가리키며 자세히 설명하는, 갓에 흰 도포를 입고 갓신을 신은 단려한 선비의 모습이 보입니다. 용도와 재료, 제조공정과 생산지까지, 조선 팔도의 장인들이 만들어 낸 상품과 수입품까지 조목조목 알려 줍니다. 《임원경제지》를 읽는 것은 2백 년 전 우리의 전통 일상생활을 즐기는 일입니다.

– 장동우 (연세대 국학연구원 연구교수)

林園經濟志

임원경제지
권50

섬용지 贍用志 2

건축·도구·일용품 백과사전

권3
· 복식도구
· 몸 씻는 도구와
  머리 다듬는 도구
· 일상생활에 필요한 도구
· 색을 내는 도구

풍석 서유구 지음 추담 서우보 교정
임원경제연구소 옮김

풍석문화재단

이 책은 ㈜DYB교육 송오현 대표 외 수많은 개인의 기부 및 문화체육관광부의 지원으로
완역 출판되었습니다.

임원경제지 섭용지 2

지은이   풍석 서유구
교 정   추담 서우보
옮기고 쓴 이   🌿 **임원경제연구소** (소장 정명현)
              공동번역 및 교열 : 이동인, 이강민, 김태완, 최시남
              2차 번역 : 차서연
              교감 및 표점 : 민철기, 김수연, 황현이
              삽화 제작 및 그림 조사 : 차서연, 정명현
              자료정리 : 김현진, 고윤주
              원문 및 번역 최종 정리 : 정명현
              감수 : 조순희, 최연우
              연구소 홈페이지 www.imwon.net

펴낸 곳   🏛️ **풍석문화재단**
              펴낸 이 : 신정수
              진행 : 진병춘, 박시현 진행지원 : 박소해
              전화 : 02)6959-9921 E-mail : pungseok@naver.com
편집디자인   아트퍼블리케이션 디자인 고흐
펴낸 날   초판 1쇄 2016년 12월 27일
              2쇄 2021년 9월 13일
ISBN   979-11-89801-45-8

＊ 표지그림 : 김홍도 〈자리 짜기〉《단원 풍속도첩》·〈길쌈〉《단원 풍속도첩》·〈고누놀이〉《단원 풍속도첩》
   (국립중앙박물관 소장), 한궁도병풍(국립고궁박물관 소장)
＊ 사진 사용을 허락해 주신 국립중앙박물관, 국립민속박물관, 국립고궁박물관, 문화재청, 고려대학교
   박물관, 관동대학교박물관, 단국대학교 석주선기념박물관, 온양민속박물관, 유교문화박물관, 이화
   여자대학교박물관, 태백석탄박물관 여러분께 감사드립니다.

《섬용지》권3 해제

　《섬용지》권3은 복식을 비롯하여 집 안에서 생활할 때 필요한 전반적인 도구들을 〈복식 도구(服食之具)〉, 〈몸 씻는 도구와 머리 다듬는 도구(盥櫛之具)〉, 〈일상생활에 필요한 도구(起居之具)〉, 〈색을 내는 도구(設色之具)〉 등 총 4부분으로 구성하여 자세히 설명한 책이다.

1) 복식 도구

　〈복식 도구〉는 쓰개, 옷과 갖옷, 이부자리, 띠와 신발, 기타 장신구, 여자의 복식, 바느질에 쓰는 여러 도구, 의복의 보관 등 총 8개 항목으로 구성되어 있다.

　"쓰개"에는 갓, 삿갓, 망건, 복건, 치관, 와룡관, 동파건, 방관, 털모자가 있다. 서유구는 쓰개를 만드는 방법은 물론 그 재료와 주요 생산지, 각각의 쓰개를 착용하는 신분 계층, 갓을 세척하는 법, 쓰개를 오랫동안 사용하는 방법 등을 구체적으로 설명했다.

　"옷과 갖옷"에는 도포, 심의, 학창의, 편복, 갖옷, 전구, 배자, 등배자, 토시, 휘항, 풍차, 털버선, 가죽 제품, 가죽 제품과 전(氈) 제품을 보관할 때 좀이 쏠지 않게 하는 법과 모전으로 만든 옷 세탁법이 있다. 도포는 조선시대 사대부의 대표적인 포(袍)의 하나로, 왕이니 왕세자의 관례 및 사대부의 외출복과 의례복, 일상복으로 착용한 옷이다. 서유구는 박지원의 견해를 그대로 수용해 도포의 기원을 중국 승려의 의복에서 찾고 있다. 그러나 도포는 중국 승려의 복장을 모방한 것이 아니라, 조선시대에 관원들이 단령(團領)의 받침옷으로 입거나 겉옷으로 입은 '직령(直領)'에서 유래한 의복이다. 서유구는 "옷과 갖옷" 분량의 절반 정도를 심의 제도와 심의 제도에 관한 변증에 할애하여 심의를 설명하는 데 총력을 기울이고 있다. 심의는 상하가 연결되어 몸을 깊숙이 감쌀 수 있는 포(袍)의 한 종류이다. 중국 한대(漢代)에 일상복으로 착용하다가 말기에 사라졌던 심의를 송대(宋代)에 이르러 당시의 문헌 고증을 토대로 다시 제작해 입기 시작했다. 조선시대에는 《주자가례(朱子家禮)》의 전래와 함께 심의를 착용하기 시작했으며, 조선시대 유학자들은 의례복이나 평상복으로 착용했다. 조선시대 유학자들이 심의를 선호하게 된 이유는 무엇보다도 《주자가례》를 몸소 실천하는 모습을 보여 줄 수 있었기 때문이다. 그러나 《주자가례》의 '심의 제도'의 방식대로 심의를 제작해 착용할 경우 옷이 불편한 형태가 되고, 문헌 해석에 문제점이 발생하면서 읽는 사람마다 각자 다른 의견을 제기하여 심의 제도에 대한 논의가 증폭되었다. 서유구도 이러한 시대 상황을 따라 심의의 형태를 치밀하게 고증하여 자신만의 새로운 심의 형태를 고안하고, 그 모습을 그림으로 그려 놓았다. 그러나 서유구는 논란이 되는 심의의 형태가 모두 착용했을 때의 뒷모습이기 때문에 그가 생각한 심의의 뒷모습만을 그려 놓고, '심의'의 장점을 살려 향촌에 거주하는 선비와 유학자들이 편안하게 거처할 때 입는 옷으로 삼고자 했다.

서유구는 심의와 마찬가지로 유학자가 착용하는 복식인 편복(便服)에 대해서도 설명했다. 서유구가 말하는 '편복'은 말 그대로 '편한 옷'으로 주희가 만년에 손님을 맞이할 때 착용한 '야복(野服)'이다. 이 옷이 편한 이유는 띠[帶]를 묶으면 예를 차릴 수 있고 띠를 풀면 편하게 거처할 수 있기 때문이다. 현재 야복 또는 편복의 형태를 보이는 옷은 출토 복식이 존재하지 않기에 그 형태를 정확히 알 수 없다. 하지만 송시열(宋時烈, 1607~1689) 또한 초야에 거주할 때 주희를 따라 야복을 직접 착용했으며, 이 그림이 자료로 전해

서유구의 심의후도(深衣後圖)(《楓石全集》)

진다. 서유구와 동시대에 살면서 친분도 두터웠던 성해응(成海應, 1760~1839)도 편복의 형태를 설명하면서 "서울의 옛 풍속을 따를 수 있다."라 했으니 편복은 조선 후기에 유학자들이 주희를 따라 착용하고자 애쓴 복식의 하나라고 볼 수 있다.

그러나 서유구는 편복을 단순히 주희가 착용했던 복식이라는 이유로 그대로 답습해 착용하기보다는 조선의 풍습에 따라 고치려 했다. 그는 소매가 둥글고 넓지 않은 결과삼(缺胯衫)의 형태를 본떠 편복의 상의를 만들고자 했다. 앞뒤가 연결되어 있지 않은 편복의 상의에 '첨(襜, 무)'을 붙여 앞뒤가 연결되게 하고, 뒤를 약간 터서 말을 탈 때 편리하도록 한 것이다. 그는 자제(子弟)들에게 이 옷을 입으면 일하기도 편리할뿐더러 중치막과 같이 넓은 소매를 만드는 데 들어가는 원단을 아껴 소요되는 비용을 줄일 수 있다고 제안한다. 서유구가 편복의 소매 폭을 줄이자고 제안한 것은 단순히 실용성만이 아니라 비용 절감을 통해 경제성을 높이려는 이유가 있었던 것이다.

갓옷은 옷을 만드는 재료인 짐승과 지역에 따라 분류하여 설명하면서, 오랑우탄의 피로 물들인 성성전(猩猩氈)이 방한(防寒) 효과가 빼어나다고 했다. 이 밖에 가죽 제품에 좀이 쏠지 않게 예방히는 법, 털이 가죽에서 빠지지 않게 하는 법을 소개하고, 벌레 먹지 않게 하는 방법과 세탁하는 법을 설명했다.

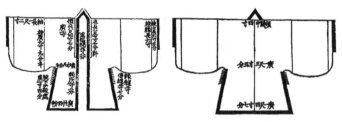

송시열이 문집에 그려 놓은 야복 상의 앞면(좌)과 뒷면(우)(《宋子大全》)

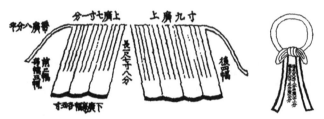

송시열이 문집에 그려 놓은 야복 치마(좌)와 대대(우)(《宋子大全》)

"이부자리"에서는 이불, 두 채의 이불을 나누고 합치는 법, 작은 이불, 요, 베개를 설명하고 있다. 조선시대에 벼슬을 하지 않은 선비나 일반 백성의 집에서는 부유한 집안과는 달리 이불을 계절과 용도에 따라 바꿔 가며 덮을 수 없었다. 이러한 현실을 알기에 서유구는 하나의 이불을 일 년 내내 쓸 수 있는 방법을 제안한다. 그 방법이란 솜을 2개로 나누어 한겨울에는 솜 2개를 합치고 봄과 가을에는 솜을 분리해 한 이불만 덮는 것이다. 이로 써 이불이 너무 얇아 추위를 막지 못하거나 이불이 너무 두꺼워 살이 드러나 감기에 걸리는 상황을 방지하고자 했다.

"띠와 신발"에는 띠, 갖신[履], 비(屝, 풀로 만든 신발), 나막신[屐]과 신발 사용법이 있다. 서유구는 한번 마련한 복식을 유지하고 관리해서 오래 착용할 수 있는 방법을 여러 차례 설명하고 있다. 이 부분에서는 3종류의 신발을 설명하고 유지 및 보관 방법을 알려 준다. 갖신[鞋, 가죽신] 바닥은 항상 말리고 2~3켤레를 바꿔 가면서 신고 또 말리라고 했다. 진신(비가 올 때 신는,

징이 박힌 신)은 젖은 베로 진흙과 때를 깨끗이 문지른 다음 건조한 곳에 걸어 두고 바람에 말리며, 징이 빠지면 바로바로 보수하라고 설명했다.

"기타 장신구"에는 패도, 초혜집, 주머니, 접부채, 모선이 있다. 접었다 폈다 하는 접부채는 조선 남성들의 장식품으로, 당시 남성들은 여름뿐만 아니라 한겨울에도 겨울용 부채를 사용하여 항상 부채를 손에 쥐고 다녔다. 서유구는 당시 조선에서 사용하는 부채는 너무 크고 대나무 살이 가늘고 얇은 장식적인 면만을 부각시켜 온전히 바람을 낼 수 없다고 지적하며 부채의 장식적인 면보다 본래 목적인 더위를 식히기 위해 바람을 내는 기능을 강조했다.

"여자의 복식"에는 족두리, 비녀, 저고리와 치마, 당의, 원삼, 신[屨]이 있다. 이 중 족두리(簇頭伊)는 조선 후기 다른 사람의 머리카락으로 꾸미는 가체(加髢)를 대신하는 의례용 수식(首飾)으로, 왕실에서부터 일반 백성에 이르기까지 폭넓게 사용했으며, 오늘날 혼례에도 착용하는 대표적인 여성 예관의 하나이다. 당시 조선 여인들은 가체에 대한 사치가 심한 경향이 있었는데, 정조는 이 문제를 해결하기 위해 가체의 착용을 금하고, 대신 쪽진 머리와 머리에 쓰는 관인 족두리로 대체하기를 권장했다. 그러나 족두리를 쓰는데도 사치스러운 경향은 계속되었다. 서유구는 그 원인으로 족두리 밑에 쓰는 쪽진 머리인 '낭자머리'를 다른 사람의 머리카락을 취해 만들기 때문이라고 지적했다. 정조 3년(1779년)에 사람의 머리카락을 땋아 만들던 머리장식을 나무로 대체했듯이, 오동나무를 깎은 다음 옻칠을 하거나, 또는 종이나 대나무로 만든 다음 본래 자신의 머리카락만으로 만든 쪽 위에 덮어씌우자고 제안했다. 이는 머리카락을 풍성하게 보이려고 가체를 얹는 여인들의 욕구를 만족시키면서도 비용 낭비를 해결할 수 있는 방법이었다.

"바느질에 쓰는 여러 도구"에는 바늘, 바늘을 녹슬지 않게 보관하는 법, 골무, 가위, 인두, 다리미, 자, 다듬잇돌과 다듬잇방망이, 빨랫줄, 항간(빨래 너는 장대) 등이 있다. 바늘은 옷 등을 꿰맬 때 쓰는 도구로, 옷을 만들거나 기울 때 없어서는 안 되는 물건이다. 서유구는 일상생활에서 빠질 수 없는 이 바늘을 우리나라에서 만들지 못해 모두 중국에서 수입하는 현실을 한탄하고는 《천공개물》을 인용해 바늘 만드는 방법을 설명한 뒤, 바늘을 국내에서 만들어 전국으로 유통시켜야 한다고 주장했다. 수입에 의존하는 물건으로 인해 백성들이 경제적으로 궁핍해질까 걱정하여 국산화를 위한 제조법을 알려 준 것이다.

"의복의 보관"에는 횃대, 채상, 버들고리, 옷농, 옷장, 옷 보관법이 있다. 옷이 좀이나 곰팡이, 습기에 손상되지 않게 보관하는 방법을 소개하고, 이와 함께 현대의 섬유유연제와 같이 갓 세탁한 옷에서 향기가 나게 하는 법도 설명하고 있다.

2) 몸 씻는 도구와 머리 다듬는 도구

"몸 씻는 여러 도구"에는 대야, 양칫물사발, 가루비누합, 세숫대야깔개, 세수치마, 수건, 목욕통, 뒷물용 유황대야, 탕관이 있다. 대야는 재료에 따라 놋대야, 사기대야, 질그릇대야, 나무대야, 가죽대야로 나누어 설명하고, 세숫대야는 꼭 놋대야를 쓸 것을 강조한다. 그 이유는 나무대야에서 얼굴을 씻으면 눈이 손상되지만, 놋쇠는 금(金)의 기운을 지니고 있어서 유익하기 때문이라고 설명한다. 양칫물사발[漱水碗]의 용도에 대해서는, 어린 하인들이 대야를 들고 갈 때 대야 안의 세숫물이 양칫물을 담은 사발 안으로 넘쳐 들어가 양치하는 사람은 깨끗하지 못한 물로 헹구게 되는 문제를 먼저 지적했다. 이를 해결하기 위해 놋쇠로 만든 작고 둥근 받침대를 만들어 양칫물사발을 세숫대야 안에 놓아야 한다고 했다. 이를 통해 본다면, 예전에는 세숫대야와 양칫물사발이 분리되어 있지 않고 세숫대야 안에 양칫물 헹구는 사발을 두었던 것으로 보인다. 수건에 대해서는 우리나라에서 만든 베가 약해서 쉽게 해지기 때문에 우리나라에서 생산한 수건 3장이 연경에서 수입한 수건 1장을 당할 수 없다고 했다. 이 밖에 조선시대에는 물을 데우는 도구가 따로 있어 데운 물로 몸을 씻었기에 물을 데우고 나르는 도구들에 대한 설명이 자세하게 실려 있다.

"머리 다듬는 여러 도구"에는 얼레빗, 참빗, 빗솔, 빗치개, 족집게, 민자(아녀자의 빗), 살쩍밀이, 빗접, 구리거울, 유리거울, 화장대가 있다. 참빗에서는 머리를 빗을 때 빗살이 부러지는 일을 막기 위해 들기름으로 빗을 솔질하여 광을 낼 것을 권장했다. 빗살 사이에 때가 끼여 제거하기 어려울 때에 사용하는 빗솔, 빗치개에 대해서도 만드는 재료와 모양을 구체적으로 설명했다. 이 밖에도 구리거울을 주조하는 방법과 거울을 선명하게 닦는 법도 소개하고 있다. 화장대에서는 화장대의 구조를 자세히 묘사하고 있는데, 총 3단으로 구성하여 아래의 2단에는 각각의 여닫는 서랍을 만들고, 그 서랍의 겉에는 다시 문갑(文匣) 모양의 문을 2짝 만들며, 위의 1단에는 서랍이 없이 덮개를 만들어 덮는다고 했다.

3) 일상생활에 필요한 도구

누울 때 쓰는 도구와 앉을 때 필요한 도구, 가리거나 막는 여러 도구, 기타 도구로 구성되어 있다. "누울 때 쓰는 도구"에는 침대, 방로, 양탄자, 종전(말총모전), 융과 모전, 모전에 좀 쏠지 않게 하는 법, 몽고전, 등나무자리, 왕골자리, 부들자리, 비단자리, 수숫대자리, 오소리가죽요, 산양가죽요, 개가죽요, 등침(등베개), 접베개, 완침(왕골베개), 퇴침, 대자리베개, 나전베개, 소가죽베개, 죽부인이 있다. 서유구는 우리나라 사람들은 바닥에 자리를 깔고 앉거나 눕기를 좋아하는 반면에 정작 온돌은 만들지 못해 아궁이의 재가 갑자기 식으면 흙과 돌 위에서 자는 것 같다고 했다. 질병은 대부분 찬 데서 잠을 자서 발생하므로 중국의 제도를 본받아 의자에 앉고 평상에 누워야 한다고 제안했다. 또 다리가 있는 침대를 사용할 것을 권장하면서 침대 위에 깔아 사람의 몸을 따뜻하게 하는 방로나 구유, 양탄자 등을 차례차례 설명하고, 보관법까지 알려 주었다. 이 같은 겨울용 깔개 외에도 여름용 깔개인 자리에 대해 소재에 따른 제작법과 사용법 등을 다양하게 설명했다. 조선에서는 제작되지 않아 구하기 어려웠던 겨울용 깔개는 대부분 중국 수입품에 의존했던 것으로 보인다. 바닥에 깔고 누울 때 사용하는 요 또한 소재에 따라 다양하게 설명했다. 예를 들면 가난한 사대부가 냉기를 막는 도구인 개가죽요는 가장 따뜻하고 두껍지만 가죽을 제대로 무두질하지 않으면 털이 뻣뻣해진다고 알려 주고 있다. 베개는 중국 제품과 조선 제품을 다양하게 설명했고, 여름에 잠잘 때 껴안고 자면 시원한 죽부인 항목에서는 소식(蘇軾)의 시구를 인용하며 대나무에게 부인이라는 명칭을 붙이게 된 까닭을 밝히고 있다.

"앉을 때 필요한 도구"에는 의자, 교의(交椅) 엮는 법, 걸상, 장의자, 연궤(상), 탁자, 탁자 씻는 법, 방석이 있다. 서유구는 의자 위에도 침대에서처럼 모전으로 만든 깔개를 깔아 차가운 기운이 피부에 닿지 않게 하려 했다. 침대 사용을 제안한 것처럼 중국의 영향을 받아 의자나 탁자를 사용할 것도 권장했는데, 이는 조선시대 일반 사대부에게 익숙한 좌식(坐式) 생활 습관을 개선하려 했다는 점에서 주목할 만한 대목이다. 또한 귀한 물건을 오래 사용하는 방법을 설명하는데, 탁자에 자국이 났을 때 주석 잔에 끓는 물을 부어서 자국이 난 부분에 대 주는 방법, 금칠을 한 탁자에 술병을 놓아 누레지면 탁자를 밖에다 놓아 서리나 눈을 맞히는 방법 등을 알려 준다. 그러나 교의 엮는 방법에 대한 설명은 교의가 어떤 형태이며 어떻게 엮는지 이해하기 어려운 부분도 있다.

"가리거나 막는 여러 도구"에는 병풍, 방장, 모기장, 방장걸이, 병풍이나 방장을 보관하는 법, 발, 겹분합문이 있다. 방을 따뜻하게 하기 위해 방에 치던 방장은 짐승 가죽으로 만드는데, 현대의 커튼과 비슷한 역할을 한다. 방장이나 병풍은 적잖은 비용이 드는 물건이기 때문에 그 보관법도 설명한다. 발 항목에서는 대나무로 발을 엮는 법, 발에 장식하는 법, 색을 내는 법, 광택을 내는 법을 차례대로 설명하고, 색을 내지 않을 때는 황칠(黃

漆)로만 칠하기를 권장했다.

"기타 도구"에는 구장(비둘기지팡이), 전수장(논물지팡이), 등긁개, 비, 쓰레
받기, 먼지떨이, 요강, 호자(타구), 담뱃대, 담뱃갑, 재떨이가 있다. 전수장
은 바닥에 닿는 끝부분에 쇠삽을 끼워 논두렁이 막히면 흙을 긁어서 터 주
는 실용적인 지팡이이다. 오늘날 주로 '효자손'이라 불리는 등긁개 항목에
서는 그 명칭과 만드는 재료, 중국에서 만든 등긁개를 소개하고, 비 항목
에서는 장소에 따라 사용하기에 적절한 비를 만드는 소재를 구분하여 설명
했다. 호자는 '타호(唾壺)'인데 호자(虎子)가 된 이유가 호랑이 모양을 본떴기
때문이라고 했다. 호자는 이제까지 실내에서 쓰는 남성용 변기로만 알려졌
는데, 서유구가 실내에서 가래나 침을 받는 용도인 타구로 설명한 점이 눈
길을 끈다. 재떨이는 나무로 만드는데, 남아 있는 불씨가 기물을 다 태울까
걱정스럽다면서 놋쇠로 만든 재떨이를 제안한다. 그리고 재떨이의 바닥에
물을 받아 놓으면 담뱃재가 바로 꺼진다고 했으니, 현대에도 통용되는 방법
이다.

4) 색을 내는 도구

이 부분은 채색, 기름과 옻, 훈염(스며들게 하여 물들이기)으로 구성되어 있다.

"채색"에서는 주로 화장도구와 화공들의 물감 및 기물에 칠하는 물감으
로, 분, 백악(백토), 주사, 왜주(일본주사), 연지, 대자석, 석간주, 자분, 황단,
자황, 석중황, 등황, 도황, 석청, 쪽물, 압척청(닭의장풀 물감), 석록, 동청, 하
엽록, 송연, 유금, 유은, 가짜 금색 등을 소개한다. 서유구는 여성들의 중
요한 화장품인 분 만드는 방법을 자세히 소개했다. 여기서 그는 국내산 분
이 좋아서 중국인들도 수입해 가지만 일본 분이 가장 좋으므로 일본에서
재료를 사 와서 만들 수 있는 사람을 길러야 한다고 주장한다. 중국에서
불로장생의 약으로도 알려진 수은의 재료인 주사에 대해서도 비교적 길게
설명했다. 주사, 수은, 은주는 본래 같은 물건으로, 주사를 승화시켜 수은

을 얻고 수은을 승화시켜 은주를 만든다. 주사는 석회암에서 생산되는 주홍색을 내는 물질이다. 서유구는 민간에서 쓰는 중국산 '당주홍(唐朱紅)' 제조법은 더 연구해 볼 필요가 있다고 언급하기도 했다. 푸른색을 내는 재료인 석청(石靑)을 논하기도 했다. 중국에서는 이를 이청(二靑)과 삼청(三靑)으로 세분한다. 그러나 본초서에는 이청과 삼청이라는 명칭이 아닌 석청(石靑)과 백청(白靑)으로 표기되어 있어 모호하다고 생각했던 부분이 있는데, 서유구는 문헌의 고증을 통해 이청이 석청이고 삼청이 벽청(碧靑)임을 입증하기도 했다. 단청의 주재료로 쓰이는 동청에 대해서는 중국에서 동청을 만들 때 식초를 구리에 부어 생긴 녹을 모아 햇볕에 말리는데, 우리나라에서는 징과 구리대야 등을 술독이나 식초 항아리 속에 매달아 녹이 생기면 긁어모아 햇볕에 말려 만든다는 사실을 밝혔다. 이어서 우리나라에서 만든 녹은 녹을 햇볕에 말리는 방법이 적절하지 못해서 중국산 녹에 비해 질이 떨어진다고 지적했다. 또한 가루금을 설명하는 부분에서는 우리나라에서 금이 나는데도 중국에서 금을 수입하는 이유는 금을 가루 내는 방법을 모르기 때문이라고 적시했다. 또한 일본은 병풍이나 부채에 금색을 입히는데, 모두 진짜 금은 아닌데도 진짜 금처럼 보여 어떻게 색을 내는지 연구해 봐야겠다고 고민을 토로하기도 했다.

"기름과 옻"에는 옻, 옻칠 위에 금가루 뿌리는 법, 옻칠 위에 색칠하는 법, 칠기 광내는 법, 가짜 옻칠 방법, 시칠(감물칠), 황칠, 야생 쇠귀나물로 칠하는 법, 동유, 법제들기름, 나무그릇에 기름칠하는 법, 집 지은 재목에 기름칠하는 법, 종이 바른 기물에 칠하는 법이 있다. 옻칠에 대해서는 칠장이들이 들기름 등의 가짜 약재를 섞기 때문에 진짜 옻인지 구별하는 방법 3가지를 알려주었다. 일본 사람들은 옻칠을 잘하기로 유명하고 옻칠을 할 때 티끌만큼의 먼지도 용납하지 않아 심지어 배를 타고 바다에 나가 먼지가 미치지 않는 곳에서 옻칠을 한다고 강조했다. 이어서 서유구는 그 방법을 모두 따라 할 수는 없으니 휘장이나 칠장이의 옷에 물을 뿜어 먼지가 날리지 않게 하고 다른 사람의 출입을 막는 방법이라도 쓰자고 제안한다. 옻칠과 함께 우리나라에서 유명한 황칠(黃漆, 황칠나무의 진으로 만든 도료)도 설명하고 있는데, 황칠을 하기 전에 미리 치자즙을 발라 주면 색이 더욱 선명하다고 전하고 있다. 전적으로 수입에 의존하는 동유(桐油, 유동나무씨 기름)를 다루는 대목에서는 명칭이 잘못됐음을 지적했다. 조선에서는 법제한 들기름을 '동유'라 부른다는 것이다. 그러나 이 '동유'는 중국의 물감보다 못하기 때문에 동유를 생산할 수 있는 유동나무를 재배해야 한다고 강조했다.

법제들기름 항목에서는 《화한삼재도회》와 《산림경제보》에 실린 3가지 제조법을 언급하고 있다. 《화한삼재도회》에는 들기름에 밀타승(密陀僧), 활석(滑石), 고반(枯礬)을 넣고 약한 불로 정제한 다음 백분(白粉), 진사(辰砂), 녹청(綠靑)을 섞어서 제조하는 방법이 담겨 있고, 《산림경제보》에서는 들기름에 백초상(百草霜), 무명석(無名石), 백반을 넣어 충분히 달여 제조하는 법과 들기름에 송진, 쇳가루, 백초상, 소금을 넣어 제조하는 법을 자세히 설명하고 있다.

특히 이 자료는 전통 법제들기름 복원에 귀중한 기초자료가 되어 한국과학기술연구원(KIST) 남기달 박사의 주도로 연구가 진행되고 있는데, 《섬용지》에 수록된 기술을 현대에 산업적으로 활용할 가능성을 엿볼 수 있어 기대가 되는 대목이기도 하다.

"훈염"에는 목기 물들이는 법, 오동나무 지지는 법, 대나무에 점 찍는 법, 선지(扇紙, 부채종이)에 물들이는 법, 가죽에 물들이는 법이 있다. 목기를 물들이는 법은 나무에 다른 색을 입히는 것으로, 주로 자단나무색과 강진향색으로 물들인다. 오동나무에 반점을 찍어 대나무처럼 만드는 방법과 대나무를 다른 색으로 물들이는 방법도 설명하고 있다. 가죽을 물들이는 작업을 할 때는 우리나라 장인들이 매염제 역할을 하는 반(礬)을 넣어 쓸 줄 모르는 점을 안타까워했다.

이상에서 보듯이 서유구는 일상생활에서 사용하는 모든 물품을 편리하게 쓰도록 하여 백성들의 생활을 윤택하게 하고자 했다. 그 가운데 특히 여성들이 주로 사용하는 기구들도 **빼놓지** 않고 그 구조와 모양에서부터 유지·보관하는 방법까지 자유롭게 넘나들며 설명하고 있는 점도《섬용지》의 특성을 새롭게 규정할 수 있는 중요한 측면이다.

또한 그가《섬용지》권3에서 가장 한탄한 부분은 조선 장인의 솜씨이다. 조선의 장인들이 만드는 물건은 들인 고생에 비해 정교하지가 않아 나라 안에 필요한 물건들이 조악하다는 것이다. 이 때문에 중국을 비롯해 섬나라 일본에서까지 사들이는 현실을 비판하면서 원재료가 생산되지 않는 종자를 구입하고 제품 만드는 장인을 키울 것을 강조한다. 서유구는 조선의 현실과 중국, 일본의 수준 높은 솜씨를 비교하면서 이 글을 읽는 독자들로 하여금 개탄하는 마음이 들길 바랐고, 조선의 현실을 타개할 만한 서유구 자신만의 해결책을 강구한 노력이 엿보인다.

《섬용지》전체에 반영된 조선의 문물 수준에 대한 그의 현실 인식은 수많은 현장 조사와 문헌 연구를 통해 여기에서도 여지없이 일관되었던 것이다.

차서연(단국대학교 전통의상학과 박사)

차례

섬용지 권제3 贍用志 卷第三

복식 도구 服飾之具

몸 씻는 도구와 머리 다듬는 도구 盥櫛之具

일상생활에 필요한 도구 起居之具

색을 내는 도구 設色之具

1. 채색 彩色

일러두기

– 이 책은 풍석 서유구의《임원경제지》를 표점, 교감, 번역, 주석, 도해한 것이다.

– 이 책은 풍석 서유구의《임원경제지》를 표점, 교감, 번역, 주석, 도해한 것이다.

– 저본은 정사(正寫) 상태, 내용의 완성도, 전질의 구성 등을 고려하여 고려대학교 도서관 소장본으로 했다.

– 현재 남아 있는 이본 가운데 서울대학교 규장각한국학연구원, 일본 오사카 나카노시마부립도서관, 미국 UC버클리대학교 아사미(淺見)문고 소장본을 교감하고, 교감 사항은 각주로 처리했으며, 각각 규장각본, 오사카본, 버클리본으로 약칭했다.

– 교감은 본교(本校) 및 대교(對校)와 타교(他校)를 중심으로 하고, 필요에 따라서는 이교(理校)를 반영했으며 교감 사항은 각주로 밝혔다.

– 번역주석의 번호는 일반 숫자(9)로, 교감주석의 번호는 네모 숫자(⑨)로 구별했다.

– 원문에 네모 칸이 쳐진 注, 法 등과 서유구의 의견을 나타내는 案, 又案 등은 원문의 표기와 유사하게 네모를 둘렀다.

– 원문의 주석은【 】로 표기했고, 주석 안의 주석은〔 〕로 표기했다.

– 서명과 편명은 번역문에만 각각《 》및◇로 표시했다.

– 표점 부호는 마침표(.), 쉼표(,), 물음표(?), 느낌표(!), 쌍점(：), 쌍반점(;), 인용부호("", ''), 가운뎃점(·), 모점(,), 괄호(()), 서명 부호(《》)를 사용했고 인명, 지명 등 고유명사에는 밑줄을 그었다.

– 字, 號, 諡號 등으로 표기된 인명은 성명으로 바꿔서 옮겼다.

3

섬용지 권제 3

贍用志卷第三

I. 복식 도구 / II. 몸 씻는 도구와 머리 다듬는 도구
III. 일상생활에 필요한 도구 / IV. 색을 내는 도구

새색시가 화장품을 담는 도구이다. 《설문해자》에 의거하면 "염(奩)은 원래 거울을 보관하는
기물이다."라 했기 때문에 지금 민간에서는 '경대(鏡臺)'라 부른다. 그 제도는 지금의 서랍이
있는 벼룻집과 같다. 하지만 3단으로 나누어 아래 2단에는 모두 서랍을 만들고, 그 앞에는
문갑(文匣) 모양과 같이 문 2짝이 있고, 위 1단에는 덮개가 있어 덮을 수는 있지만 서랍이 없
다……화장대에 분·연지·유랍 등 여러 가지 화장품 등의 물건을 나누어 보관하되, 각각의 물
건은 작은 병이나 합에 담는다. 그 병이나 합은 일본사기에 아름다운 빛깔들로 그림을 그린
것이 좋고, 성천(成川)의 옥돌로 만든 것이 그 다음이다. 거울이 작으면 맨 위 단에 보관하고
거울이 크면 경대 위에 놓는다.《금화경독기》

앞 페이지 그림은 조선 후기의 화가 이명기와 김홍도가 그린 문신 서직수(徐直修, 1735~1811)의 초상화다. 서직수가 62세 되던 해인 1796년에 당시 최고의 궁중화원인 이명기가 얼굴을 그리고 김홍도가 몸체를 그려서 합작한 것이다. 이 작품은 조선시대 초상화들이 대부분 좌상(坐像)인 것과 달리 입상(立像)일뿐더러, 매우 뛰어난 형태 묘사와 투시법, 명암법을 구사하면서도 높은 품격을 보여 주어 조선 후기 초상화의 백미로 꼽히는 걸작이다. 동파건에 도포를 입고 흑색 광다회(廣多繪)를 두른 채 버선 발로 서 있는 서직수를 그린 이 초상화는 평상복 차림을 한 조선시대 유학자의 모습을 보여 준다.

서직수는 영의정을 지낸 서명균(徐命均, 1680~1745)의 조카이자 서유구에게는 재당숙(再堂叔)이다. 서직수는 1765년 진사시에 합격하여 정조(正祖) 대에 북부 도사(北部都事), 공조 좌랑, 홍산 현감, 공주 판관 등을 잠시 역임하기도 했지만, 관직에 나아가 출세를 하려 하기보다는 시서화(詩書畫)를 즐기며 일생을 보냈다고 한다.

- Ⅰ -

복식 도구

服飾之具

1. 쓰개

冠巾

1) 갓[1]

갓에는 대우[帽]가 있고 양태[簷]가 있는데, 모두 대오리[竹絲][2]를 엮어서 만들고 베로 싸서[3] 옻칠을 한다. 그 양태는 제주도에서 오는데, 지금은 통영에서 만든 양태가 더욱 좋다. 팔도에서 쓰는 갓 중에 9/10가 모두 제주산이고 통영산은 값이 올라 1/10밖에

笠

有帽有簷, 皆竹絲結成而布裹髹漆. 其簷來自耽羅, 近年統營造者尤佳. 衣被八域者, 什九皆耽羅產, 而統營者價翔, 僅居什之一.

대오리로 엮어 옻칠을 한 갓(국립민속박물관)

대오리로 만든 양태에 베[布]를 입힌 갓(국립민속박물관)

---

1   갓 : 조선시대 립(笠)은 머리를 덮는 '모자 부분[帽 : 대우]'과 '차양 부분[簷 : 양태]'으로 구성된다. 립은 흑립(黑笠), 초립(草笠), 평량자(平凉子) 등이 있다. 이 중 흑립은 일반적으로 '갓'으로 통용된 조선시대 남성의 대표적인 관모였다. 갓은 대우의 높이와 형태, 양태의 넓고 좁음에 따른 유행이 심했다.(국립민속박물관,《머리에서 발끝까지》, 국립민속박물관, 2011, 19쪽).
2   대오리[竹絲] : 갓은 대나무 또는 말총을 엮어서 만드는데, 서유구가 대오리만 언급한 이유는 우리나라는 대나무의 생산량이 많아 가격이 저렴했기 때문으로 보인다.
3   베로 싸서 : 대나무나 말총의 재료를 보강하면서 동시에 형태를 잡고 튼튼하게 하기 위해 직물을 덧대는 공정이다.

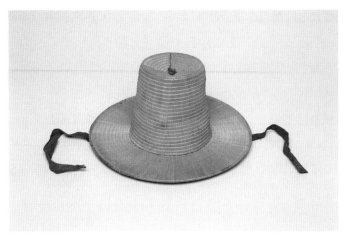

황초립(국립민속박물관)

되지 않는다. 그러나 바람을 잘 견디고 질기기로는 제주 양태 셋이 통영 양태 하나를 당할 수 없다. 새로 관례(冠禮)를 치른 소년은 황초립(黃草笠)[4]을 쓰는데, 그 색이 황금과 같다. 개성 사람들이 잘 만든다.

　대개 갓의 제도는 멀리 신라에서 시작되었는데, 오늘에 이르러서는 벼슬하는 사람이나 벼슬하지 않는 사람, 귀한 사람이나 천한 사람이 함께 착용하는 복장이 되었다. 중국 사람들은 우리의 갓을 '절풍건(折風巾)'[5]이라 한다. 우동(尤侗)[6]이 《외국죽지사(外國竹

然耐風而靭, 耽羅簷三不能當統營簷一也. 新冠少年戴黃草笠, 其色如金, 開城人善爲之.

蓋笠制, 遠自新羅, 至今爲朝野, 貴賤之所同服, 華人謂之"折風巾". 尤侗《外國竹枝詞》其言朝鮮有云"長衫廣袖折風巾", 卽指我國

4　황초립(黃草笠) : 누런빛의 풀을 엮어 만든 갓[笠]으로 장년과 구별하기 위해 관례를 올린 소년들에게 착용하게 했다.("今世少年加冠者, 亦必用草笠, 與壯長爲別, 未知其可也." 李瀷, 《星湖僿說》卷8 〈人事門〉"紅衣草笠).

5　절풍건(折風巾) : 고구려 때 소가(小加) 신분의 사람이 쓰던 변형 관모이다.("大加·主簿, 皆著幘, 如冠. 幘而無後. 其小加, 著折風, 形如弁."《後漢書》卷115 〈東夷〉;《後漢書》卷94 〈高麗傳〉) 절풍건은 한자 변(弁)과 같은 형태를 한 관모로, 위로 갈수록 좁아지는 삼각형의 관모[厶]와 좌우에 달린 끈[廾]으로 구성되어 있다. 고대의 절풍은 보통 소색 가죽으로 제작되며 관모 하단부에 흑색 테두리가 둘러져 있는데, 이 테두리는 절풍을 머리에 좀 더 안정적으로 안착시키는 역할을 했을 것으로 추정하고 있다.(정완진, 〈고분벽화로 본 고구려 복식문화〉,《韓國의 服飾文化史》, 단국대학교 석주선기념박물관, 2006, 333~334쪽).

6　우동(尤侗) : 1618~1704. 청(淸)의 관리이자 시인.

枝詞)》7에서 조선의 복식을 언급하며 "소매가 넓은 장
삼을 입고 절풍건을 쓴다."8라 했는데, 이는 바로 우
리나라의 포(袍)9와 갓 제도를 가리킨다.《금화경독기》

袍笠之制也.《金華耕讀記》

2) 갓 때 벗기는 법

洗笠汚法

갓에 기름때가 생기거나 땀이 스며들면, 오두(烏
頭)10를 진하게 달인 물로 씻어 준다.《물류상감지》11

笠子油汚或汗透, 以烏頭
煎濃湯洗之.《物類相感志》

3) 삿갓 12

蓑笠

농사를 짓거나 나무하는 사람들이 비를 막거나
햇빛을 가리는 갓이다. 옛날에는 띠풀[莎草]13로 만
들었다. 육기(陸璣)14의 《모시초목충어소(毛詩草木蟲魚
疏)》에서 "대(臺)는 부수(夫須)이다. 옛 설에 부수는
띠풀[莎草]인데, 삿갓을 만들 수 있다고 했다."15고
한 말이 이것이다. 그러나 〈도인사(都人士)〉라는 시16
에 "립(笠)을 쓰고 검은끈으로 묶었네."라는 구절이

農樵家庇雨蔽暘之笠, 古
以莎草爲之. 陸璣《毛詩草
木疏》"臺, 夫須. 舊說, 夫
須莎草也①, 可爲蓑笠"是
也. 〈都人士〉之詩, "臺笠
緇撮"與"狐裘"、"充耳"錯綜
竝擧, 則臺笠不專爲農夫

---

7 《외국죽지사(外國竹枝詞)》: 중국 주변국의 풍속을 읊고 해설한 책이다. 조선을 읊은 부분은 모두 4수로 풍
  문(風聞)을 거두어 모아 잘못된 부분이 많다. 죽지사는 칠언절구로 민간의 풍속을 읊은 시의 형식을 말한다.

8 尤侗, 《外國竹枝詞》.

9 포(袍): 남자들의 기본 복식인 바지와 저고리 위에 입는 큰 겉옷이다. 포에는 단령(團領), 직령(直領), 답
  호, 철릭, 도포, 창의, 중치막, 소창의, 학창의, 심의 등 다양한 종류가 있다.

10 오두(烏頭): 바꽃의 뿌리를 채취하는 시기와 형태에 따라 오두, 부자(附子), 천웅(天雄), 측자(側子) 등으
   로 분류하는데, 봄에 채취하는 바꽃의 뿌리를 오두라 한다. 주로 한약재로 사용한다.

11 《說郛》卷22 下〈物類相感志〉"衣服".

12 삿갓: 갈대나 대오리로 만들어 노동할 때 햇빛을 가리거나 비를 막는 쓰개의 일종.

13 띠풀[莎草]: 볏과에 속한 여러해살이풀로, 볕이 잘 드는 풀밭이나 강가에 무리 지어 자란다. 잎으로 지붕
   을 덮거나 문발, 도롱이 등 여러 용품을 만든다.

14 육기(陸璣): 260~303. 중국 서진(西晋)의 문인.

15 《毛詩草木鳥獸蟲魚疏》卷上〈南山有臺〉.

16 《毛詩正義》卷15〈小雅〉"都人士"(《十三經注疏整理本》5, 1070~1073쪽).

① 也: 저본에는 없음.《毛詩草木鳥獸蟲魚疏·南山有臺》에 근거하여 보충.

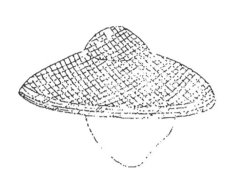

삿갓[臺笠]《三才圖會》

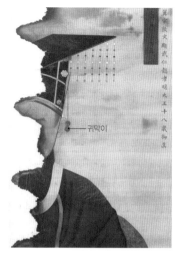

불에 타시 일부만 전히는 문조(文祖, 소명세자, 1809
~1830) 어진의 귀막이(국립고궁박물관)

'여우갖옷[狐裘]'[17]이나 '귀막이[充耳]'[18]와 함께 열거되
었으니 립을 쓰는 것이 농부가 비를 피하기 위한 복장
만은 아니다. 그러므로 왕안석(王安石)[19]은 "립을 쓰고
검은끈으로 묶었네."를 풀이하여, "벼슬하지 않는 사

襏襫之服. 故王介甫解"臺
笠緇撮"日："在野與衆偕
作之服." 凡山居野處者之
所宜必備者也.

---

17 여우갖옷[狐裘] : 고대에 갖옷[裘衣]은 방한용으로만 사용된 것이 아니라 특정 예복을 입을 때 함께 갖춰
　입는 옷이었다. 예복에 쓰는 갖옷에 관한 기록은《예기(禮記)》〈옥조(玉藻)〉가 대표적이다. 갖옷의 종류
　는 대구(大裘), 호백구(狐白裘), 보구(黼裘), 호청구(狐青裘), 미구(麛裘), 고구(羔裘), 호구(狐裘), 견구
　(犬裘), 양구(羊裘), 호구(虎裘), 낭구(狼裘) 등 다양하다. 대구는 천자가 면복(冕服) 중에서 최고 등급인
　대구면(大裘冕)을 입을 때 쓰고 다른 신분이나 다른 옷에는 함께 쓸 수 없었다. 호백구는 천자, 제후, 경
　(卿), 대부(大夫)가 입고 사(士)는 쓸 수 없었으며, 호청구, 미구, 고구, 호구(狐裘)는 사(士) 이상의 신분이
　모두 착용했다. 또 견구와 양구는 서민도 사용할 수 있었다.(崔圭順,《中國歷代帝王冕服研究》, 東華大學
　出版社, 2007, 29~31쪽).
18 귀막이[充耳] : 고대 최고 등급의 관모인 면관(冕冠)의 부속품이다. 면관에 달린 끈의 끝에 솜을 동그랗게
　말아 매달다가 후에 그 재료가 옥 등으로 바뀐다. 면관의 양옆에 늘어뜨려 둥근 부분이 귓가에 이르게 하
　고, 이를 통해 '귀를 막는다[充耳]'는 뜻을 형상화한다. 귀막이는 면관을 쓴 사람이 바르지 못한 말을 듣지
　않도록[止聽] 하는 것을 상징하고, 나아가 지도자가 아랫사람의 잘못을 들어도 못 들은 척하는 덕(德)을
　함양해야 함을 상징한다.(최연우,《면복》, 문학동네, 2015, 36~39쪽) 즉 호구(狐裘)나 귀막이가 달린 면관
　은 농부 등의 평민이 착용할 수 있는 복식이 아니기 때문에 본문에서 이들 물품과 동등하게 나열되는 립이
　단지 농부의 복장만은 아니라고 말하는 것이다.
19 왕안석(王安石) : 1021~1086. 당송팔대가의 한 명이자 정치인으로 자는 개보(介甫)이다.

대삿갓(국립민속박물관)

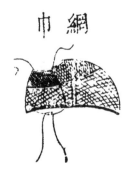

망건(《三才圖會》)

대부와 서민들이 함께 입는 복장"[20]이라 했다. 그러니 일반적으로 산이나 들에 거처하는 사람들이 꼭 갖추어야 하는 쓰개이다.

　요즘 농가에서 쓰는 삿갓은 모두 갈대를 쪼개 엮어서 만드니, 재료가 성글고 물러 쉽게 썩으므로 1년에 1번씩 바꿔야 한다. 호남 사람들이 대껍질을 깎아 가로세로로 가늘게 엮은 삿갓이 좋다. 일반 갓에 비해 배나 크고[21] 양태의 끝이 말려 올라가서 멀리 보는 데 방해가 되지 않는다. 삿갓에 옻칠을 하거나 황칠(黃漆)[22]을 하면 10년은 쓸 수 있다.

　【안】《왕정농서(王禎農書)》를 살펴보니 "요즘 갓을 만들 때는 대를 엮어 몸체를 만들고 대껍질로 싸서 크게도 만들고 작게도 만드는데, 모두 꼭대기가 솟

今農家所用, 皆析蘆葦編成, 疏脆易腐, 一年一易. 湖南人削竹皮, 經緯細織者佳. 比常笠倍大, 簷端卷起, 不礙眺遠. 髹漆或黃漆, 則可用十年.

【案】《王禎農書》云："今之爲笠, 編竹作殼, 裹以籜篛, 或大或小, 皆頂隆而口

20　벼슬하지……복장 : 원래 왕안석의 《모시의(毛詩義)》에 나오는 구절이다. 《모시의》는 왕안석의 신법(新法) 폐지 후 망실되었으나, 송대의 여러 문헌에 인용된 구절들이 종종 남아 있다. 이 구절은 여조겸(呂祖謙)의 《여씨가숙독시기(呂氏家塾讀詩記)》卷24에도 인용되어 있다.

21　일반……크고 : 대삿갓이라고 한다. 형태는 위의 사진과 같다.

22　황칠(黃漆) : 황칠나무 껍질에 상처를 내면 황금색 액이 나오는데, 이를 도료로 사용하고 색상이 황금색이기 때문에 황칠이라 한다.

말총으로 만든 19세기 망건(국립민속박물관)　　　　　망건과 망건통(국립민속박물관)

아 있고, 주둥이(밑)는 둥글다."23라 했다. 그 제도가 우리나라 호남에서 대나무로 만든 삿갓과 비슷하다. 다만 대껍질로 싸는 일은 쓸데없는 듯하다.》《금화경독기》

圓."其制與吾東湖南竹養笠相似, 但籜篛之裹, 則又近蛇足矣.》《金華耕讀記》

4) 망건24

옛날에는 직물로 머리를 묶었는데, 명나라 초에 천하를 안정시키자 비로소 망건(網巾)의 제도를 반포했다. 왕사의(王思義)는 《속삼재도회(續三才圖會)》25에서 《해함만상록(海涵萬象錄)》26을 인용하여 "태조(太祖)27가 미행(微行)28을 나갔다가 신락관(神樂觀)에 이르

網巾

古以帛束髮, 皇明初定天下, 始頒網巾之制. 王思義《續三才圖會》引《海涵萬象錄》云: "太祖微行至神樂觀, 見一道士結網巾, 召取

---

23 《王禎農書》卷15〈農器圖譜〉7 "養笠門", 258쪽.

24 망건 : 성인 남성의 두발을 정리하는 띠 형태의 건이다. 주로 말총을 사용해 앞이마 쪽은 성글게 짜고 나머지 부분은 머리카락을 정리할 수 있도록 촘촘하게 짰다. 오동나무, 대나무, 종이, 백동이나 구리로 만든 원통이나 사각, 육각, 팔각형 통에 담아 보관했다.

25 《속삼재도회(續三才圖會)》: 중국 명(明)나라에서 편찬된 유서(類書)로, 왕기(王圻)가 《삼재도회(三才圖會)》를 저술하였고, 후에 그의 아들 왕사의(王思義)가 속집(續集)을 편찬하였다.

26 《해함만상록(海涵萬象錄)》: 명(明) 황윤옥(黃潤玉, ?~?)의 저술로, 모두 4권이다. 황윤옥의 손자 황부(黃溥)가 황윤옥의 평소 언론(言論)을 40류(類)로 나누어 기록하였다.

27 태조(太祖) : 명나라 태조인 홍무제(洪武帝) 주원장(朱元璋, 1328~1398).

28 미행(微行) : 왕이 왕복이 아닌 평민 등의 옷차림을 하여 신분을 속이고 인심을 살피는 일.

렀는데, 어떤 도사(道士)가 망건을 짜고 있는 것을 보고 그를 불러서 얻어 갔다가 마침내 정해진 제도가 되었다."²⁹고 했다. 대개 처음에는 망건을 실로 짰는데 후에 말총으로 대신하게 되었다.

우리나라는 당줄을 꿰는 고리, 즉 관자(貫子)³⁰로 관리들의 품계를 구별하는데, 관자는 환옥(環玉, 동

之, 遂爲定制". 蓋始以絲結, 後代以鬃.

我東則以貫纓之環, 分別朝士品級, 有環玉、環金、

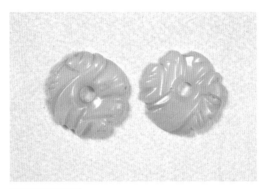

옥관자(국립민속박물관)

금관자(국립민속박물관)

29 《三才圖會》〈衣服〉 "網巾", 627쪽.
30 관자(貫子) : 조선시대 기혼 남자들이 상투를 틀어 머리를 간추리기 위해 망건을 착용할 때 망건의 좌우에 달아 당줄을 꿰어 거는 작고 둥근 고리로 일명 '권자(圈子)'라고도 한다.(장경희, 《망건장》, 화산문화, 2001, 71쪽).

솔(국립민속박물관)

근 옥), 환금(環金, 둥근 금), 각금(刻金, 무늬 새긴 금), 각
옥(刻玉, 무늬 새긴 옥) 등의 구별이 있고,[31] 하급 관료
[下士]나 서인들은 모두 바다거북 등딱지로 만든 관자
인 대모권(玳瑁圈)을 쓴다. 관서의 정주(定州) 사람들
이 망건을 가장 잘 짜서 나라 안에 유명하다.《금화
경독기》

刻金、刻玉之別. 下士與庶
人皆用玳瑁圈. 關西 定州
人最善結網, 名於國中.《金
華耕讀記》

5) 망건의 때를 제거하는 법

망건에 달걀노른자를 바른 다음 솔[刷子][32]에 물
을 묻혀서 깨끗이 닦으면 새것 같다. 또 잿물을 뜨겁
게 데워서 씻어 주면 역시 효과가 빼어나다. 망건에
때가 없는 사람은 눈병이나 두통이 없다.《산림경
제보》[33]

網巾去垢法

以鷄子黃塗之, 仍以刷子
蘸水淨洗則如新. 又烈灰
汁溫盪之亦妙. 網巾無垢
者, 無眼疾頭痛.《山林經
濟補》

---

31 우리나라는……있고 :《경국대전》에는 1~3품의 관자와 갓끈은 금이나 옥으로 만들고 갓 장식은 은으로 한
다고 기록되어 있다.("常服紗帽貫子笠纓用金玉, 笠飾用銀."《經國大典》卷3〈禮典〉).
32 솔[刷子] : 갓이나 망건 등의 먼지를 터는 도구.
33 출전 확인 안 됨.

6) 복건[34]

《부자(傅子)》[35]에서 "한(漢)나라 말기에 왕공(王公)들이 대부분 왕복(王服)을 벗고 복건으로 우아하면서도 소박한 멋을 살렸다."[36]라 했다. 이에 의거해 보면, 복건은 옛날에는 원래 서인들의 복장이었다가 한(漢)나라 말에 이르러 비로소 사대부의 복장이 된 것이다. 그리고 사마온공(司馬溫公, 사마광)[37]에 이르러 심의(深衣)[38]와 더불어 평상시 입는 관(冠)과 의복(衣服)이 되었다가, 주자(朱子)가 또 《가례(家禮)》에다 심의와 복건에 대해 싣자, 마침내 복건이 예복(禮服)이 되었다. 옛날에는 복건을 검은 견직물[皁絹]로 만들었다. 그러나 요즘은 겨울에는 검은색 단[黑緞][39]을 쓰고, 여름에는 검은색 사[皁紗][40]를 쓴다. 《금화경독기》

幅巾

《傅子》云："漢末王公多委王②服, 以幅巾爲雅素." 據此則幅巾③本古者庶人之服, 至漢末始爲士夫之服. 及司馬溫公, 與深衣同作燕居冠服. 朱子又載之《家禮》, 則遂爲禮服矣. 古以皁絹爲之, 今冬用黑緞, 夏用皁紗.《金華耕讀記》

---

34 복건 : 유생들이 의복에 갖추어 쓰던 건(巾). 베의 온폭[幅]을 사용해 만들었기 때문에 '복건[幅巾]'이라 한다. 한대(漢代)에 두건을 사용했고, 동한(東漢) 이후 두건에서 조금 변형된 복건이 출현했다. 복건은 위는 둥글고 뾰족하며 뒤에는 넓고 긴 자락을 늘어뜨려 양쪽 옆에 있는 끈을 뒤로 가게 한 다음 잡아매 착용한다.

35 《부자(傅子)》 : 중국 서진(西晉)시대 부현(傅玄, 217~278)이 편찬한 저서로, 120권으로 이루어져 있다. 《부자》는 부현의 이름을 딴 제목이다. 이 책은 부현이 살던 시대에 유행한 청담(淸談)이 아니라 유학의 입장에서 상인들의 착취를 비판하고 '백성을 나누어 업을 정하자[分民定業]'는 주장을 했다는 특징이 있다.

36 《傅子》〈附錄〉.

37 사마온공(司馬溫公) : 중국 송대의 명신이었던 사마광(司馬光, 1019~1086)을 말한다. 사마광의 자는 군실(君實)이고, 호는 우부(迂夫), 시호는 문정(文正)인데, 속수선생(涑水先生)이라고도 한다. 죽은 뒤 온국공(溫國公)에 봉해졌으므로 통상 사마온공(司馬溫公)이라고도 한다. 왕안석(王安石)의 신법(新法)을 반대한 구법당(舊法黨)의 대표적인 인물로 《자치통감(資治通鑑)》의 저자이다.

38 심의(深衣) : 뒤에 자세히 나온다.

39 검은색 단[黑緞] : 단(緞)은 직물의 씨실과 날실이 엇갈리는 조직점을 적게 하여 씨실과 날실이 만나는 지점이 길어지고 조직점이 분산되어 있다. 이 때문에 직물 표면이 평활하고, 다른 직물보다 광택이 많고 화려하며 두꺼워 겨울용 옷감에 적합하다. '단'에 대해서는 《전공지》 권2 〈누에치기와 길쌈〉 하 "길쌈"에 나온다.

40 검은색 사[皁紗] : 사(紗)는 날실 2올을 꼬아서 직조하기 때문에 빈 공간이 생겨 얇고 비쳐 보이므로 여름용 옷감에 적합하다. '사'에 대해서는 《전공지》 권2 〈누에치기와 길쌈〉 하 "길쌈"에 나온다.

② 王 : 저본에는 "士". 《부자》에는 이 내용이 없다. 《晉書》·《事物紀原》 등에서 "士"라 했으나, 《讀禮通考》·《宋書》에 근거하여 수정.

③ 巾 : 저본에는 "布". 문맥에 근거하여 수정.

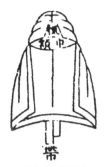

복건 1(《朱子家禮》)   복건 2(《四禮便覽》)

복건을 쓴 김이안(金履安, 1722~1791)의 초상
화(이화여자대학교박물관)

신광헌(申光憲, 1731~1784) 묘에서 출
토된 복건(국립민속박물관)

이진숭(李鎭嵩, 1702~1756) 묘에서 출
토된 복건(국립민속박물관)

7) 치관(치포관)[41]

치포관(緇布冠)이다. 《시경》에서 '치촬(緇撮)'이라
했는데, 촬(撮)은 상투를 모아 튼다는 말이다. 옛날

緇冠

緇布冠. 《詩》作“緇撮”, 撮
謂撮斂其髮. 古謂之“太古

---

41 치관(치포관) : 검은색 베[布]로 만든 관으로, 요임금과 순임금이 다스리던 태고시대의 치포관은 재계할 때
쓰던 관[齋冠]이다. 고례서와 당대(唐代)까지의 문헌에서 변함없이 '치포관'으로 유지되지만, 송대(宋代)
에 이르러 '치포관' 외에 '치관(緇冠)'이라는 명칭이 등장한다. 조선 중기까지는 두 명칭을 함께 사용했고,
18~19세기에는 고례를 따라 '치포관'을 사용해 현대까지 전해지고 있다. 형태는 고례서에서는 상투를 감싸
는 작은 관이다. 송대에는 상투만 감싸지만 턱 아래에 끈을 매는 대신 비녀[筓]를 꽂는 형태로 변했다. 조
선 후기 허전(許傳)에 의해 상투만 감싸는 작은 형태가 아닌 머리 전체를 덮는 독립된 관모 형태가 나타나
기도 한다.(박길수, 〈緇布冠 硏究〉, 단국대학교 석사학위논문, 2010, 4~32쪽)

치포관(陳祥道, 《禮書》)

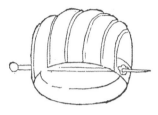
〈심의관리지도(深衣冠履之圖)〉의
치관(《朱子家禮》)

치포관(국립민속박물관)

치포관에 정자관을 착용한 유소심(劉小心,
?~?)의 초상화(국립중앙박물관)

치포관에 복건을 착용한 임매 (任邁, 1711~
1779)의 초상화(국립중앙박물관)

에는 이를 '태고관(太古冠)'이라 했는데, 그 제도는 크기가 작으면서 양(梁)42 5개가 있다. 지금 사람들이 상투를 트는 작은 관을 만들 때는 종이를 여러 겹 대어 만들거나 뿔로 만드는데, 모두 양(梁)이 있고

冠", 其制小而有五梁. 今人作撮髻小冠, 或褙紙爲之, 或角爲之, 而皆有梁髹漆, 皆緇撮之遺制也. 若《家

---

42 양(梁) : 관의 정수리 부분에 아래에서 위로 나 있는 세로줄이다. 양의 수에 따라 신분의 높고 낮은 등급이 구별되어, 조선시대 조복에 쓰는 양관(梁冠)은 신분에 따라 오량관(五梁冠)·삼량관(三梁冠) 등으로 부르기도 했다.

	1품	2품	3품	4품	5품	6품	7품	8품	9품
《國朝五禮儀序禮 (1474년)》·《經國大典 (1485년)》	5梁	4梁	3梁		2梁			1梁	
《大韓禮典(1898년 추정)》	7梁	6梁	5梁	4梁	3梁		2梁		1梁

옷칠을 했으니, 모두 검은 끈으로 상투를 묶던 것이 전해 내려온 제도이다. 《가례》에 실린 '치관(緇冠)'이나 《삼재도회》에 실린 '오적관(五積冠)'[43]은 그 형태가 조금 크면서 양과 비녀가 있으니, 이는 요즘의 상투를 모으는 관과 대체로 비슷하다.《금화경독기》

禮》所載"緇冠"、《三才圖會》所載"五積冠", 形制稍大而其有梁有簪, 則與今撮髻之冠大抵相似也.《金華耕讀記》

8) 와룡관[44]

와룡관은 '윤건(綸巾)'이라고도 하고 '제갈건(諸葛巾)'이라고도 한다. 제갈무후(諸葛武侯)[45]가 일찍이 이 건을 썼기 때문에 그로 인해 '제갈건'이라 이름하였다. 우리나라 사람들은 그 제도를 본받아 대오리로 짜서 만들기도 하고 말총을 엮어 만들기도 한다.《금화경독기》

臥龍冠

一名"綸巾", 一名"諸葛巾", 諸葛武侯嘗服此巾, 故因以名之. 東人倣其制, 或以竹絲織成, 或鬉結爲之.《金華耕讀記》

---

43 《三才圖會》〈衣服〉"五積冠", 626쪽.

44 와룡관 : 다발처럼 좌우로 퍼지면서 세로로 골이 진 검은색 관으로, 제갈량이 자주 착용해 '와룡관'이라 한다. 초상화의 사례를 볼 때 다른 관모류에 비해 착용도가 낮은 편이다.

45 제갈무후(諸葛武侯) : 중국 삼국시대 촉한(蜀漢)의 정치가이자 전략가인 제갈량(諸葛亮, 181~234)을 말한다. 자는 공명(孔明)이고, 시호는 충무(忠武)이다.

와룡관을 쓴 제갈공명(〈제갈무후도(諸葛武侯圖)〉 일부.국립중앙박물관)

와룡관을 쓴 신임(申銋, 1639~1725)의 초상(국립중앙박물관)

9) 동파건(동파관)[46]

동파건에는 담[墙][47]이 4개 있고, 담 밖에 겹쳐지는 담이 있는데 안에 있는 담보다 길이를 약간 줄인다. 전후와 좌우로 모서리를 각각 서로 맞붙이면, 모서리가 만나는 경계가 두 눈썹 사이에 위치하게 된다. 소식[老坡][48]이 썼기 때문에 '동파건'이라 이름한다. 일찍이 소식의 초상화를 본 적이 있는데 지금의 관 및 의복과 비슷했다.【안】 우리나라 사람들은

東坡巾

巾有四墻, 墻外有重墻, 比內墻少殺. 前後左右, 各以角相向著之, 則角界在兩眉間. 以老坡所服故名, 嘗見畫像, 至今冠服猶爾.【案】東人呼此冠爲"程子冠". 更創一制, 外內墻不齊其末

---

46 동파건(동파관) : 송대(宋代) 소식(蘇軾)이 착용하기 시작하면서 유래된 건이다. 동파(東坡)는 소식의 호이다. 동파건은 명대(明代)에도 사대부 계층에서 널리 착용했으며, 조선 중기부터 사대부들이 평상시에 집안에서 착용했다.(강순제, 〈우리나라의 관모〉, 《韓國의 服飾文化史》, 단국대학교출판부, 26쪽).

47 담[墻] : 관의 생김새가 다음 그림처럼 네모난 벽면이 맞닿아 사각형을 이룬 형태이므로 벽면을 담이라 표현하였다.

48 소식[老坡] : 소식의 호인 동파(東坡)에 존경을 뜻하는 '노(老)'를 붙여 '노파(老坡)'라고 부른다.

동파건을 쓴 소식의 초상(《三才圖會》)

동파건을 쓴 서유구의 친척인 서직수(徐直修, 1735~1811)의 초상(국립중앙박물관)

동파건(고려대학교박물관)

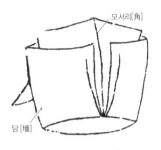

모서리[角]

담[墻]

동파건(《三才圖會》)

이 관을 '정자관(程子冠)'이라 부른다.[49] 그러고서는 다시 관 제도를 하나 더 만들었다. 이 관의 안팎 담은 그 아래 끝이 가지런하지 않고 위는 가지런하다. 밖의 짧은 담 4개를 안에 있는 긴 담 4개 위에 꿰매

而齊其上, 四短墻綴在內 四墻之上頭而不相連屬, 各自垂下. 行動俯仰, 四 短墻隨人蹲蹚, 謂是 "東坡

---

49 우리나라……부른다 : 서유구와 동시대에 살았던 유치명(柳致明, 1777~1861)은 동파건을 '정자관'이라 기록했으며, 도설(圖說)에서도 아래와 같이 동파건의 모습을 그려 놓았다.(《定齋集》卷19〈程子冠制〉) 그러나 현재 '정자관'이라 불리는 관은 약간 다른 형태이다. 정자관은 북송(北宋)의 유학자인 정호(程顥, 1032~1085)와 정이(程頤, 1033~1107) 형제의 이름에서 유래한 관이라 하지만 《삼재도회(三才圖會)》의 정호와 정이는 모두 소식과 같은 동파관을 쓰고 있어 현재 정자관의 형태가 어디서 기원했는지 살펴볼 필요가 있다.

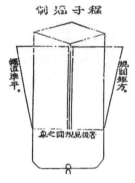

유치명(柳致明)이 표현한 정자관 (柳致明,
《定齋集》)

조선의 정자관(국립민속박물관)

동파건을 쓴 정이의 초상(《三才圖會》)

동파건을 쓴 정호의 초상(《三才圖會》)

되, 짧은 담들의 옆면은 서로 잇지 않고 각각 아래
로 내려뜨린다. 움직이거나 고개를 들거나 숙일 때
는 짧은 담 4개가 사람을 따라 춤을 추니 이를 '동파
관(東坡冠)'이라 했다.[50] 또 "동파가 정자관의 제도를

冠". 且曰 : "東坡見程子冠
制, 故爲顚倒上下以侮之."
尋常疑其近於齊東, 今見
王氏此說, 益覺東人之無

---

50 이 관의……했다 : 서유구가 뒤집어진 형태의 동파선을 쓰고 있는 조선의 풍속을 지적한 말이다. 그가 지적
한 동파건의 형태는 위의 그림과 같다.

보고서 일부러 정자관의 위아래를 뒤집어 정자를 모욕했다."[51]라고 했다. 나는 평소에 이 말이 제나라 동쪽 야인들의 근거 없는 이야기[52]에 가까운 것 같다고 여겼다. 그런데 이제《삼재도회》를 편찬한 왕씨[53]의 이 말을 보니, 우리나라 사람들의 설이 근거 없이 한 말임을 더욱 잘 알겠다. 지금 통용되는 정자관이 바로 동파관(동파건)이고, 지금 통용되는 동파건은 바로 한때 근거 없이 만든 제도일 뿐이다.】《삼재도회》[54]

稽. 今所行程子冠卽東坡冠, 今所行東坡巾卽一時杜撰之制耳.】《三才圖會》

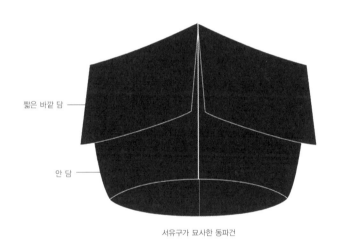

짧은 바깥 담

안 담

서유구가 묘사한 동파건

---

51 동파가……모욕했다 : 사마광의 장례식 날 소식은 연회 자리에 참석했는데, 정이는《논어》의 "곡을 한 날은 노래를 부르지 않는다(哭則不歌)."는 말을 근거로 소식의 연회 참석을 반대했다. 이 일로 촉파(소식)와 낙파(정이)는 견원지간이 되었다. 소식의 활달한 문학적 성품과 정이의 엄격한 윤리주의적 기질의 차이가 근본적인 이유겠지만, 이후 두 사람에 관한 많은 이야기는 북송대 두 대학자를 이야깃거리로 삼으려는 전략에서 비롯된 것이기도 하다.

52 제나라……이야기 : 군자의 말이 아닌 제나라 동쪽 지역에서 쓰는 근거 없는 말로《맹자》에 나온다. "否. 此非君子之言, 齊東野人之語也."(《孟子》〈萬章〉上).

53 왕씨 :《삼재도회》를 편찬한 왕기(王圻)와 왕사의(王思義)를 말한다.

54 《三才圖會》〈衣服〉"東坡巾", 628쪽.

방관《三才圖會》

방관(국립민속박물관)

뿔이 솟아 있는 방관(국립민속박물관)

10) 방관[55]

방관은 모서리가 4개이면서 납작한데, 옛날 각건(角巾)이 전해 내려온 제도이다. 말총을 겹으로 엮어서 만든 방관이 좋은데, 정주(定州)와 통영의 여러 곳에서 나온다. 먼저 말총을 그물처럼 성글게 짠 다음 접고 꿰매어 만든 것이 그다음으로 좋은데, 충주 등의 지역에서 나온다.《금화경독기》

方冠

四角而匾, 古之角巾之遺制也. 用鬃袷結而成者佳, 出定州、統營諸處. 先以鬃疏織如篩網, 仍摺縫爲冠者次之, 出忠州等處.《金華耕讀記》

11) 털모자[毹帽] [56]

서민[齊民]들이 쓰는 쓰개로, 양털로 만든다. 남자는 자주색 모자를 쓰고 여자는 검은색 모자를 쓴다. 겨울에 이마를 따뜻하게 하기 위한 쓰개다.《금화경독기》

毹帽

齊民之服, 用羊毛爲之. 男用紫帽, 女用黑帽. 所以冬月煖額者也.《金華耕讀記》

우리나라에서 쓰는 털모자는 모두 중후소(中後

我東毹帽皆出中後所. 造

---

55 방관 : 우리나라 사대부들이 평상시에 착용하던 네모난 상자 모양의 관이다. 네 면이 평평하고 정수리 부분이 터져 있어 우리나라에서는 방건·방관·사방관(四方冠)이라고도 한다.
56 털모자[毹帽] : 짐승의 털가죽으로 만든 모자로, 형태는 대부분 위의 그림과 같다.

所)[57]에서 만든 것이다. 모자 만드는 방법은 매우 쉬워 양털만 있다면 나라도 만들 수 있겠다. 그러나 우리나라에서는 양을 치지 않으므로 백성들이 일년 내내 양고기 맛을 모른다. 우리나라 온 지역의 남녀 인구수가 수백만 이하로 내려가지 않는데, 사람들이 털모자 하나씩을 쓴 뒤에야 겨울을 날 수 있다면, 해마다 동지사행(冬至使行)[58]의 황력재자관(皇

帽之法甚易, 有羊毛則吾可
爲之. 而我東不畜羊, 民生
終歲不識肉味. 一域男女不
下數百萬口, 人着一帽, 然
後爲禦冬之資, 計冬至使
行、皇[4]曆齎咨所帶銀貨,
不下十萬兩, 通計十年, 則

털모자를 쓴 최익현(崔益鉉, 1833~1906)의 초상(국립중앙박물관)

57 중후소(中後所) : 심양(瀋陽)과 산해관(山海關) 사이에 있던 성읍으로, 연행 사신의 중간 숙박처 중 한 곳이었다.

58 동지사행(冬至使行) : 매년 초겨울에 동지사(冬至使)를 연경(지금의 북경)에 보내 황제가 하사하는 황력을 받아 오게 하는 사행이다.

[4] 皇 : 저본·《熱河日記·馹汛隨筆》에는 "黃", 《燕轅直指·出彊錄》에 근거하여 수정.

曆齎資官)[59]이 가지고 가는 은화가 10만 냥 이하로 내려가지는 않을 것이다. 10년을 통틀어 계산하면 백만 냥이나 된다. 털모자는 한 사람이 겨울 3개월 동안만 쓰는 물건이니, 봄이 된 뒤에 해어지면 버리게 된다. 천 년을 가도 망가지지 않을 은을 겨울 3개월만 쓰면 해어져서 버릴 털모자와 바꾸고, 산에서 캐내는 한정된 자원인 은을 한번 갔다 하면 되돌아오지 않을 곳에 보내 버리니, 어쩌면 이토록 생각이 없단 말인가?《열하일기》[60]

爲百萬兩. 帽爲一人三冬之資, 春後敝落則棄之. 以千年不壞之銀, 易三冬敝棄之帽, 以採山有限之物, 輸一往不返之地, 何其不思之甚也?《熱河日記》

---

59 황력재사관(皇曆齎咨官) : 중국에서 반포하는 역서(曆書)를 받아 오기 위해 해마다 파견하던 관리이다. 동지에 중국의 황제로부터 역서를 받아 돌아오면 정월이 지나는데, 그때부터 다시 인쇄하여 나눠 준다면 정초가 훨씬 지나게 된다.(남문현, 《장영실과 자격루》, 서울대학교출판부, 2002, 15쪽) 그러므로 조선은 자체적으로 달력을 미리 만들어 반포할 준비를 해 두고 중국에서 사신이 황력을 가져오면 황력과 조선의 달력을 비교하여 바로 반포했기 때문에, 황력과 관련하여 자문을 구하고 달력을 가지고 오는 관리를 파견했던 것으로 보인다.
60 《熱河日記》〈馹汛隨筆〉 "7月22日".

2. 옷과 갓옷

衣、裘

1) 도포(道袍)[1]

유자(儒者)가 입는 옷이다. 관리들이 집에 있을 때에도 입는다. 좋은 일에는 푸른 모시로 만든 도포를 입고, 조상(弔喪)을 할 때나 제사에는 마포(麻布)[2]로 만든 흰 도포를 입는다. 겨울용이건 여름용이건 가리지 않고 모두 모시나 삼베로 만드는데, 최근에는 간혹 겨울에 무명[綿布]으로 만든 도포를 입는 사람도 있다.《금화경독기》

道袍

儒服也. 朝士家居亦服之. 吉事用靑苧袍, 弔祭用麻布白袍. 無冬無夏皆以苧、麻, 近或有冬服綿布者《金華耕讀記》

신광헌(申光憲, 1731~1784)의 묘에서 출토된 도포(국립민속박물관)

---

1 도포(道袍) : 조선 후기 사대부의 대표적인 포(袍). 왕은 물론 왕세자의 관례복, 사대부의 외출복 및 의례복, 유생들의 일상복으로 착용했다. 또한 착용이 금지되었던 하급 계층 사이에서도 착용하면서 논란의 대상이 되기도 했다. 도포의 특징은 뒷자락이 이중으로 되어 있는 점이다.
2 마포(麻布) : 모시[苧, 저마포]와 삼베[麻, 대마포]를 포괄한다.

19세기 도포(단국대학교 석주선기념박물관)

우리나라의 도포와 갓은 중국 승려의 복장과 비슷하다. 대략 중국의 여자들과 승려나 도사들은 옛날의 제도를 바꾸지 않았는데, 우리나라의 옷과 관도 신라의 옛 제도를 대부분 답습했다. 신라는 처음에 중국의 제도를 모방했는데, 그 당시 풍속이 불교를 숭상했으므로 여염집에서 대부분 중국 승려들의 복장을 본받았고, 지금까지 천여 년이 되도록 바꿀 줄을 모른다.³《열하일기》⁴

我東袍笠恰似中國之僧. 大約中國女子及僧徒、道流不變古制, 而我東衣冠多襲新羅之舊. 新羅始倣華制, 然俗尚佛教, 故閭閻多效中國僧服, 至今千餘年, 不知變.《熱河日記》

---

3 우리나라의……모른다 : 서유구는 박지원의 견해를 그대로 수용해 도포의 기원을 중국 승려의 의복에서 찾고 있다. 그러나 도포는 중국 승려의 복장을 모방한 것이 아니라, 조선시대에 관원들이 단령(團領)의 받침옷으로 입거나 겉옷으로 입었던 '직령(直領)'에서 유래한 포이다. 직령은 깃이 곧고, 옷 몸판인 '길' 옆에 별도의 폭을 붙여 만든 '무'가 있는데, 이 무가 뒷길 안으로 들어가 고정되면서 뒷자락이 이중으로 만들어졌다.
4 《熱河日記》〈銅蘭涉筆〉"銅蘭涉筆序".

2) 심의(深衣)[5] 제도

深衣制度

희고 고운 베를 써서 마름질하고, 자는 지척(指尺)을 쓴다.[6]

裁用白細布, 度用指尺.

【가운뎃손가락의 가운데 마디를 1촌(寸)으로 삼는다.〔살펴보니, 가운뎃손가락의 가운데 마디는 바로 손가락 마디를 굽혀 안으로 향하게 했을 때 두 주름이 뾰죽하게 각이 진 사이의 거리로, 곧《침구자생경(針灸資生經)》에서 말하는 '동신촌(同身寸)'[7]이다.

【中指中節爲寸.〔按中指中節, 乃屈指節向內, 兩紋尖相距處, 卽《鍼經》所謂同身寸也. 裁製之際, 又當量人身長短、廣狹爲之, 庶與

《주자가례》의 심의(《朱子家禮》)

구준(丘濬)이 《가례의절》에서 제시한 심의(《家禮儀節》)

---

5 심의(深衣) : 상하가 연결되어 몸을 깊숙이[深] 감쌀 수 있다는 뜻을 취하여 이름을 붙인 의복이다. 중국에서 심의는 한대(漢代)에 남녀의 상복(常服)으로 착용했고, 한대 말기부터 사라졌던 것을 송대에 사마광이 고례서의 내용을 고증하여 다시 제작해 입기 시작했다. 우리나라에서는 《주자가례(朱子家禮)》의 전래와 함께 착용하기 시작했고, 조선시대 유학자들은 의례복과 일상복으로 착용했다. 심의의 형태는 《예기(禮記)》〈옥조(玉藻)〉와 〈심의(深衣)〉편에 나오는데, 이 경문에 대한 해석을 둘러싸고 역대 중국과 한국의 많은 학자들이 논쟁을 벌였다. 그러나 최근 발굴된 출토 유물을 통해 심의의 형태가 밝혀져 '곡거(曲裾)'와 '속임구변(續衽鉤邊)' 등의 해석을 둘러싼 논쟁에서 해결하지 못한 부분이나 오해했던 부분이 명확해지고 있다.(최여우, 〈진한에서 위진남북조시대의 복식〉, 《도용 : 매혹의 자태와 비색의 아름다움》, 유금와당박물관, 2009, 23~34쪽).

6 희고……쓴다 : 주희의 《가례(家禮)》 원문이다. 이어지는 주석 중 중괄호로 묶지 않은 곳은 《가례》의 주석이고, 중괄호로 묶은 곳은 《가례의절(家禮儀節)》에서 해설한 부분이다.

7 동신촌(同身寸) : 침뜸에서 혈을 취할 때 계산하는 방법으로 《침구자생경》 등에 나온다. 이는 환자 본인의 신체 가운데 특정 부위의 마디를 가지고 혈자리를 찾는 길이의 단위로 삼는다. 자세한 내용은 《인제지》 권 26 〈부여〉 "침뜸 혈자리" '혈을 잡는 법'에 나온다.

출토 심의(조선, 국립민속박물관)

동신촌 재는 법(《가례집람(家禮輯覽)》)

마름질하여 옷을 만들 때는 또한 사람의 키와 몸집을 헤아려 만들어야 몸에 잘 맞을 것이다.]⁸

　상의[衣]⁹는 전체 4폭으로, 그 길이는 옷을 입었을 때 옆구리 밑까지 내려오며 아래는 치마에 붙인다.

【베 2폭〔베 폭의 너비는 1.8척이 기준이 된다.〕가운데를 접어 앞뒤로 4엽(葉)을 만든다. 앞의 2엽은 엽마다 길이가 2.6척이다. 마름질할 때, 한쪽 가장자리에서 시작하여 0.4척을 잘라 내고 2.2척을 남기되, 차츰차츰 비스듬히 잘라 가다가 가장자리 가까이에 이르면 가위질을 멈춘다.〔멈춘 곳은 자르기 시작한 곳에 비해 0.4척이 더 길다.〕뒤의 2엽은 엽마다 길이가 2.3척이다. 이를 역시 한쪽 가장자리부터 시작하여 0.1척을 잘라 내고 2.2척을 남기되, 차츰차

體稱.〕①】

衣全四幅, 其長過脅, 下屬於裳.

【用布二幅,〔布幅廣狹以一尺八寸爲則〕中摺前後爲四葉. 其在前兩葉, 每葉長二尺六寸. 裁時從一邊修起, 除去四寸, 留二②尺二寸, 漸漸修, 至將近邊處不動.〔比修起處, 留長四寸〕其在後兩葉, 每葉長二尺三寸, 亦從一邊修起, 除去

8　《家禮》卷1〈通禮〉“深衣制度”;《家禮儀節》卷1〈通禮〉“深衣制度”《文公家禮儀節》, 66쪽).
9　상의[衣] : 심의의 윗부분을 가리킨다. 이하에서 나오는 의(衣), 상의(上衣)는 모두 '상의'로 옮긴다.
① 〔按……稱〕 : 저본에는 중괄호 없음. 《家禮儀節·通禮·深衣制度》에 근거하여 수정.
② 二 : 저본에는 “一”. 문맥에 근거하여 수정.

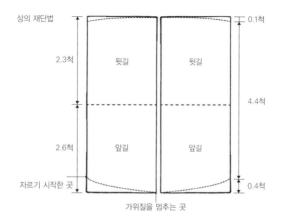

상의 재단법

0.1척

뒷길　뒷길

2.3척

4.4척

2.6척

앞길　앞길

자르기 시작한 곳

0.4척

가위질을 멈추는 곳

츰 비스듬히 잘라 가다가 가장자리 가까이에 이르면 가위질을 멈춘다.〔멈춘 곳은 자르기 시작한 곳에 비해 0.1척이 더 길다.〕[10] 《가례》를 살펴보니, "상의의 몸판은 길이가 2.2척이다."라 하였으니, 지금 앞의 2엽에 0.4척을 더하고 뒤의 2엽에 0.1척을 더하는 것은 마름질의 방법이다. 이와 같이 하지 않으면 두 길[襟, 상의의 몸판]이 서로 겹칠 때 옷깃[衣領]이 교차되어 나란하지 않게 된다.〕[11]

치마[裳][12]는 엇갈리게 재단하여 12폭으로 만들고, 위쪽을 상의에 붙이며, 그 길이는 옷을 입었을 때 복사뼈까지 이를 정도로 한다.

【베 6폭을 폭마다 비스듬히 마름질하여 2폭으로

一寸, 留二[3]尺二寸, 漸漸斜修, 至將近邊處不動.〔比修起處, 留長一寸.〕〔按《家禮》, "衣身, 長二尺二寸", 今前加四寸, 後加一寸者, 裁法也. 不如此, 則兩襟相疊, 衣領交而不齊矣.〕】

裳交解十二幅, 上屬於衣, 其長及踝.

【用布六幅, 每幅斜裁, 分

10　이상에서 설명한 상의 재단법은 위의 그림과 같다. 가운데 점선은 접히는 선이고 위아래 점선은 마름질하는 선이다.

11　《家禮》卷1〈通禮〉"深衣制度"《家禮儀節》卷1〈通禮〉"深衣制度"《文公家禮儀節》, 66~68쪽).

12　치마[裳]：심의 아랫부분이다. 이하에서 상(裳), 하상(下裳)은 모두 '치마'로 옮긴다.

[3]　二：저본에는 "一". 문맥에 근거하여 수정.

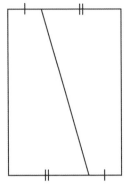

좁은 쪽 끝의 너비(ǀ) : 넓은 쪽 끝의 너비(ǁ) = 1 : 2
ǀ : 좁은 쪽 끝
ǁ : 넓은 쪽 끝
치마 재단법

나눈다. 이렇게 하면 마름질된 폭은 한쪽 끝은
넓고 한쪽 끝은 좁은데, 넓은 쪽 끝은 좁은 쪽 끝의
2배가 된다.〔좁은 쪽 끝이 0.6척이면 넓은 쪽 끝은
1.2척이다.〕13 마름질이 끝나면 좁은 쪽 끝을 모두
위로 향하게 하고 넓은 쪽 끝을 아래로 향하게 한
뒤 이 폭들을 이어 꿰매 하나로 만든다.

상의와 치마를 합치는 방법은 다음과 같다. 상
의 앞뒤 4엽에 각 엽마다 치마 3폭을 붙이면〔좁은 쪽
끝이 위로 가게 한다.〕상의 4엽에 치마는 모두 12폭
이 된다. 상의와 치마가 서로 만나는 곳이 허리인데,
허리둘레는 약 7.2척이다. 치마의 밑단이 자(齊)〔'齊'는
음이 자(秶)이다.〕인데, 이 자의 둘레는 약 14.4척이다.
상의의 좌우에 양쪽 소매를 덧붙이고, 상의 위에 깃
〔領〕을 단다. 일반적으로 깃과 치맛단, 소맷부리에는
모두 섬은 견(絹)으로 가선〔緣〕을 두른다.〕14

爲兩幅. 一頭寬, 一頭窄,
寬頭比窄頭加一倍.〔窄頭
六寸, 則寬頭一尺二寸.〕裁
訖, 俱將窄頭向上, 寬頭向
下, 連綴作一處.

合衣裳法 : 衣之前後四葉,
每葉屬裳三幅〔窄頭向上〕,
四葉共十二幅. 衣裳相接
處爲腰, 腰圍約七尺二寸;
裳之下邊爲齊,〔音秶④〕齊
圍約一丈四尺四寸. 衣左
右加兩袖, 衣上加領. 凡領
及裳邊、袂口俱用皁絹緣
之.〕

13 이상에서 설명한 치마의 재단법은 위의 그림과 같다.
14 《家禮》卷1〈通禮〉 "深衣制度";《家禮儀節》卷1〈通禮〉 "深衣制度"《文公家禮儀節》, 66~69쪽).
④ 音秶 : 저본에는 "層秶". 오사카본·규장각본·한국은행본《家禮儀節·通禮·深衣制度》에 근거하여 수정.

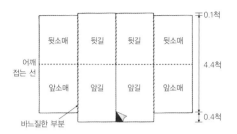

1. 소매와 길 연결해 바느질하기

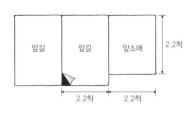

2. 어깨선을 중심으로 반으로 접기

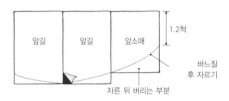

3. 둥근 소매 만들기

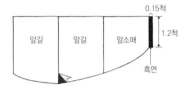

4. 소매 끝에 흑연 붙이기

원몌(圓袂, 둥근 소매).

【몌(袂)는 소매[袖]이다. 베 2폭을 쓰는데, 각각의 길이가 4.4척이다. 각 폭의 한가운데를 접어 앞뒤로 2엽을 만드는데, 엽마다 길이가 2.2척이다. 이를 각각 상의 몸판에 꿰매어 붙이는데, 겨드랑이 아래부터 점점 비스듬히 잘라 둥근 모양을 만든다. 소맷부리는 1.2척을 남기고 그 아래를 봉합해 소매를 만든다.[15]】[16]

圓袂.

【袂卽袖也. 用布二幅, 各長四尺四寸, 每幅中摺爲前後兩葉, 每葉長二尺二寸. 縫連衣身, 却從掖下, 漸漸修成圓樣. 袖口留一尺二寸, 縫合其下以爲袂.】

---

15 이를……만든다 : 상의 몸판 양쪽에 소매를 붙이고 겨드랑이 부분부터 손이 나오는 소맷부리까지 곡선 형태를 이루도록 굴려서 재단하고 바느질하여 둥근 모양의 소매를 만든다는 뜻이다. 이를 그림으로 표현하면 대략 위의 그림과 같다.

16 《家禮》卷1〈通禮〉"深衣制度";《家禮儀節》卷1〈通禮〉"深衣制度"(《文公家禮儀節》, 66~68쪽).

방령(方領, 모난 깃).

【두 길[襟]이 서로 여며지면, 그 모양이 저절로 모가 나서 곱자(직각자)와 같아진다. 여기에 베 한 가닥을 너비 0.2척으로 하여 깃을 만드는데, 보통의 옷깃을 만드는 방법과 같다. 그런 다음에 깃 위에 가선을 두른다.】[17]

方領.

【兩襟相掩, 其形自方如矩. 用布一條, 闊二寸爲領, 如常衣法. 然後加緣其上.】

곡거(曲裾, 굽은 자락).[18]

【지금은 양복(楊復)[19]을 따라 굽은 자락[裾]을 쓰지 않는다.[20]】[21]

曲裾.

【今依楊氏, 不用裾.】

흑연(黑緣, 검은 가선).

【검은 견(絹)으로 만든다. 깃과 소맷부리, 치맛단의 안과 밖에 모두 0.15척을 써서 댄다. 깃과 치맛단의 안팎에 흑연을 두를 경우에는 원래의 베 위에 얹어서 겹으로 바느질하고, 소맷부리에는 원래의 베 바깥 부분에 꿰매어 잇는다.(이것이 곧 이른바 "소맷부리는 베 바깥 부분에 이 가선의 너비만큼을 별도로 단다."는 말이다. 《가례》를 살펴보니, 깃의 가선

黑緣.

【用皁絹爲之. 領及袂口、裳邊表裏皆用寸半. 領及裳邊內外則夾縫在本布上, 袂口則綴連布之外.(卽所謂"袂口布外別此緣之廣也." 按《家禮》領緣用二寸, 袂口、裳邊用寸半. 今不

---

17 《家禮》卷1 〈通禮〉 "深衣制度";《家禮儀節》卷1 〈通禮〉 "深衣制度"(《文公家禮儀節》, 67~68쪽).

18 곡거(曲裾) : 뾰족한 앞자락 그 자체를 의미하기도 하고, 자락이 뒤로 돌아간 모습을 나타내기도 하는데 자세한 설명은 뒤에 나오는 '속임구변'을 참조 바람.

19 양복(楊復) : ?~?. 남송(南宋) 시대의 유학자로, 주희의 문하에서 수업했다. 《가례잡설부주(家禮雜說附註)》를 편찬했으며, 황간(黃榦)과 더불어 주희의 예학서에 대한 주석을 마무리한 인물로 평가된다.

20 지금은……않는다 : 양복은 주희가 곡거 제도를 버리고 쓰지 않은 깊은 뜻을 듣지 못해 안타까워했는데, 채연이 말한 주희가 곡거 제도를 버리게 된 이유를 듣고 따랐다. 주희는 베 한 폭을 치마의 길이와 같이 엇갈리게 재단하여 연미(제비 꼬리) 모양으로 만든 다음 치마의 오른쪽 옆에 달면《禮記》〈深衣〉에서 말한 '속임구변'이라 했다. 정현이 "구변은 지금의 곡거와 같다."고 했기 때문에 구변과 곡거를 같은 것으로 보고, 별도로 있었던 《家禮》의 구설(舊說)인 곡거 제도를 버리고 쓰지 않았다.(《家禮》卷1 〈通禮〉 "深衣制度" '曲裾'의 주석 참조).

21 《家禮》卷1 〈通禮〉 "深衣制度";《家禮儀節》卷1 〈通禮〉 "深衣制度"(《文公家禮儀節》, 67쪽).

은 0.2척을 쓰고, 소맷부리와 치맛단의 가선은 0.15척으로 한다고 했다. 그러나 지금 그렇게 하지 않는 이유는, 《예기(禮記)》〈옥조(玉藻)〉에서 "겁(袷, 깃)은 0.2척이고, 가선의 너비는 0.15척이다."[22]라 하여 깃과 치마와 소매에 다는 흑연의 치수를 나눠서 설명하지 않았으니, 그렇다면 모두 0.15척이기 때문이다. 이제 깃 또한 0.15척을 써서 치맛단이나 소맷부리와 같게 함으로써 옷깃을 적게 드러내도록 했다. 그렇게 하지 않으면 겁은 쓸데없이 만들어지는 셈이다.】[23]

然者, 考《禮記⑤ · 玉藻》, "袷二寸, 緣廣寸半", 不分領與裳、袂則皆寸半矣. 今擬領亦用寸半, 與裳、袂同, 俾少露領也. 否則是袷爲虛設矣.】】

대대(大帶).[24]

【흰 견(絹)을 쓰는데, 너비는 0.4척이다. 겹으로[25]

大帶.

【用白絹, 闊四寸, 夾縫之.

《주자가례》의 대대(《朱子家禮》)

《가례의절》의 대대(《家禮儀節》)

---

22 《禮記正義》卷29〈玉藻〉(《十三經注疏整理本》14, 1042~1043쪽).

23 《家禮》卷1〈通禮〉"深衣制度";《家禮儀節》卷1〈通禮〉"深衣制度"(《文公家禮儀節》, 67~69쪽).

24 대대(大帶) : 심의를 입을 때 허리에 두르는 띠.

25 겹으로 : 옷감을 마주 보게 겹쳐서 바느질하고 뒤집어서 바느질 땀이 밖으로 보이지 않는다는 의미이다. 상복을 제외한 모든 옷을 바느질할 때는 겉감 쪽에서는 바느질 선이 보이지 않게 한다.

⑤ 記 : 저본에는 "器".《家禮儀節·通禮·深衣制度》에 근거하여 수정.

심의를 착용한 김이안(金履安, 1722~1791)의
초상(이화여자대학교박물관)

심의를 착용한 이채(李采, 1745~1820)의 초상(국립중앙박물관)

바느질한다.〔흰 견 대신 베를 쓰기도 한다.〕그 길이
는 허리를 둘러 앞에서 묶을 수 있을 정도로 한다.
다시 고[耳]²⁶ 2개(∞ 모양)를 만든 뒤 그 나머지를 드
리워 신(紳)²⁷으로 삼는다. 검은 견(絹)으로 신(紳)의
양 가장자리와 끝에 가선을 두른다.〔허리를 두르는
부분에는 가선을 두르지 않는다.〕아래로 드리운 신
은 치마와 길이가 나란하게 한다. 다시 여러 가지 색

〔或用布〕其長圍過腰而結
於前, 再繚以爲兩耳, 垂其
餘以爲紳. 用皁絹緣紳之
兩邊及下.〔其圍腰處不緣〕
垂下, 與裳齊. 又用五色絲
爲小條, 廣三分, 約其相結
之處, 長與紳齊.〕《家禮儀

---

26 고[耳] : 고름이나 끈을 묶을 때 후에 쉽게 풀 수 있도록 내는 고리.

27 신(紳) : 띠를 허리에 매고 아래로 늘어뜨린 부분으로, 그 길이는 신분에 따라 달랐다. 《禮記》〈玉藻〉에서
"신(紳)의 길이에 대한 제도는 사(士)는 3척이며, 유사(有司)는 2.5척이다(紳長制, 士三尺, 有司二尺有五
寸)."라고 했다.

실[五色絲]로 좁은 끈[小絛]을 만드는데, 너비는 0.03 척이다. 대대의 매듭 부분에 이 좁은 끈을 매는데, 길이는 신(紳)과 나란하게 한다.[28][29]《가례의절》

3) 심의 제도에 관한 변증

속임구변[30]

【채연(蔡淵)[31]이 다음과 같이 말했다.

"사마광(司馬光)이 《서의(書儀)》에 기록한 방령(方領)과 속임구변(續衽鉤邊)의 제도는 인용한 주석이 비록 자세하지만 고례의 의미를 터득하지는 못했다. 선생(주희)께서 이를 흠으로 여겨 일찍이 경문(經文)과 옷 입는 마땅함을 이치로 음미하여 그 말의 의미를 터

《深衣辨證

續衽鉤邊

【蔡氏淵曰："司馬公所載方領與續衽鉤邊之制, 引註雖詳, 而不得古意. 先生病之, 嘗以理玩經文與身服之宜而得其說. 謂方領者, 只是衣領既交, 自有如

---

28 이상의 내용에 나오는 심의의 형태와 구성 요소를 조선시대 초상화를 통해서 확인할 수 있지만, 본문 내용과 정확하게 일치하지는 않는다.

29 《家禮》卷1〈通禮〉"深衣制度";《家禮儀節》卷1〈通禮〉"深衣制度"(《文公家禮儀節》, 70쪽).

30 속임구변 : 한대(漢代) 심의의 임(衽)은 길(몸판)의 앞부분을 말하고, 속(續, 혹 '촉'으로 읽음)은 '잇는다'는 의미이다. 구(鉤)는 갈고리 모양을 의미하고, 변(邊)은 길(몸판)의 가장자리를 말한다. 즉 앞길을 이어서 가장자리가 갈고리 모양이 된 형태이다. 갈고리 모양으로 뾰족한 앞자락[鉤邊]을 앞에서 뒤로 돌려 허리에 감아 입는다. 이렇게 입은 모습이 '곡거(曲裾)'이다. 사선으로 재단한 치마폭을 이어 붙이면 비스듬히 놓는 모양이 되면서 자연스럽게 뾰족한 부분이 생기고, 아랫단은 완만하게 둥글어진다.(최연우, 〈진한에서 위진남북조시대의 복식〉, 《도용 : 매혹의 자태와 비색의 아름다움》, 유금와당박물관, 2009, 24쪽) 이와 같이 한대의 심의는 조선시대 심의와 완전히 다른 형태인데, 한대 이후 심의가 사라져 후대의 학자들은 경문만 보고 심의의 형태를 찾아야 했다. 주희가 《가례》에 기록한 '심의제도와 심의도(深衣圖)'는 실용성과 상징성을 충분히 반영하지 못했기에 《가례》의 방식대로 심의를 제작해 착용했을 때 옷의 형태가 나오지 않는 점 등의 문제점이 발생하면서 조선의 유학자들 사이에서 심의 제도에 대한 탐구열이 뜨거워졌다. 심의에서 가장 논란이 되는 부분이 바로 '속임구변'과 '곡거'이다. 주희가 만년에 '속임구변'의 항목을 없애 논란이 증폭되자 주희의 제자인 채연과 양복이 이를 보충하였지만, 주희가 직접 언급한 적이 없고 주희의 제자들 사이에서도 논란이 있었다는 사실 때문에 조선의 학자들이 다양한 해석을 제기하게 됐다. 심의의 치마를 사선으로 재단하고 배치해 자연스럽게 곡거와 속임구변이 되는 형태를 알지 못했던 송대 이후 학자들은 주로 예복의 치마와 연결시켜 생각했다. 《가례》의 심의 형태에서 '속임구변'과 '곡거'를 찾아 김장생(金長生, 1548~1631)은 치마의 양옆을 연결시켜 주는 것을 '속임', 속임이 치마의 양옆에 있으므로 '구변'이라 하여 채연의 설을 보충했고, 한백겸은 두 길[兩襟]이 서로 가리지 않고 앞에서 마주하여 아래로 내려가며 매듭단추[紐結]로 서로 교차시켜 걸게 했고, 서유구는 치마의 양옆이 분리되지 않게 가장자리를 경사지게 자르고 약간 굽은 연미(燕尾) 형태의 임(衽)을 두어 꿰맨다고 보았던 것이다.

31 채연(蔡淵) : 1156~1236. 중국 송대의 학자로, 채원정(蔡元定, 1135~1198)의 맏아들이다. 아버지의 명에 따라 주희에게서 사사했는데, 《주역》에 정통했다고 한다. 《훈해(訓解)》, 《의언(意言)》, 《사상(辭象)》 등 역학에 관한 저서가 다수 있다.《宋元學案》卷62〈西山蔡氏學案〉참조).

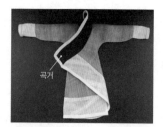

곡거를 펼친 모습

곡거를 뒤로 돌린 모습

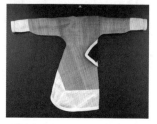

뒤에서 본 곡거의 모습

곡거가 없는 안쪽 모습

서한(西漢)의 장사마왕퇴(長沙馬王堆) 1호묘에서 출토된 곡거 심의 축소 복제품 착용 모습(김아람)

곡거심의 축소 복제품(김아람)

득하셨다. 방령이란 다만 옷깃[衣領]이 교차하면 저절로 곱자 같은 모양이 되는 것이고, 속임구변이란 다만 치마의 옆을 이어 앞뒤 폭을 바느질하지 않고 좌우로 서로 교차시켜 걸면 바로 구변(鉤邊)이 되니, 따로 베 한 폭을 갈고리[鉤]처럼 마름질하여 치마 옆에 꿰매는 게 아니다. 방령에 대한 설명은 선생께서 이미 《가례》에서 수정하셨으나 속임구변은 미처 고치지 못하셨다."[32]

양복이 다음과 같이 말했다.

"선생께서 만년에 입으셨던 심의는 《가례》에서 예전에 설명하신 곡거(曲裾) 제도를 버리고 쓰지 않으

矩之象. 謂續衽鉤邊者, 只是連續裳旁, 無前後幅之縫, 左右交鉤, 卽爲鉤邊, 非有別布一幅裁之如鉤, 而綴于裳旁也. 方領之說, 先生已修之《家禮》, 而續衽鉤邊則未及修焉."

楊氏復日：“先生晚年所服深衣, 去《家禮》舊說曲裾之制而不用, 蓋有深意, 恨

---

32 《家禮儀節》卷1〈通禮〉"深衣考證", 74~75쪽.

신 옷이다. 여기에는 아마도 깊은 뜻이 있었을 터인
데 아직도 그 학설에 대한 자세한 설명을 듣지 못해
한스러웠다. 채연이 선생께 들은 내용을 얻어듣게
된 뒤에 비로소 선사(先師)께서 예전에 설명하셨던
곡거 제도를 버린 까닭을 알게 되었다. 그러고 나서
다시 《예기》〈심의〉편[33]을 가져다 자세히 읽어 보고
서야 정현(鄭玄)[34]이 주석한 '속임(續袵)' 두 글자의 뜻
이 매우 분명한데 다만 소(疏)[35]를 단 학자들이 어지
럽혔을 뿐임을 알게 되었다.[36]

　정현(鄭玄)의 주를 살펴보니, '촉(續)[37]은 촉(屬, 붙이
다)과 같고, 임(袵)은 치마 옆에 있는 것이다. 이어 붙
여 치마의 앞뒤가 구별되지 않게 하는 것이다.'[38]라
했다. 정현이 단 주의 뜻은 대개 '일반적으로 치마
는 앞은 3폭, 뒤는 4폭으로 해서 이미 앞뒤를 나누
니 그 옆의 2폭이 갈라져서 서로 붙지 않는다. 그런
데 심의는 치마 12폭을 엇갈리게 마름질하고 이를
모두 임(袵)이라고 한다.'[39]는 뜻이다. 《예기》〈옥조〉
의 '임(袵)은 옆에 있다.[袵當旁]'[40]는 구절의 주(註)에

未得聞其說之詳也. 及得
蔡淵所聞, 始知先師所以
去舊說曲裾之意. 復又取
《禮記·深衣》篇熟讀之, 始
知鄭康成註'續袵'二字文義
甚明, 特疏家亂之耳.

按鄭註曰: '續, 猶屬也;
袵, 在裳旁者也. 屬連之,
不殊裳前後也.' 鄭註之意,
蓋謂凡裳前三幅、後四幅,
夫旣分前後, 則其旁兩幅
分開而不相屬, 惟深衣裳
十二幅, 交裂裁之, 皆名爲
袵. 見《玉藻》'袵當旁'註.

33　《禮記正義》卷58〈深衣〉(《十三經注疏整理本》15, 1821~1825쪽).

34　정현(鄭玄) : 127~200. 중국 후한(後漢) 말기의 대표적 유학자로, 자는 강성(康成)이다. 정현은 고문과 금
　　문에 다 정통했다. 가장 옳다고 믿는 설을 취하여 경서를 주석했고, 교과서의 정본(定本)을 만들어 연구와
　　교육에 한평생을 바쳐 수천 명의 제자를 거느리는 일대 학파를 형성했다.

35　소(疏) : 경·논 등을 해석한 해설로 경문에 세부 설명을 붙인 부분이 주(注)이고, 주에 대한 세부 설명이
　　소(疏)이다. 여기서는 정현의 《예기주(禮記注)》에 대한 공영달을 비롯한 후대 학자들의 주석을 가리킨다.

36　이상의 채연과 양복의 설은 《家禮》卷1〈通禮〉 "深衣制度"에 나오는 말을 구준이 재인용한 것이다.

37　촉(續) : '續'은 음이 촉(燭)이다. 아래에서도 모두 이와 같다. "續, 音燭, 下皆同."(《禮記》卷58〈深衣〉) 그
　　러나 일반적으로 '속임구변'이라 읽기 때문에 본 번역에서는 '속'으로 적기로 한다.

38　《禮記正義》卷58〈深衣〉(《十三經注疏整理本》15, 1822쪽).

39　《禮記注疏》卷58〈考證〉.

40　《禮記正義》卷29〈玉藻〉(《十三經注疏整理本》14, 1042쪽).

보인다.

이른바 속임은 치마 옆에 있는 2폭을 가리켜 말한다. 치마 옆의 2폭을 이어 붙여 치마의 앞뒤가 구별되지 않게 한다는 뜻이다. 그런데 소를 단 학자들은 그 문장의 뜻을 자세히 살펴보지 않고, 다만 '임(衽)이 치마 옆에 있다.'는 한 구절만 보고서 따로 베한 폭으로 갈고리[鉤]처럼 마름질하여 치마 옆에 드리운다고 생각한 것이다. 그리하여 함부로 천착하고 어지럽게 논의하였지만 논의할수록 뜻은 더욱 어지러워졌다.

한(漢)나라 때부터 지금까지 2천여 년 동안 《예기》를 읽는 사람들이 모두 '별도로 한 폭의 베를 쓴다.'라는 말에서 의미를 구하여 주의 본뜻은 가려지고 덮여 제대로 볼 수가 없었다. 선사(先師, 주희)께서 만년에 소를 단 학자들의 잘못을 아셨으나 미처 수정하지 못하셨다. 그래서 내가 정현의 주를 《가례》〈심의〉 '곡거' 부분의 아래에 붙여서 소를 단 학자들의 잘못을 논파하고, 또 선사께서 만년에 이미 확정한 학설을 보이고자 한다."

구준(丘濬)[41]은 다음과 같이 말했다.

"속(續)은 이어 붙인다는 뜻이고, 임(衽)은 치마의 옆폭이다. 구(鉤)는 서로 교차시킨다는 뜻이고, 변(邊)은 치마폭의 옆쪽이다. 속임구변은 서로 여며 교차시킨다는 뜻이다."[42]

所謂續衽者, 指在裳旁兩幅言之, 謂屬連裳旁兩幅, 不殊裳前後也. 疏家不詳考其文義, 但見'衽在裳旁'一句, 意謂別用布一幅, 裁之如鉤而垂於裳旁. 妄生穿鑿, 紛紛異同, 愈多愈亂.

自漢至今二千餘年, 讀者皆求之於'別用一幅布'之中, 而註之本義爲其掩蓋而不可見. 先師晚歲知疏家之失, 而未及修定. 愚故著鄭註於《家禮·深衣》'曲裾'之下, 以破疏家之謬, 且以見先師晚歲已定之說云."

丘氏濬曰:"續, 連屬也; 衽, 裳之旁幅也. 鉤, 有交互之義;邊者, 裳幅之側, 謂其相掩而交鉤也.

---

41 구준(丘濬): 1420~1495. 명(明)의 유학자이자 정치가로, 황제를 잘 보필했고 주자학에 밝았다. 저서로는 《대학연의보(大學衍義補)》, 《가례의절(家禮儀節)》, 《주자학적(朱子學的)》 등이 있다.
42 《家禮儀節》卷1〈通禮〉"深衣考證"(《文公家禮儀節》, 74쪽).

구준이 또 말했다. "살펴보건대 주우(朱右)[43]는 다음과 같이 말했다. '임(衽)을 《설문해자》에서는 「금(衿)」이라 했는데, 그에 대한 주에서는 「임(衽)을 교차하는 것」이 길[襟]이라고 했다.[44] 《이아(爾雅)》를 보면 「옷에는 모두 길[襟]이 있는데 금(衿, 깃)으로 통용하여 쓴다.」라 했다.[45] 《예기정의》에서는 「심의는 바깥쪽 깃[衿]의 가장자리에 가선이 있다.」[46]고 했으니, 심의에 임(衽)이 있음은 분명하다. 베 한 폭을 엇갈리게 나누어 마름질하여 위는 좁고 아래는 넓게 한 뒤 이를 안으로 상의에 이어 6폭이 되게 하고 아래는 치마에 붙인다.'[47] 《예기》〈옥조〉에서 '심의는 임(衽)이 옆에 있다[衽當旁].'[48]고 했는데, 왕 씨는 '깃[袷 : 曲領] 아래 깃[衿]을 단다.'[49]고 했고, 조 씨는 '위로 이어 6폭이 되게 한다.'[50]고 했으니, 모두 이를 말하는 것이다.

주우가 또 다음과 같이 말했다. '속임구변에서,

又按 : "白雲朱氏云 : '衽, 《說文》曰「衿」, 註「交衽」爲襟[6]. 《爾雅》「衣皆爲[7]襟, 通作衿」. 《正義》云「深衣外衿之邊有緣」, 則深衣有衽明矣. 宜用布一幅交解裁之, 上尖下闊, 內連衣爲六幅, 下屬於裳.' 《玉藻》曰 '深衣, 衽當旁', 王氏謂「袷[8]下施衿」, 趙氏謂「上六幅」皆是也.

又曰 : '續衽鉤邊, 邊謂邊

43 주우(朱右) : 1314~1376. 중국 명대 초기의 학자이다. 저술에 《백운고(白雲稿)》, 《심의고오(深衣考誤)》 등이 있다. 자는 백현(伯賢) 또는 서현(序賢)이고, 호는 추양자(鄒陽子)이다. 《백운고》로 인해 '백운 주 씨'로 불린 듯하다.

44 《說文解字》 卷8 上 '衽, '襜'.

45 《爾雅注疏》 卷4 〈釋器〉. 《爾雅》에는 "옷의 자(訾 : 옷깃이 포개지는 곳)를 금(襟)이라 한다.(衣皆謂之襟)"라는 표현만 보인다.

46 《禮記正義》 卷58 〈深衣〉(《十三經注疏整理本》 15, 1826쪽).

47 《深衣考》 〈衽二幅〉.

48 《禮記正義》 卷29 〈玉藻〉(《十三經注疏整理本》 14, 1042쪽).

49 출전 확인 안 됨.

50 출전 확인 안 됨.

[6] 襟 : 《深衣考·衽二幅》에는 "衿"; 《說文解字·襜》에는 "襜".

[7] 爲 : 저본에는 "有". 《家禮儀節·深衣考證》·《深衣考·衽二幅》에 근거하여 수정.

[8] 袷 : 저본에는 "衿". 《深衣考》에 근거하여 수정.

변(邊)은 바느질을 한 가장자리이다. 임(衽)의 가장
자리에는 사선으로 재단한 폭을 쓴다. 이미 옆에 붙
은 것이 없기 때문에 따로 곧은 베를 마름질하여 갈
고리 모양으로 만들고, 이를 오늘날 가장자리 감침
질[貼邊]을 하듯이 임(衽)의 아래에 이은 것이다. 《예
기》의 「속임구변」은 바로 갈고리 모양의 가장자리를
임(衽)에 붙이는 것이다. 그런데 뒷사람들이 이를 살
피지 못하여, 임(衽)이 없는 상의를 만드는 지경까지
이르렀다.'[51]

　주우의 이 설은 《가례》와 맞지 않는다. 대개 주
우는 세속의 평상복 상의와 같이 옷의 몸판[衣身] 위
에 안팎으로 깃 2개를 달고 따로 곧은 베를 갈고리
모양으로 마름질해서 임(衽)의 아래에 이어 속임구변
으로 삼으려 했다. 이렇게 하면 입고 벗기에는 편하
겠지만, 《가례》의 본래 제도가 아니기에 이를 따르
지는 못하겠고, 우선 기록을 남겨 두어 하나의 학설
로 갖추어 놓는다."[52]

　한백겸(韓百謙)[53]은 다음과 같이 말했다.
"속(續)은 잇는다는 것이다. 《의례》〈상복편〉에서

縫也[9]. 衽邊斜幅, 旣無
旁屬, 別裁直[10]布而鉤之,
續之衽下, 若今之貼邊.
《經》曰「續衽鉤邊」, 正以鉤
邊, 續於衽也, 後人不察,
至有無衽之衣.'

朱氏此說, 與《家禮》不合.
蓋欲於衣身上, 加內外兩
衿, 如世常服之衣, 別裁直
布鉤, 而續之衽下, 以爲續
衽鉤邊. 如此則便於穿着,
但以非《家禮》本制, 不敢
從, 姑存以備一說."

韓氏百謙曰 : "續, 連也.
《儀禮 · 喪服》篇曰'袂, 屬

51　《深衣考》〈續衽鉤邊〉.

52　《家禮儀節》卷1〈通禮〉"深衣考證"(《文公家禮儀節》, 76~77쪽). 이상의 내용은 서유구가 《家禮儀節》을
　　인용한 부분이다.

53　한백겸(韓百謙). 1552~1615. 조선 중기의 문신으로 호는 구암(久菴)이다. 각진 깃인 방령(方領) 형태의 심
　　의를 제시해 정구(鄭逑, 1543~1620)에게 비판을 받기도 했지만, 유형원(柳馨遠, 1622~1673)은 한백겸의
　　심의설을 받아들여 자신의 저서인 《반계수록(磻溪隨錄)》에 한백겸의 심의설과 심의도 전문을 수록했다.
　　이덕무(李德懋, 1741~1793)는 시대가 너무 오래되어 상고할 수 없지만 하나의 옷이 되기 때문에 입을 만하
　　다고 하여 유형원에 비해 상대적으로 중립적인 태도를 취했다.

⑨　邊縫也 : 저본에는 "邊也縫也". 《深衣考 · 續衽鉤邊》에 근거하여 수정.

⑩　直 : 저본에는 "立". 《家禮儀節 · 深衣考證》에 근거하여 수정.

'소매[袂]는 폭을 붙인다.'54라 했는데, 속(續)과 속(屬)은 옛날에 통용되는 글자였다. 임(衽)은 상의의 앞 두 길[襟]이다.

옛날 옷은 모두 위는 상의[衣], 아래는 치마[裳]로 되어 있었는데, 치마는 한쪽 가장자리에서부터 허리에 두르기 때문에 앞쪽은 본래 이미 갈라지지 않았다. 따로 베 한 폭을 엇갈리게 나누어 마름질하여 위는 좁고 아래는 넓게 한 뒤 이를 상의의 두 길[襟]에 나눠서 꿰맨 후 왼쪽으로 오른쪽을 덮으면 갈라지지 않게 된다. 옛사람들이 이른바 우임(右衽, 오른쪽으로 옷길을 여밈)이나 부임(敷衽, 옷길을 펼침)이나 염임(斂衽, 옷길을 여밈)이라 한 것은 다 이를 가리켜 한 말이다. 다만 심의는 상의와 치마를 이어 꿰매 깃[領] 아래에서부터 치마 끝까지 한쪽이 갈라져 있어서, 따로 한 폭을 써서 임(衽)을 만들지 않고 그저 두 길이 마주하고 내려가 겨우 서로 이어지게 했기에 속임(續衽)이라 했다.

幅', 續與屬古字通用. 衽, 衣前兩襟也.

古衣皆爲上衣下裳, 裳從一邊圍腰, 前面固已不分開矣. 別用一幅布, 交解裁之, 上尖下廣, 分綴於衣之兩襟, 左掩其右, 俾免分開. 古人所謂右衽、敷衽、斂衽, 皆指此而言也. 惟深衣, 衣與裳連綴, 自領下至裳末, 一面分開, 不用別幅爲衽, 只兩襟對下, 纔相連續, 故云續衽.

매듭단추 수단추[紐]

매듭단추 암단추[紐]

54 《儀禮注疏》卷34〈喪服〉(《十三經注疏整理本》11, 754쪽).

두 임(衽)을 이미 서로 여밀 수 없다면 매듭단추【달마기】55로 좌우가 서로 교차하게 건[鉤] 다음에야 나뉘어 열릴 걱정이 없다. 그러므로 또한 구변(鉤邊)이라 하니 지금의 기배령(箕排領【돕지】)이 바로 그 전해 내려온 제도이다.

〈옥조〉에서는 '임(衽)이 옆에 있다.'고 했는데, 옆은 바로 베 폭의 가장자리이다. 정현은 옆을 사람 몸의 양옆으로 잘못 생각했기 때문에, 임(衽)이란 글자를 설명할 때 억지 해석을 벗어나지 못했다. 일반적으로 치마폭을 엇갈리게 나누어 마름질한 부분을 모두 임이라 한다. 임은 원래 상의의 길이 교차하여 닿는 부분의 이름이다. 그러므로 일반적으로 두 가지 물건이 맞닿을 때 임의 개념을 빌려 비유한 경우가 예전부터 있었다. 《예기》〈단궁〉에서 '임마다 하나로 묶는다.'56라 했는데, 이 말을 해석한 사람(진호 陳澔)이 "나비장[小要]57【은정(隱錠)】으로 관과 관 뚜껑 사이를 이어 합치기 때문에 임(衽)이라 이름했다."58고 한 말이 이것이다. 어찌 치마폭만을 임(衽)이라고 한 적이 있던가? 게다가 상의와 치마를 이어 꿰매면 치마의 양 가장자리가 모두 앞쪽에 있게 되니 좌우를 봉합하는 일을 군이 다시 말할 필요가 없다. 이미 속임이라고 해 놓고 다시 구변이라고 하니 어찌

兩衽既不得交掩, 則須用結紐【돌⑪마기】, 左右交鉤, 然後可無分開之患, 故又云鉤邊, 今之箕排領【돕지】卽其遺制也.

《玉藻》曰'衽當旁', 旁卽布幅邊旁也. 鄭氏錯認旁爲人身兩旁, 故說衽字, 不去强解. 凡裳幅交解處, 皆謂之衽也. 衽本衣襟交接之名, 故凡兩物連接, 借以爲喻, 則固有之. 《檀弓》曰'衽每束一', 釋之者'以小要【隱⑫錠】連合棺與蓋之際, 故名爲衽'是也. 何嘗直以裳幅爲衽乎? 且衣裳連綴, 則裳之兩邊皆在前面, 左右縫合, 更不須言也. 旣曰續衽, 又曰鉤邊, 何其文義之重疊煩複, 別爲致詳於不必詳之地耶? 吾恐其必不然也.

---

55 매듭단추[달마기] : 옷을 여미는 단추.
56 《禮記正義》卷8〈檀弓〉上(《十三經注疏整理本》12, 288쪽).
57 나비장[小要] : 관의 몸체와 관 뚜껑을 결합시키는 못으로, 위아래가 넓고 가운데 허리가 좁다.
58 《禮記大全》卷3〈檀弓〉.
⑪ 돌 :《久菴遺稿·雜著·深衣說》에는 "둘".
⑫ 隱 :《久菴遺稿·雜著·深衣說》에는 "銀".

한백겸이 문집에 그린 심의(《久菴遺稿》)　　　유인석(柳麟錫, 1842~1915)이 착용한 심의(류연수 소장, 문화재청 사진 제공)

그 글의 의미를 이렇게 중첩되고 번잡하게 하여, 결코 자세히 설명할 필요가 없는 곳에서 별도로 자세 같다.

정현의 주가 이미 경문(經文)을 잘못 해석했고, 소(疏)를 단 사람들 또한 정현이 단 주의 문장을 잘못 해석함으로써 시간이 갈수록 더욱 잘못되어, 쓸모 없는 남은 폭을 좌우로 교차시켜 드리우기에 이르렀다. 채연이나 양복과 같은 여러 공들이 주자의 뜻을 추구하여 바르게 고치지 않았다면 후대에는 거의 요상한 복장을 면하지 못했을 것이다. 다만 주석의 의미는 터득했지만 경문 자체의 의미는 터득하지 못했으니 마치 벽을 사이에 두고 이야기를 듣는 것처럼 되어 애석할 뿐이다."[59]

鄭註既誤釋經文, 而疏家又誤釋註文, 愈往愈失, 至以無用之剩幅, 左右交垂. 不有蔡、楊諸公推求朱子之意而改正之, 則後世幾不免服妖, 而獨惜其得註意, 而不得經意, 猶爲隔壁之說也."

---

59 이상의 내용은 《久菴遺稿》上 〈雜著〉 "深衣說" '續衽鉤邊'을 인용한 부분이다. 한백겸이 생각한 심의는 다음 그림과 같다. 매듭단추로 여미는 형태의 심의는 그의 문집에 실려 있고, 조선시대에 실제로 만들어 착용한 학자도 있다.

내가 일찍이 이의준(李義駿)[60]에게 속임구변을 논한 편지를 보낸 적이 있는데, 지금 그 대강을 모아 여기에 붙인다.

정현이 심의에 대해 다음과 같이 주석을 달았습니다. "촉(續)은 촉(屬)과 같고, 임(衽)은 치마 옆에 있는 것이다. 이어 붙여 치마의 앞뒤가 구별되지 않게 한다. 구(鉤)는 "까마귀의 부리는 반드시 갈고리 모양으로 굽어 있다[烏喙必鉤]."라는 구문에서의 구(鉤)처럼 읽는다. 구변(鉤邊)은 지금의 곡거(曲裾)와 같다."[61]

이에 대해 공영달(孔穎達)[62]은 소에서 다음과 같이 말했습니다. "상복의 치마는 앞이 3폭, 뒤가 4폭으로, 각각이 개별적인 치마가 되어 서로 이어 붙지 않는다. 그러나 심의의 치마는 그렇지 않다. 한쪽 옆은 앞의 치마와 뒤의 치마를 잇게 하여 서로 붙이고,【속임을 풀이한 말이다.】 다른 한쪽 옆은 곡거가 있어 가린다.【구변을 풀이한 말이다.】"[63]

가만히 생각해 보건대, 후한(後漢)의 정현이 이미

案 余曾有與李愚山論續衽鉤邊書, 今撮其梗槪, 付之于此云.

鄭氏註深衣曰：“續, 猶屬也；衽, 在裳旁者也. 屬連之, 不殊裳前後也. 鉤, 讀如‘烏喙必鉤’之鉤. 鉤邊, 若今曲裾也.”

孔氏疏曰：“喪服之裳, 前三幅後四幅, 各自爲裳, 不相連屬. 深衣之裳不然, 一旁則連之相著,【解續衽】一旁則有曲裾掩之.【解鉤邊】”

竊思鄭旣謂“若今曲裾”, 而

---

60 이의준(李義駿) : 1738~1798. 조선 후기의 문신으로 본관은 전주(全州)이다. 서유구의 조부 서명응(徐命膺, 1716~1787)의 매형인 대사헌 이휘중(李徽中, 1715~1786)의 둘째 아들이다. 1773년(영조 49) 증광문과 급제자 목록에는 상준(商駿)으로 되어 있다. 상준은 초명이고 의준은 개명이다. 저서로는 1796년에 교정한 《장릉지(莊陵誌)》와 정조의 명을 받아 편수한 《존주휘편(尊周彙編)》이 있다.(韓苨燮, 〈楓石 徐有榘 文學 硏究〉, 고려대학교 석사학위논문, 2000, 7쪽) 그는 서유구의 친외가 쪽 오촌 당숙이었으며, 서유구에게 정현(鄭玄)의 명물학(名物學)과 주희의 성리학을 가르쳐 주었다. 또한 서유구의 《풍석고협집》에 수록된 글에 평어(評語)를 가하기도 했다.(정명현, 〈서유구는 누구인가〉, 서유구 지음, 정명현·민철기·정정기·진종욱 외 옮기고 씀, 《임원경제지 : 조선 최대의 실용백과사전》, 2012, 140~141쪽 ; 金大中, 〈《楓石鼓篋集》의 評語 연구〉, 서울대 석사학위논문, 2005).

61 《禮記正義》 卷58 〈深衣〉《十三經注疏整理本》 15, 1822쪽).

62 공영달(孔穎達) : 574~648. 당(唐)나라 초기의 학자로 유명한 경학자인 유작(劉焯, 544~610)에게 배웠다. 문장·천문·수학에 능통해 위징(魏徵)과 함께 《수서(隋書)》를 편찬했고, 왕명에 따라 고증학자 안사고(顔師古) 등과 더불어 오경(五經) 해석의 통일을 시도하여 《오경정의(五經正義)》 170권을 편찬했다.

63 《禮記正義》, 위와 같은 곳(《十三經注疏整理本》 15, 1824쪽).

"지금의 곡거와 같다."라 했고, 후한의 곡거 제도는 양옆이 모두 있었는데, 당나라 때의 공영달이 이에 "한쪽 옆은 곡거가 있어 가린다."라 한 것은 어째서 입니까? 게다가 붙인다고 하면 좌우 모두 붙여야 할 듯한데, 왜 꼭 한쪽 옆은 붙이고 한쪽 옆은 트고서 다시 쓸모없는 장식을 붙여 네 발가락[騈拇]이나 사마귀[懸疣]처럼 만들 필요가 있었겠습니까?[64]

　　우연히 《한서》 〈강충전〉을 살펴보니, "강충이 사(紗)와 곡(縠)[65]으로 만든 홑옷[禪衣]을 입었는데, 곡거(曲裾) 뒤로 교수(交輸)를 드리웠다."라 했는데, 이에 대한 여순(如淳)[66]의 주에서는 "교수는 정폭(正幅)[67]을 잘라 한쪽 끝을 제비 꼬리처럼 좁게 하고 이를 양옆으로 드리워 뒤에서 보이도록 했으니 이것이 《예기》 〈심의〉의 '속임구변'이다."라 했습니다. 가규(賈逵)[68]는 "교수는 의규(衣圭)[69]이다."라 했으며, 소림(蘇林)[70]의 주에서는 "교수(交輸)는 지금 신부(新婦)가 입는 포

後漢曲裾之制, 兩旁皆有, 則孔乃曰"一旁掩之"者, 何哉? 且屬之則左右竝屬之, 斯可爾, 何必屬一旁決一旁, 復綴無用之假飾, 爲騈拇爲懸疣哉?

偶考《漢書·江充傳》曰: "充衣紗縠禪衣, 曲裾後垂交輸."如淳註: "交輸, 割正幅, 使一頭狹若燕尾, 垂之兩旁, 見於後, 是《禮·深衣》'續衽鉤邊'."賈逵謂之"衣圭", 蘇林註"交輸, 如今新婦袍上挂, 全幅繒角割, 名曰交輸裁也."得是說而

64　다시……있었겠습니까? : 원문의 변무(騈拇)는 《장자》 〈외편〉 "변무"에 나오는 말로, 엄지발가락과 둘째발가락이 붙은 발가락이고, 현우(懸疣)는 《장자》 〈대종사〉에 나오는 말로, 몸에 생기는 혹부리나 사마귀를 가리킨다. 모두 쓸모없는 물건을 비유한 말이다.

65　사(紗)와 곡(縠) : 직물의 일종이다. 사(紗)는 날실[經絲]을 2올씩 꼬아서 꼬임 사이로 구멍이 생겨 투명하게 비쳐 보이는 얇은 직물을 말한다. 곡(縠)은 실을 많이 꼬아서 표면이 오글오글해지도록 짠 직물을 말한다.("充衣紗縠禪衣." 師古曰 : "紗縠, 紡絲而織之也. 輕者爲紗, 縐者爲縠, 禪衣制."《前漢書》卷45 〈蒯伍江息夫傳〉) 직물에 대한 더 자세한 설명은 《전공지》 권2, 〈누에치기와 길쌈〉 하 "길쌈"에 나온다.

66　여순(如淳) : ?~?. 위진(魏晉) 시기 위나라의 승상을 지낸 사람으로, 《한서(漢書)》를 주석하였다.

67　정폭(正幅) : 곧게 재단한 폭. 비스듬히 재단한다는 뜻인 사폭(斜幅)과 대조되어 쓰인다.

68　가규(賈逵) : 30~101. 중국 후한(後漢) 때의 유학자로, 《경전의고(經傳義詁)》, 《논난(論難)》을 저술함으로써 뒷날 마융(馬融)과 정현(鄭玄) 등이 고문경서(古文經書)의 학문을 대성할 수 있는 길을 닦았다.

69　의규(衣圭) : 이에 대해서는 밑에 나오는 여자의 상의, 즉 규(袿)에 관한 설명과 연결하여 이해해야 할 것 같다.

70　소림(蘇林) : ?~?. 후한(後漢) 말기에서 위(魏) 초기의 학자이다. 박학하고 고금의 글자를 많이 알아 위 문제(文帝) 때 박사와 급사중령(給事中領)을 지냈다.(《三國志》 〈魏志〉 卷21 "魏客").

(袍) 위에 다는 것과 같은 것으로, 온폭의 증(繒)[71]을 뾰족하게 잘라서 걸치는 것과 같은데, 이것을 교수 마름질[交輸裁]이라 한다."라 했습니다.[72] 이 설명들을 보고서야 비로소 곡거의 양옆이 모두 있음을 알게 되었습니다.

정현은 〈옥조〉를 주석하면서 "임(衽)은 상의에 붙일 때는 드리워 두고, 치마에 붙일 때는 바느질하여 앞뒤를 합친다."[73]라 했습니다. 이에 대한 공영달의 소에서는 "상의에 붙이는 것은 조복(朝服)이나 제복(祭服)의 임이고, 치마에 붙이는 것은 심의의 임이다."[74]라 했습니다.【공영달은 이미 심의의 임이 앞뒤를 합쳐 바느질한다는 사실을 알고 있었으면서 〈심의〉편을 해석할 때는 "곡거가 있어 가린다."라 하여 상의에 장식을 만든다고 인식했으니 어찌 이렇게 모순되는가?】

정현이 《의례》를 주석하면서 "일반적으로 상복(喪服)은 위를 최(衰), 아래를 치마[裳]라고 한다. 부인은 치마의 앞뒤를 달리하지 않아 최는 남자의 최와 같이 만들고, 아래는 심의와 같이 만든다. 심의는 최에 띠[帶]가 없고 아래에 임(衽)도 없다."라 했습니다.【심의에는 속임(續衽)의 임이 있는데 정현이 심의의 최에 임이 없다고 했으니, 이는 대개 심의의 임은 치마에 잇는 것이지, 최에 잇는 것이 아니기 때문이

始知曲裾之兩旁皆有也.

鄭氏注《玉藻》曰:"衽, 屬衣則垂而放之, 屬裳則縫之以合前後." 孔疏:"屬衣者, 朝祭之衽;屬裳者, 深衣之衽."【孔氏既知深衣之衽合縫前後, 而其解《深衣》篇則曰'有曲裾掩之', 認作衣上假飾, 一何矛盾?】

鄭氏註《儀禮》曰:"凡服, 上曰衰, 下曰裳. 婦人不殊裳, 衰如男子衰, 下如深衣, 深衣則衰無帶, 下又無衽."【深衣有續衽之衽, 而鄭謂深衣衰無衽者, 蓋以深衣之衽, 續於裳, 而不續於衰. 衰固無衽也, 非謂

---

71 증(繒):깁(비단)의 총칭.
72 이상의 〈강충전〉의 원문과 주석은 《前漢書》卷45 〈蒯伍江息夫傳〉 第15에 나온다.
73 《禮記正義》卷29 〈玉藻〉(《十三經注疏整理本》14, 1042쪽).
74 《禮記正義》, 위와 같은 곳(《十三經注疏整理本》14, 1044쪽).

다. 최에는 본래 임이 없지만 심의 전체에 임이 없는 것이 아니다.】

이에 대해 가공언(賈公彦)[75]은 소에서 "띠의 아래 [帶下][76]는 치마의 윗부분을 가리는 것인데, 심의의 치마는 이미 상의에 꿰매어 이었기 때문에 굳이 허리띠가 필요 없다. 임(衽)은 치마의 옆 부분을 가리는 것이다. 남자의 치마는 앞이 3폭, 뒤가 4폭이고 양 가장자리를 터서 속옷이 드러나기 때문에 임이 필요한 것이다. 임은 상의의 양옆에 붙어 있어 앞뒤 폭이 만나는 부분을 가린다. 그렇지만 부인의 치마는 이미 심의와 같이 바느질해 앞뒤를 붙여서 양 가장자리가 트이지 않기 때문에 임이 필요 없다."라 했습니다.[77] 이 설명을 보고서야 비로소 심의의 임이 앞뒤를 합쳐 바느질한 것이지 상의 위의 장식이 아님을 믿게 되었습니다.

대개 조복이나 제복은 상의와 치마가 이미 구별되고, 치마 또한 그 앞과 뒤가 구별됩니다. 옷의 형태가 상징하는 의미는 이렇게 구별하는 데 있지만 몸이 너무 드러나는 것은 싫어합니다. 이 때문에 임을 상의의 좌우에 꿰매 치마의 옆쪽을 가린 것입니

深衣全無衽也.】

賈氏疏:"帶下, 所以掩裳上際也, 深衣之裳旣縫連於衣, 故不須帶下也. 衽者所以掩裳旁際也, 男子之裳, 前三幅ㆍ後四幅, 開兩邊, 露裏衣, 故須衽. 屬衣兩旁, 以掩交際之處, 而婦人之裳旣如深衣, 縫之以合前後, 兩邊不開, 故不須衽也." 得是說而始信深衣之衽合縫前後, 而非衣上之假飾也.

蓋朝祭之服, 衣與裳旣殊, 裳又殊其前後. 意在分之而惡其大露也, 故綴衽於衣之左右, 以掩裳之旁際. 深衣則衣不離裳, 裳不殊

---

75 가공언(賈公彦) : ?~?. 중국 당(唐)나라의 학자. 《주례소(周禮疏)》 50권과 《의례소(儀禮疏)》 50권은 십삼 경주소(十三經注疏)에 들어간다. 그중에서도 《주례소》는 주자(朱子)가 오경소(五經疏) 중 가장 좋다고 평가했다.

76 띠의 아래[帶下] : '상의의 띠 아래 1척'이란 뜻으로 허리부분을 가리킨다. 길이 2.2척의 상의 아래에, 높이가 1척인 베를 가로로 두루면 치마의 윗부분을 가릴 수 있다. '상의의 띠 아래 1척'이란 뜻으로 허리부분을 가리킨다. 길이 2.2척의 상의 아래에, 높이가 1척인 베를 가로로 두루면 치마의 윗부분을 가릴 수 있다.("衣帶下尺者, 要也. 廣尺, 足以掩裳上際也."《儀禮注疏》卷11,〈喪服〉).

77 이상의 《의례》의 내용은 《儀禮注疏》卷29〈喪服〉(《十三經注疏整理本》11, 644~646쪽)에 나온다.

다.[78] 이에 반해 심의는 상의가 치마와 떨어지지 않고 치마는 앞뒤가 구별되지 않습니다. 이 때문에 임을 치마의 좌우에 꿰매어 옆 부분을 이어 바느질하니, 가리고 덮는 데만 그치지 않은 것입니다.

심의에서 그 임을 만드는 제도는 비록 조복의 곡거나 부인 상의의 연미(燕尾, 제비 꼬리 모양)와 서로 비슷하지만, 그것들은 임을 상의에 붙이는 데 비해 심의는 치마에 붙이며, 그것들은 임을 드리우는 데 비해 심의는 바느질합니다. 이 점이 서로 다를 뿐입니다. 비록 그렇기는 하지만 바느질만 하고 그친다면 구변과 곡거의 제도는 어디에서 볼 수 있겠습니까? 또 상의는 거(裾)[79]가 없는 경우가 없는데, 어째서 유독 심의만 없는 것입니까?

《이아(爾雅)》에서 "겁(裃)을 거(裾)라 한다."라 했는데, 이에 대한 곽박(郭璞)[80]의 주에는 "상의의 뒤가 거(裾)이다."[81]라 되어 있고, 유희(劉熙)의 《석명(釋名)》에서는 "거(裾)는 거(倨)이다. 거만한 듯이[倨倨然] 곧다는 뜻이니, 또한 뒤에서 보면 항상 거만하게 보인다는 말이다."[82]라 했습니다. 지금 우리나라의 단령

前後. 故綴衽於裳之左右, 連縫旁際, 不止掩覆而已.

其爲衽之制[13], 雖與朝服之曲裾、婦人衣之燕尾相似, 而但彼[14]則屬衣, 此則屬裳, 彼則垂之, 此則縫之, 斯其所以異爾. 雖然縫焉而止, 則鉤邊、曲裾之制, 于何見之? 且衣莫不有裾, 何獨深衣無之?

《爾雅》曰"裃謂之裾", 郭璞註"衣後, 裾也", 劉熙《釋名》曰"裾, 倨也. 倨倨然直, 亦言在後常見踞也". 今我國團領、直領皆有衣後之裾, 在於兩旁. 豈深衣之

---

78 대개……것입니다 : 조복과 제복의 상의는 치마를 반 정도 덮는 길이이다. 여기서 서유구는 조복과 제복이 상의에 임을 붙여 치마가 나뉘는 부분을 가린다고 생각한 것으로 보인다.

79 거(裾) : 본래는 옷의 뒷도련 부분만을 말하는 것이지만 후에는 앞도련 등의 가장자리를 전체적으로 의미하게 된다. 서유구는 '거'를 단령이나 직령의 길 옆에 붙여 뒤로 젖혀서 입는 '무'로 보았다.

80 곽박(郭璞) : 276~324. 중국 진(晉)의 시인 겸 학자. 《이아(爾雅)》, 《산해경(山海經)》, 《방언(方言)》, 《초사(楚辭)》등에 주(註)를 달았다.

81 이상은 《爾雅注疏》 卷5〈釋器〉《十三經注疏整理本》 24, 156쪽).

82 《釋名》 卷5 釋衣服〉.

13 制 : 저본에는 "則". 규장각본·오사카본·한국은행본에 근거하여 수정.

14 彼 : 저본에는 "被". 규장각본·오사카본·한국은행본에 근거하여 수정.

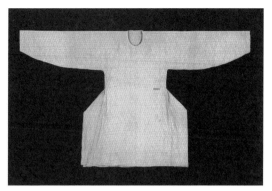

변수(邊脩, 1447~1524)의 묘에서 출토된 단령(국립민속박물관)

이진숭(李鎭嵩, 1702~1756)의 묘에서 출토된 단령(국립민속박물관)

(團領)[83]이나 직령(直領)[84]에는 모두 옷 뒤의 옷자락[裾]이 양쪽 옆에 있습니다. 그러니 심의의 임 역시 이와 같아서 가장자리 부분을 비스듬히 잘라 약간 둥글

衽亦當如是, 而斜剪邊際, 使之微曲, 以爲燕尾、曲裾 之狀歟?【深衣之裳, 在前

---

83 단령(團領): 본래 둥근 형태의 깃이라는 뜻인데, 둥근 깃을 단 포(袍)를 지칭하는 의미로 확장되었다. 단령은 호복(胡服)에서 유래하여 수대(隋代)에 한족에게 채용되었고, 이후 명대(明代)까지 천자부터 서민에 이르기까지 모두 입었던 옷이다. 조선에서는 세종 때 공복(公服)과 평상집무복[常服]으로 제정되어 조선 말까지 5백 년간 관복(官服)으로 전래되었다.

84 직령(直領): 조선 전기 대표적인 남자용 겉옷[上服]. 곧은 깃에 양 옆은 트였으며 트임에 큰 무가 달렸다. 무의 양식은 시대에 따라 변하는데, 단령과 변화 양상이 같다. 조선 후기 사대부 사이에 도포가 유행하게 되면서 직령은 별감이나 하리의 관복 또는 상주(喪主)의 출입복으로 착용되었다.

서유구의 심의후도(深衣後圖)(《楓石全集》)

고려시대 도규(국립민속박물관)

게 하여 연미나 곡거의 모양을 만들어야 하지 않겠습니까?【심의의 치마는 앞부분이 6폭, 뒷부분이 6폭인데, 심의를 입은 뒤에 앞의 6폭이 서로 겹쳐 3폭이 된다면 앞뒤의 너비가 서로 너무 다르지 않겠는가? 그래서 다시 뒷치마의 양옆 폭을 겹치게 접어서 지금의 단령이나 직령의 제도처럼 옷자락[裾]을 만들면 뒷부분이 4폭이고 앞부분이 3폭이어서 앞뒤의 너비가 서로 맞게 된다.】[85]

《석명(釋名)》에서 "부인의 상의를 규(袿)라 하는데, 규 아래로 드리운 것은 도규(刀圭)[86]처럼 위가 넓고

者六幅, 在後者六幅, 而旣服之後, 前六幅相疊爲三, 則前後廣狹, 無乃太不相侔乎? 於是更取後裳兩旁之幅, 摺疊之以爲裾如今團領、直領之制, 則在後者四幅, 在前者三幅, 而前後廣狹相稱.】

《釋名》曰"婦人上服曰袿, 其下垂者, 上廣下狹如刀

---

85 이상의 내용을 종합하여 서유구는 자신이 생각하는 심의의 모습을 위와 같이 문집에 그려 놓았다. 치마의 양 옆에 속임구변의 모양이 보인다.

86 도규(刀圭) : 옛날에 가루약을 뜨던 숟가락으로, 모양이 칼처럼 생겨 끝이 날카롭고 가운데는 움푹하다.

아래가 좁다."라 했고, 또 "군(裙, 치마)은 아래에 있는 무리[下群]이다. 옷자락[裾]의 폭을 이어 붙인 것이다."라 했습니다.87 여기서 속임과 곡거의 제도를 그려 볼 수 있습니다. 사마상여(司馬相如)88는 《자허부(子虛賦)》에서 "섬(襳)을 흩날리고 소(髾)를 드리웠네."라 했는데, 이에 대한 안사고(顏師古)의 주석에서는 "섬(襳)은 규의(袿衣)의 긴 띠이다. 소(髾)는 연미 따위이다."라 했습니다.89 매승(枚乘)90의 《칠발(七發)》에

圭也", 又曰"裙⑮, 下群也. 連接裾⑯幅也". 此可想續衽、曲裾之制矣. 司馬相如《子虛賦》曰"蜚襳⑰垂髾", 師古註"襳⑱, 袿衣之長帶也. 髾謂燕尾之屬". 枚乘《七發》曰"雜裾垂髾", 張衡《舞賦》曰"裾似飛燕", 梁庾

고개지(顧愷之)의 〈 열녀인지도(列女仁智圖) 〉의 연미(중국 고궁박물원)

87 이상의 내용은 《釋名》 卷5 〈釋衣服〉.
88 사마상여(司馬相如) : BC 179~BC 117. 중국 전한의 문인으로, 부(賦)를 잘 지어서 《초사(楚辭)》를 조술(祖述)한 송옥(宋玉)·가의(賈誼)·매승(枚乘) 등에 이어 '이소재변(離騷再變)의 부(賦)'라 불린다.
89 이상의 내용은 《前漢書》 卷57上 〈司馬相如傳〉(《漢書》, 2541쪽).
90 매승(枚乘) : ?~BC 140. 중국 전한의 문인. 한나라 전기의 미문가(美文家)로 유명하다. 산문과 운문의 중간 형식인 《칠발(七發)》 등의 작품이 있는데, 이것은 뒤에 사마상여(司馬相如) 등의 사부 문학(辭賦文學)에 많은 영향을 끼쳤다.
⑮ 裙 : 저본에는 "裾". 규장각본·오사카본·한국은행본·《釋名·釋衣服》에 근거하여 수정.
⑯ 裾 : 저본에는 "裙". 규장각본·오사카본·한국은행본·《釋名·釋衣服》에 근거하여 수정.
⑰ 襳 : 저본에는 "纎". 오사카본·《前漢書·司馬相如傳》에 근거하여 수정.
⑱ 襳 : 저본에는 "纎". 오사카본·《前漢書·司馬相如傳》에 근거하여 수정.

서는, "뒤섞인 옷자락[雜裾] 소(髾)를 드리웠네."[91]라 했고, 장형(張衡)[92]의 《무부(舞賦)》에서는 "옷자락[裾]이 마치 나는 제비와 같다."[93]라 했으며, 양(梁)나라 유견오(庾肩吾)[94]의 《사동궁뢰내인춘의계(謝東宮賚內人春衣啓)》에서는 "옷자락[裾] 흩날리니 제비 꼬리 모이고, 깃[領] 맞서 있으니 제비 꼬리 나뉘네."[95]라 했습니다. 여기에서 연미(燕尾)[96]와 의규(衣圭)[97]의 제도를 그려 볼 수 있습니다.

양복은 공영달의 소를 의심하여 고쳤는데, 여기서 '합하여 바느질한다[合縫].'느니 '덮어서 바느질한다[覆縫].'느니 하는 설이 생겨났습니다. 또 주우는 정현의 주를 믿지 못하여 뒤집었는데, 여기서 '깃[衿] 아래에 임(衽)을 잇는다.'[98]는 논의가 있게 되었

肩吾《謝東宮賚內人春衣啓》曰"裾飛合燕, 領鬪分燕". 此可想燕尾、衣圭之制矣.

楊氏疑孔疏而改之, 於是有合縫、覆縫之說；朱氏[19]不信鄭註而反之, 於是有衿下續衽之論, 而於鉤邊二字, 說去不得. 宗楊者曰

---

91 《文選註》卷34〈七發八首〉.

92 장형(張衡) : 78~139. 중국 후한(後漢)의 문인. 부문(賦文)에 능하여 후한 중기의 태평성대를 풍자한〈이경부(二京賦)〉,〈귀전부(歸田賦)〉 등을 지었다. 또한 천문(天文)·역학(曆學)의 대가로서 일종의 천구의(天球儀)인 혼천의(渾天儀)를 비롯하여 지진계(地震計)라 할 수 있는 후풍지동의(候風地動儀)를 만들었다.

93 《古儷府》卷8〈張衡舞賦〉.

94 유견오(庾肩吾) : ?~?. 중국 남조 양나라의 문학가로, 궁체시의 대표 작가 가운데 한 사람으로 꼽힌다. 시의 형식상으로는 대구를 강조하고 성률에 치중하여, 이후 율시의 발전에 영향을 끼쳤다.

95 《漢魏六朝百三家集》卷99〈庾肩吾集〉.

96 연미(燕尾) : 서유구가 생각한 '구(鉤)'는 연미 형태로, 위진 시기에 유행한 '잡거수소복(雜裾垂髾服)'으로 불리는 복장에서 찾아볼 수 있다. 이 옷의 특징은 옷자락에 있는데, 보통 옷자락을 세 조각으로 재단한다. 이때 위는 넓고 아래는 뾰족하게 하고, 여러 층이 서로 겹치게 하는데 이것을 '소(髾)'라 한다. 이와 별도로 주위에 표대(飄帶, 흩날리는 띠)를 꿰매는데 이것을 '섬(襳)'이라 한다. 표대가 비교적 길기 때문에 길을 걸을 때 옷자락에 있는 소(髾)를 건드려 제비가 날듯 춤을 추는 것처럼 보인다. 남북조 시기에 이르러 이 표대와 소를 합쳐 하나로 만들어 길어서 땅에 끌리는 표대를 없애는 대신 소인 연미(燕尾)를 더욱 길게 한 것이다.(차서연·장동우,〈徐有榘의 服飾觀 :「贍用志」'服飾之具'의 분석을 중심으로〉,《服飾》62권 6호, 한국복식학회, 2012, 37~38쪽；高春明,《中國服飾》, 上海外語敎育出版社, 2002, 33쪽) 아래 그림은 연미가 있는 위진 시기의 잡거수소복이다. 서유구는 잡거수소복에 붙어 있는 연미의 형태와 심의의 임을 연관시켜 설명했고,《가례도》의 임의 형태에서 약간 굵게 한 모습을 근거로 자신의 문집에 별도로 마름질해 붙인 굵은 형태의 임을 그려 놓았다.

97 의규(衣圭) : 衣(=衤)와 圭를 합치면 '규(袿)' 자가 된다.

98 《가례》에서는 이 내용이 확인되지 않는다.

[19] 氏 : 저본에는 "子". 오사카본에 근거하여 수정.

습니다. 그러나 '구변(鉤邊)' 두 글자에 대해서는 설명하지 못했습니다. 양복을 높이는 사람들은 "합하여 바느질하면 속임(續衽)이고, 덮어서 바느질하면 구변(鉤邊)이다.[99] 구(鉤)에 서로 교차시킨다[交互]는 뜻이 있다."[100]라 합니다. 또 주우를 높이는 사람들은 "변(邊)은 가장자리요, 바느질한 부분이다. 임의 가장자리에 있는 비스듬한 폭【이를 금령(衿領)이라 한다.】에는 이미 옆에 붙은 것이 없기 때문에 따로 곧은 베를 마름질하여 갈고리 모양으로 만들고 이를 임의 아래에 잇는다."라 합니다. 이러니 그 말이 얼마나 궁색합니까?

구(鉤)는 굽었다[曲]는 뜻입니다. 〈악기(樂記)〉에서 "노랫소리가 많이 굽으면 굽은 갈고리에 들어맞는다."[101]라 했고, 《소문(素問)》에서는 "심장의 맥이 굽었다."[102]라 했으며, 또 "마음의 병으로 죽은 사람은 심장의 맥이 앞은 굽고 뒤는 꼿꼿해[倨] 마치 대구(帶鉤)[103]를 잡고 있는 것과 같다."[104]라 했습니다. 여기 그 3개의 '구(鉤)' 자는 모두 굽었다[曲]로 새겨집니다. 《서경(書經)》〈고종융일(高宗肜日)〉의 "고종이 융

"合縫爲續衽, 覆縫爲鉤邊, 鉤有交互之義", 宗朱者[20]曰"邊謂邊也, 縫也. 衽[21]邊斜幅,【謂衿領.】既無旁屬, 別裁直布而鉤之, 連續於衽下", 何其說之遁哉?

鉤者, 曲也. 《樂記》曰"句中鉤", 《素問》曰"心脈鉤", 又曰"死心脈來, 前曲後倨, 如操帶鉤", 是數三鉤字皆訓曲. 《書·高宗肜日》"鼎[22]有雊雉", 孔疏"曲頸而鳴";《左傳》"射兩軥", 杜註"軥[23], 車軶卷者";《山海經》"神民之

99 《禮記注疏》卷58〈考證〉.
100 《家禮》〈附錄〉.
101 《禮記注疏》卷39〈樂記〉(《十三經注疏整理本》14, 1338쪽).
102 《黃帝內經素問》卷7〈宣明五氣篇〉(《黃帝內經素問語譯》, 150쪽).
103 대구(帶鉤) : 허리띠를 맞물리는 쇠로 된 장식, 즉 지금의 허리띠 버클을 말한다.
104 《黃帝內經素問》卷5〈平人氣象論篇〉(《黃帝內經素問語譯》, 111쪽).
[20] 者 : 저본에는 "子". 규장각본·오사카본·한국은행본에 근거하여 수정.
[21] 衽 : 저본에는 "衿". 《家禮儀節·通禮·深衣考證》에 근거하여 수정.
[22] 鼎 : 《尚書·高宗肜日》에는 "越".
[23] 軥 : 저본에는 "鉤". 《春秋左傳·襄公》에 근거하여 수정.

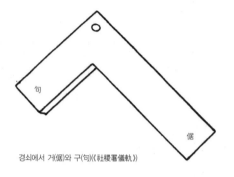

경쇠에서 거(倨)와 구(句)(《社稷署儀軌》)

㈜제사를 지내는 날 솥귀에 올라가 우는 꿩이 있었다." [105]라는 구절에 대해 공영달의 소에서는 "목을 굽혀서 운다." [106]라 했고, 《좌전(左傳)》의 "양쪽의 구(軥)에 쏘았다." [107]라는 구절에 대해 두예(杜預)의 주에서는 "구(軥)는 수레 멍에의 굽은 부분이다." [108]라 했으며, 《산해경(山海經)》의 "신민(神民)의 언덕에 나무가 있는데, 그 나무의 아랫부분에는 구(枸) 9개가 있다." [109]라는 구절에 대해 곽박의 주에서는 "구(枸)는 뿌리가 구부러져 뒤엉킨 것이다." [110]라 했습니다. 여기서 일반적으로 구(句) 자가 들어간 글자는 모두 굽었다[鉤曲]는 뜻이 있음을 알 수 있습니다.

《고공기(考工記)》의 "경쇠를 만드는 장인[磬氏]이 경쇠를 만들 때는 거(倨)와 구(句)[111]가 있다." [112]라는 말

邱有木, 下有九枸", 郭注 "根盤錯". 是知凡字之從句者, 皆有鉤曲之義矣.

《考工記》"磬氏爲磬, 倨句", 鄭註"句, 音鉤", 賈誼

---

105 《尙書正義》卷10 〈高宗肜日〉(《十三經注疏整理本》2, 303쪽).
106 출전 확인 안 됨.
107 《春秋左傳正義》卷32 〈襄公〉14年(《十三經注疏整理本》18, 1060쪽).
108 《春秋左傳正義》, 위와 같은 곳.
109 《山海經》卷18 〈海內經〉.
110 《山海經》, 위와 같은 곳.
111 거(倨)와 구(句) : 경쇠 모양에서 길고 좁은 쪽을 거(倨)라 하고, 짧고 넓은 쪽을 구(句)라 한다.
112 《周禮注疏》卷41 〈冬官考工記〉下 "磬氏"(《十三經注疏整理本》9, 1321쪽).

에 대해 정현의 주석에서는 "구(句)는 음(音)이 구(鉤)이다."¹¹³라 했고, 가의(賈誼)¹¹⁴는《신서(新書)》에서 "몸의 굽은 곳[倨佝]이다."¹¹⁵라 했으며, 양웅(揚雄)의《감천부(甘泉賦)》에서는 '구망(句芒)'을 '구망(鉤芒)'으로 적었습니다.¹¹⁶ 여기에서 구(句)·구(佝)·구(鉤) 세 글자는 모두 통용할 수 있고 그중에서 굽었다[鉤曲]는 의미는 바뀐 적이 없음을 더욱 잘 볼 수 있습니다. 여러 전적들을 하나하나 살펴보아도 어디에 일찍이 서로 교차시키고 잇는다는 풀이가 있었습니까?

또 '합하여 바느질한다'와 '덮어서 바느질한다'는 말은 모두 바느질해 꿰맴을 지칭하니, '속임'과 '구변'이 같은 뜻인데도 중첩해서 말한 것이 아니란 말입니까? 주우가 말한 가장자리[邊]는 과연 어느 가장자리를 가리키는 것이며, 갈고리 모양으로 만든다는 것은 또 어떤 갈고리 모양이란 말입니까? 바느질[縫]을 가장자리[邊]로 뜻을 새긴 것도 참으로 이미 견강부회한 것이지만, "곧은 베[直布]를 갈고리 모양으로 만든다."고 할 때의 구(鉤) 자는 더욱 근거가 없습니다. 비록 주우의 말과 같이 심의의 옷깃[衿] 아래에 임(袵)을 단다 하더라도 그것이 옷깃[衿] 아래의 임(袵)이 되는 것은 기정사실이니, 어째서 꼭 암컷을 가리

《新書》"身之倨佝", 揚雄《甘泉賦》"句芒作鉤芒". 益可見句、佝、鉤三字皆可通用, 而其鉤曲之義則未之易也. 歷考載籍, 何嘗有交互連續之解乎?

且合縫、覆縫同是縫緎[24]之稱, 則續衽、鉤邊得非一意而疊說乎? 朱氏所謂邊者, 果指何邊, 鉤之者又如何鉤之? 以縫訓邊, 固已牽强, 而"直布鉤之"之鉤字, 尤沒著落. 雖使深衣有衿下之衽如朱氏說, 不妨還他衿下之衽, 何必指雌爲雄, 持方補柄乎?

---

113 《周禮注疏》, 위와 같은 곳.

114 가의(賈誼): BC 200~BC 168. 중국 전한 문제 때의 문인 겸 학자이다. 진나라 때부터 내려온 율령·관제· 예악 등의 제도를 개정하고 전한의 관제를 정비하려 노력했다. 저서에 《신서(新書)》 10권이 있으며, 진의 멸망 원인을 분석한 〈과진론(過秦論)〉이 널리 알려져 있다.

115 《新書》 卷6〈禮〉 "兵車之容".

116 《揚子雲集》 卷5〈河東賦〉. 권5의 시작이 〈甘泉賦〉이나 여기에 없고 〈河東賦〉에 나온다.

[24] 緎: 저본에는 "鍼". 오사카본에 근거하여 수정.

켜 수컷이라 하고 네모난 자루를 둥근 구멍에 들어
갈 촉꽂이로 삼으려는 것입니까?

정현은 그르다 할 수 없습니다. 전한(前漢)과 후한
(後漢) 때에는 옛 제도가 여전히 남아 있어서 정현이
직접 보고 들었으니, 그 말이 믿을 만하고 허황되지
않습니다. 그런데 공영달이 한번 잘못된 해석을 하
면서부터 마침내 풀리지 않는 의문을 열어 놓게 되
었습니다. 원(元)과 명(明)의 여러 선비들에 이르러서
는 정현의 주(註)를 버린 채 경문을 말하며, 암중모
색하고 억측으로 새로운 제도를 만들어 이상야릇한
주장이 갖가지로 나왔습니다. 세상에서 말하는 심
의에 관한 학설이 상자에 가득하고 궤짝에 넘치지만
그 실상을 살펴보면 모두 증거가 없는 빈말이었습
니다.[117]

지난 병오년(1786년, 서유구 23세)에 내가 우산 이의
준 선생과 속임구변에 관하여 변론하면서 두세 차
례 편지를 주고받았는데, 이상이 그중에서 세 번째
편지이다. 우산 선생께서 크게 인정하여 "천고에 해
결이 안 되는 안건이라 할 만하다."라고 하셨다.[118]
어느덧 40년이 지난 일이 되었는데도 나는 지금까지

蓋鄭氏不可非也. 兩漢之
際, 古制猶存, 鄭氏目睹
之, 耳聞之, 其言可信不
虛, 而一自孔氏之誤解, 遂
啓不決之疑. 降及元、明諸
公, 舍註言經, 冥摸暗索,
臆決刱制, 詭怪百出, 世
所稱深衣說者, 盈箱溢篋,
而考其實, 則皆無徵之空
言也.

昔在丙午, 余與愚山辨論
續衽鉤邊, 往復數三, 此
卽其第三書也. 愚山大加
印可, 謂"可定千古不決
之案."
忽忽已四十年事, 而余至

---

117 이상의 서유구의 안설 중 첫 단락을 제외한 전체 내용이 《楓石鼓篋集》卷第3〈與李愚山論深衣續衽鉤邊
書〉에 나온다.
118 우산……하셨다 : 이 글의 원본이 실린 《풍석고협집》의 글 말미에는 이의준의 다음과 같은 평어가 있다.
"근거를 댐이 자고(子固)와 같고, 공격을 함이 자후(子厚)와 같아 반드시 전해야 하는 글이다.(援据如子
固, 剖擊如子厚, 必傳之文.)" 자고는 증공(曾鞏, 1019~1083)으로, 북송(北宋) 시기의 관리이자 문학가
이며 산문가로 기억력이 남달라 한번 읽은 책은 그 자리에서 암송했다고 한다. 자후는 유종원(柳宗元,
773~819)으로, 당(唐)나라 때의 관리이자 시인이며 산문가로 당나라 순종(順宗) 때에 왕숙문(王叔文) 등

그 설을 굳게 지키고 있으니 학식이 더 나아가지 못하고 20대 때의 견해를 아직 바꾸지 못한 것이 스스로 부끄럽다.

우안 구암 한백겸이 아랫글에서 정한 '굽은 깃'은 대개 두 길[兩襟]이 서로 겹치지 않고 앞에서 마주하여 내려가게 했고, 또 매듭단추[紐結]로 교차시켜 걸고자 했다. 그 제도가 진(秦)나라의 배자(褙子)[119]나 수(隋)나라의 반비(半臂)[120]와 서로 비슷하니 모두 호복(이민족의 의복)의 제도에서 나온 것이다. 삼대(三代)의 법복(法服, 모범이 되는 의복)에 어찌 이와 같은 제도가 있었겠는가? 다만 우리나라 유학자들의 예설 중에는 변론이 '굽은 깃'까지 다룬 것이 없기 때문에 함부로 모아 하나의 설을 갖췄다.】

今墨守其說, 自愧識不加進, 未變弱冠時見解也.

又案 韓久庵所定, 蓋兩襟不相掩而對下於前, 且欲紐結以交鉤之. 其制與秦之褙子, 隋之半臂相似, 皆出於胡制. 三代法服安得有此? 特以東儒禮說, 無辨論及此者, 故漫收之以備一說.】

굽은 깃(곡겁)

【한백겸은 다음과 같이 말했다.

"겁(袷)은 깃의 가선[緣]이다. 옷깃의 양 가장자리에서 아래턱에 해당하는 곳을 네모나게 마름질하기

曲袷

【韓氏百謙曰 : "袷, 領緣也. 衣領兩邊當頤頷處, 裁割取方, 如今喪服前闊

을 좇아 혁신 정치 집단에 참가했다. 중공과 유종원은 모두 당송팔대가(唐宋八大家)의 한 사람이다. 이의준은 심의를 기록한 문장을 찾아 철저하게 고증하고 한백겸을 비판하며 정현을 따르는 서유구의 모습을 자고와 자후에 비유한 것으로 보인다.

119 배자(褙子) : 배자(背子)라고도 한다. 소매가 짧은 상의로 한대(漢代)에 처음 나타나 부녀의 내의로 입다가 후에는 겉에 입기 시작했다. 송대(宋代)에는 소매가 길고 길이가 발까지 오는 배자와 무사들이 입던 소매가 짧고 길이가 무릎까지 내려오는 배자 등 형태가 다양했다. 이후 명대에는 맞깃에 소매는 넓기도 하고 좁기도 했다.(高春明, 《中國服飾》, 上海外語敎育出版社, 2002, 58쪽) 우리나라 배자는 중국과 다른 형태로, 뒤에 자세하게 나온다.

120 반비(半臂) : 원래 무사의 복식이며, 소매가 짧아서 반비라고 한다. 반비의 소매는 주로 팔꿈치에 이르며, 일할 때 간편하기 때문에 일반 부녀 및 노비가 입는다. 수대(隋代)에 착용하기 시작했으며, 당대(唐代)에 여인이 즐겨 입었다. 송대에 남자는 안에 입었고, 여자는 겉에 입었다.(高春明, 앞의 책, 58쪽).

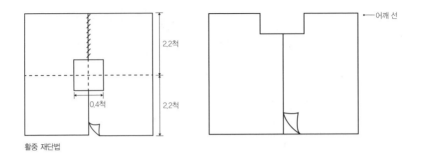

활중 재단법

를 지금 상복의 앞에 있는 활중(闊中)[121]의 제도와 같
이 하여 목을 편하게 하고 0.2척의 검은 견(絹)으로
그 가장자리를 두른다. 그러므로 굽은 깃이라 한다.

《경》의 '굽은 깃은 곱자처럼 만들어서 직각[方]에
상응하게 한다.'[122]라는 구절에 대해 정현은 '옛날의
방령(方領)은 지금의 어린아이의 옷깃과 같다.'[123]라
했고, 소에서는 '방령은 지금의 목가리개[擁咽]와 같
다.'[124]라 했으며, 사마광은 '방령은 지금의 상령의(上
領衣)와 같으나 다만 네모나게 마름질한다. 원래 이
민족의 옷에서 온 것이며, 매듭단추[結紐]를 써야 한
다.'[125]라 했다. 정현이 말한 어린아이의 옷깃은 지금

中之制以安項, 而以二寸皂
絹純其邊, 故云'曲袷'.

《經》曰'曲袷如矩以應方',
鄭氏云'古者方領, 如今小
兒衣領', 疏云'方領似今擁
咽', 司馬溫公曰'方領如今
上領衣, 但方裁之. 本出胡
服, 須用結紐'云云. 鄭氏
所謂小兒衣領, 今尙有之,
與司馬公所謂上領衣相似.

---

121 활중(闊中) : 상복의 재단법에서 목 부분의 정사각형[直方形]을 뜻하는데, 그 형태는 아래와 같다. 우선
2.2척의 정사각형 직물 두 폭을 반으로 접어 어깨선을 표시해 준다. 그런 다음 등솔(등쪽 부분)을 어깨선
아래 0.4척을 남기고 꿰맨다. 어깨선을 중심으로 목이 들어갈 수 있게 사방 0.4척의 너비로 직물을 잘라 낸
다. 그런 다음 어깨선을 중심으로 다시 반으로 접으면 오른쪽 그림과 같아진다. 어깨선을 중심으로 가운데
0.4척을 잘라 내 목이 들어가서 편안한 옷이 되게 한다. 여기에 나오는 치수는 《가례(家禮)》〈성복(成服)〉
'다음 날[厥明]'에 근거한 숫자이다.
122 《禮記正義》卷58〈深衣〉(《十三經注疏整理本》, 1823쪽).
123 《禮記正義》, 위와 같은 곳.
124 《禮記正義》, 위와 같은 곳(《十三經注疏整理本》, 1825쪽).
125 《書儀》卷2〈深衣制度〉. 사마광은 '紐'를 '끈', '結紐'를 '끈으로 묶다'의 의미로 썼는데, 한백겸은 자신의 견
해를 뒷받침하기 위해 '結紐'를 '매듭단추'의 의미로 받아들였다. '紐'는 현대 중국어에서도 옷에 달린 작은
끈을 의미한다. 서유구는 한백겸의 주장을 받아들여 '매듭단추'로 보았지만, 한백겸과 달리 가슴 앞에 매
듭단추를 단 심의 형태가 아닌 단령처럼 우임을 해 오른쪽 어깨 위에서 매듭단추로 여미는 형태로 보았다.

도 여전히 남아 있는데, 이는 사마광이 말한 상령의와 서로 비슷하다. 소에서 증거로 댄 목가리개는 비록 그 제도를 자세히 알지 못하지만, 글 뜻으로 보아도 상령의처럼 목둘레를 덮어 보호하는 것에 지나지 않는다. 수나라 양제(煬帝)가 놀러 다니기를 즐기자 백관들이 간편함을 취하여 이 옷을 입었으나 한나라 때는 아직 이 옷이 없었기 때문에 정현이 어린아이의 깃에 비유한 것이니, 그 실상은 같다.

그렇다면 사마광 이전까지는 방령의 제도가 완전히 없어지지는 않았던 것이다. 다만 정현이 이미 속임을 잘못 해석했고 또 두 길[兩襟]을 교차하여 여미고자 했기 때문에 그 깃 역시 위로 향해 목을 둘러싼다고 짐작했다. 만약 두 길이 마주하고 내려가 베의 옆쪽이 서로 맞서는 부분이 속임임을 알았다면, 두 깃이 갈라지는 곳에서 좌우를 교차하여 합치면 바로 굽은 깃이 되니, 비록 끌어서 위로 향하도록 하려 해도 할 수 없는 것이다. 《경》에서 "옷깃을 각지게 만들고[抱方], 등솔을 곧게 만든다[負繩]."[126]라 했는데, 이에 따르면 곧음[繩]이 등에 있고 각짐[方]이 앞에 있으니, 그 이치가 또한 환하여 아주 분명하지 않은가? 대개 방령을 만들면 속임을 하지 않을 수 없고, 속임을 만들면 구변을 하지 않을 수 없으니, 비록 세 가지 일이지만 실제로는 서로 연관된다. 주자는 "두 길을 교차시키고 여며 임(衽)이 겨드

疏家所證擁咽, 雖未詳其制, 以文義見之, 亦不過擁護咽項如上領衣也. 隋 煬帝遊幸頻數, 百官取其簡便服之, 漢時未有, 故鄭以小兒領喻之, 其實一也.

然則司馬氏以前方領之制, 不至全失. 但鄭氏既誤釋續衽, 而又欲以兩襟交掩, 故其領亦疑其向上繞項也. 若知兩襟對下布旁相當爲續衽, 則兩領割處, 左右交合, 卽成曲袷, 雖欲引而上向, 亦不可得也.《經》曰'抱方負繩', 繩在背而[25] 方在前, 不亦皎然明甚乎? 蓋爲方領則不得不爲續衽, 爲續衽則不得不爲鉤邊, 雖爲三事, 而實相因也. 朱子曰 : '兩襟交掩, 衽在掖下, 則兩領之會自方.' 若不用別幅爲衽, 必欲牽引兩

126《禮記正義》卷58〈深衣〉《十三經注疏整理本》15, 1823쪽).

25 而 : 저본에는 "相". 규장각본·오사카본·한국은행본·《久菴遺稿·雜著·深衣說》에 근거하여 수정.

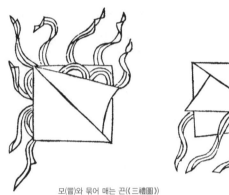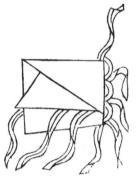

모(冒)와 묶어 매는 끈(《三禮圖》)

랑이 아래에 있게 되면 두 깃이 만나 저절로 각지게
된다."127라 했다. 만약 별도의 폭으로 임을 만들지
않고 반드시 두 길을 끌어당겨 겨드랑이 아래에 이
르게 한다면 옷의 오그라듦을 견디지 못할 것이다.
몸에 편안한 옷은 아마도 이와 같지 않을 듯하며,
비록 억지로 옷깃을 교차하여 여미더라도 굽은 깃이
곱자 같은 모양이 되지는 않을 것이다.

그렇다면 방령을 마름질하는 데에 치수를 밝히
지 않은 이유는 무엇인가? 사람의 몸은 몸집이 같지
않아서 품이 맞도록 할 뿐이지 반드시 치수에 얽매
일 필요가 없기 때문이다. 또 〈옥조〉에서 '심의는 삼
거이다[深衣三袪].'128라 했는데, 여러 학자들은 모두
거(袪)를 허리 바느질 선의 둘레로 해석했다. 그 문
장의 의미를 가만히 따져 보건대, 만약 '심의의 허리

襟, 至於袺下, 將不勝其拘
攣. 便身之服恐不如此, 而
雖强令交掩, 亦未見曲袷
如矩之狀矣.

然則裁割方領, 其不著尺
寸何也? 曰：人身肥瘠不
同, 但令闊狹隨宜, 不必
拘也. 且《玉藻》曰'深衣三
袪', 諸家皆以腰縫之圍釋
之. 竊詳其文義, 若云'深
衣腰三袪', 則誠如諸家之

127《朱子家禮》卷1〈通禮〉"方領" 68쪽.
128《禮記正義》卷29〈玉藻〉(《十三經注疏整理本》14, 1042쪽).

는 소맷부리가 셋이다.'129라 했다면 참으로 여러 학자들의 말과 같겠다. 하지만 지금 다만 '심의는 삼거이다.'라고만 했는데, 거가 허리둘레를 가리킨다면 어찌 위태로운 일이 아니겠는가? 아마도 그렇지 않은 것 같다. 내 생각으로는 옷의 소맷부리[袖口]를 거(袪)라고 하는데, 좌우 소매에 이미 거가 있고 양쪽 소매 사이에 또 방령이 있어서 그 모양이 수구(袖口, 소맷부리)와 같으므로 '소맷부리가 셋이다.'라 말한 것이다. 대개 심의에 방령을 하는 것을 밝히고자 한 것이다. 《경》에서 "소맷부리는 1.2척이다."130라 했으니, 소맷부리의 둘레[空圍]131는 실제로 2.4척이다. 지금 방령의 둘레 또한 2.4척이라면 보통 사람의 목을 편안하게 하기에 충분하고 또 소맷부리에 거(袪)가 있는 것과 똑같아진다. 그렇다면 그 치수 또한 근거한 곳이 없다고 할 수 없다.

구변의 매듭단추는 몇 개를 써야 하는가? 《경》에서는 살펴볼 곳이 없다. 매듭단추는 반드시 그 제도가 있었겠지만 지금은 내용이 빠져서 알 수 없다. 그러나 《의례(儀禮)》〈사상례(士喪禮)〉쇄모(殺冒)132의 제도에서 '군주는 옆에 7개를 달고, 대부는 5개, 사

說, 今只云'深衣三袪', 而指爲腰圍, 豈非扤捏乎? 恐其不然也. 愚意以爲袖口曰袪, 左右袖旣有袪, 兩袖中間又有方領如袖口, 故云'三袪', 蓋欲以明深衣之爲方領也. 《經》曰'袪尺二寸', 則其空圍實二尺四寸也. 今方領空圍亦二尺四寸, 則足以安中人之項, 而正如袖口之有袪. 然則其尺寸亦不爲無所據矣.

曰：鉤邊之結紐, 當用幾箇子耶？曰：於《經》無所考. 此必有其制, 而今缺不可得矣. 但《儀禮·士喪禮》殺冒之制, '君綴旁七, 大

---

129 심의의……셋이다 : 원래 뜻은 '심의의 허리둘레는 소맷부리의 3배로 한다.'이다. 2.4척의 소맷부리의 3배인 7.2척이 심의의 허리둘레이다. 그러나 한백겸은 왼쪽과 오른쪽의 소맷부리와 방령을 '삼거'로 보고, '허리둘레'로 해석한 여러 학자들이 위태롭다고 지적한다.

130 《禮記正義》, 위와 같은 곳(《十三經注疏整理本》14, 1042쪽).

131 둘레[空圍] : 옷을 펼쳐 앞부분만 수지으로 재면 길이가 1.2척이며, 뒷부분까지 포함한 전체 둘레는 이의 2배인 2.4척이 된다. 사람의 손이 나올 수 있게 뚫려 있는 공간을 말하므로 '빈 둘레[空圍]'라고 표현한 것으로 보인다.

132 쇄모(殺冒) : '모(冒)'는 시신을 감싸는 천으로, 모양은 곧은 자루와 같다. 상체를 감싸는 부분을 '질(質)'이라 하고 하체를 감싸는 부분을 '쇄(殺)'라 한다. '질(質)'은 곧다는 뜻이다.(장동우 역주, 《의례 역주(儀禮譯註)》7, 2014, 세창출판사, 63쪽) 쇄모의 모습은 위의 그림이 참조가 된다.

단령의 깃과 매듭단추

(士)는 3개를 단다.'[133]라 했다. 쇄모는 비록 심의와 다른 사물이지만, 구변과 묶어 매는 끈은 그 쓰임이 아주 비슷하고, 게다가 옛사람들은 귀천의 등급에 따른 예법(禮法)을 반드시 세부적인 사항까지 극진히 했으니, 이를 가지고 기준을 삼으면 아마도 예(禮)에는 없는 예(禮)가 될 듯하다"[134]

[안] 심의의 방령 제도는 대개 《예기》〈심의편〉의 "굽은 깃[曲袷]은 곱자처럼 만들어서 직각에 상응하게 한다."는 문장에 바탕을 두고 있다. 사마광이 정한 "방령은 매듭단추를 써야 한다."는 말에 따라 정말로 두 길을 교차하여 여미고 다시 방령을 만들고자 한다면, 그 형세가 위를 향해 목을 둘러 오른쪽 어깨 위에서 매듭단추를 잠그기를 지금의 단령처럼 하지 않을 수 없다. 다만 둥글지 않고 네모나게 할 뿐이다.[135]

夫五, 士三'. 殺冒雖與深衣爲二物, 而鉤邊與綴旁, 其用正相似, 且古人於貴賤等級之數, 必致其詳, 以此爲準, 恐爲無於禮者之禮也."

[案] 深衣方領之制, 蓋本於《禮記·深衣》篇"曲袷如矩以應方"之文. 而司馬公所定"方領須用結紐"者, 誠以兩襟交掩, 復欲作方領, 則其勢不得不向上繞頸, 結紐於右肩之上如今團領, 而特不圓伊方耳.

---

133 《儀禮注疏》卷35〈士喪禮〉(《十三經注疏整理本》11, 776쪽).
134 이상의 내용은 《久菴遺稿》上〈雜著〉"深衣說"'曲袷'에 나온다.
135 그 형세가……뿐이다 : 지금 단령의 깃과 같이 왼쪽에서 시작한 깃이 목 전체를 둘러 오른쪽에서 매듭단추를 맺는다는 말로, 단령은 둥글게 깃을 굴리는 것이라면 방령은 네모지게 깃을 만든다는 뜻이다.

주자는 처음에 그 제도를 따르다가 만년에 이르러 지금의 일상복의 깃처럼 그 제도를 고쳤다. 그리고 또 "옷깃이 교차하면 저절로 곱자와 같은 모양이 된다."[136]라 했으니 어찌 또한 사마광이 정한 상령의와 매듭단추의 제도를 이민족의 옷에 가깝다는 이유 때문에 병통으로 여긴 것이겠는가? 또 《경》에서 "곱자와 같다."[137]라 한 것은 그 모양이 곱자에 가까움을 대강 말했을 뿐이다. 《경》에서 "소매[袂]는 둥글게 해서 그림쇠(컴퍼스)에 상응하게 한다."[138]라 했다. 그러나 심의는 원래 소매가 완전히 둥근 것이 아니라 다만 겨드랑이 솔기에서부터 소맷부리[袪]까지 조금씩 약간 둥글게 할 뿐이다. 어째서 굽은 깃의 경우에만 네 귀퉁이가 네모반듯해진 뒤에야 비로소 곱자처럼 직각에 상응했다고 할 수 있겠는가?

대체로 중국의 옷은 우임(右衽)하지 않음이 없는데, 하물며 당당한 법복(法服)이 어찌 임(衽)이 옆에 있지 않을 리가 있겠는가? 〈옥조〉의 "임은 옆에 있다."는 문장에서 분명하게 살필 수 있는데도 한백겸은 반드시 두 길을 마주 보고 내려가는 것으로 설명하려 했기에 그 말이 점점 더 견강부회하게 되었다. 그리하여 "심의는 삼거이다."라는 문장에 이르러서는 원래 오탈자에 속하는데도 이제 방령을 합쳐서

朱子初從其制，及夫晩年改其制如今常服衣領．且曰"衣領既交，自有如矩之象"，豈亦以司馬公所定上領衣、結紐之制，近於胡服而病之歟？且《經》所云"如矩"者，概言其法象之近之耳．《經》曰"袂圓[26]以應規"，然深衣本非圓袂，但自袼至袪，漸漸微圓而已，何獨曲袷必求其正方四稜，然後始可以應矩方乎？

大抵中華之服無不右衽，況以堂堂法服，寧有衽不當旁之理乎？《玉藻》"衽當旁"之文，昭言可按，而韓氏必欲兩襟對下，故其說轉益牽強，至於"深衣三袪"之文，本屬脱[27]誤，今謂并方領爲三袪，則尤穿鑿無

136 《禮記正義》卷26 〈深衣〉.
137 《禮記正義》, 위와 같은 곳.
138 《禮記正義》, 위와 같은 곳.
26 圓：《禮記正義·深衣》에는 "圜".
27 脱：규장각본과 고대본에는 "說". 오사카본에 근거하여 수정.

학창의를 입은 제갈공명(《제갈무후도(諸葛武侯圖)》 일부, 국립중앙박물관

조선의 학창의(국립민속박물관)

구장복(九章服. 곤복)의 상의 앞면(좌)과 뒷면(우)(국립중앙박물관)

거(袪) 3개가 된다고 했다. 이는 더욱 천착한 것이어서 말할 가치가 없으니 절대로 따를 수 없다.

우안 심의는 삼대 시대에는 벼슬을 하건 물러나 있건, 귀하건 천하건 모두가 두루 입던 옷이었는데, 한(漢)·당(唐) 이후로 입는 사람들이 드물었다. 그러나 사마광이 한 번 《서의(書儀)》에 기록하고 주자가 다시 이를 취하여 《가례》에 실으면서부터 옛것을 좋아하고 예(禮)를 아끼는 선비들이 평상시 거처할 때 입는 옷으로 삼았는데, 심의를 습(襲)과

謂, 斷斷不可從者也.

又案 深衣在三代, 爲朝野、貴賤之通服, 漢、唐以後, 鮮有服之者. 一自司馬公著之《書儀》, 朱子復取載《家禮》, 好古愛禮之士或以作燕居之服, 其爲襲斂之具則貴賤之所同也.

염(斂)[139]을 하는 도구로 여긴 점에서는 귀천이 같았다. 그렇기에 이제 그 제도를 간략히 싣는다. 또한 고금의 논란거리가 오로지 곡겁(굽은 깃)과 속임구변에 있었기 때문에, 여러 학자들의 설을 모아 기록하여 보는 사람들이 스스로 선택할 수 있도록 이상과 같이 갖추어 놓았다.】

今略載其制度. 且以古今聚訟專在曲袷及續衽鉤邊, 故撮錄諸家之說, 以備覽者自擇如右云.】

4) 학창의(鶴氅衣)[140]

학창의는 제갈량이 입었던 옷으로 그 제도는 전하지 않는다. 지금 사람들은 다만 공복(公服) 속에 입는다. 창의(氅衣)[141]에다 그 깃[領]·소매끝[袪]·가장자리[邊]·아랫단[齊]을 검은색으로 두른 옷을 '학창의'라 한다. 그러나 옛날의 옷은 오직 조복(朝服)과 제복(祭服)·곤복(袞服)[142]의 상의만 소매를 넓게 했고, 그 밖에 심의 등 예복은 그 겨드랑이 부분[袼, 진동]을 팔꿈치가 움직일 수 있을 정도로만 했다. 하물

鶴氅衣

諸葛武侯所服, 其制不傳. 今人但就公服裏所着. 氅衣, 黑緣其領、袪、邊、齊, 謂之"鶴氅衣". 然古衣, 惟朝、祭、袞衣闊袖外, 如[28] 深衣等禮服, 其袼不過可以運肘而已. 況三國戰爭之時乎? 且我東章服在國

---

139 습(襲)과 염(斂) : 죽은 사람의 몸을 씻긴 다음 습의(襲衣, 수의)를 입히는 일을 습(襲)이라 하고, 옷과 이불 등으로 시신을 감싸고 염베[殮布]로 묶는 일을 염(斂)이라 한다. 염은 소렴(小斂)과 대렴(大斂)으로 나뉜다.

140 학창의(鶴氅衣) : 깃이 곧고 소매가 넓으며 큰 무(윗옷의 양쪽 겨드랑이 아래에 대는 천 조각)가 달린 포의 하나. 뒤 중심선 아래와 양옆이 트였으며, 흰색이나 청색으로 옷을 만들고 깃, 소매끝, 아랫단, 트임 등의 가장자리에 검은색 선을 두르는 특징이 있다. 사대부의 일상복이었는데, 주로 덕망 높은 도사(道士)나 학자가 입었다.

141 창의(氅衣) : 깃이 곧고 소매가 넓으며 큰 무가 달린 포(袍)의 하나로, '대창의(大氅衣)'라고도 한다. 뒤 중심선 허리 아래로 긴 트임이 있는 것이 특징이다.

142 곤복(袞服) : 황제와 왕의 최고 복장인 면복의 상의를 말한다. 면복의 상의는 검은색(푸른빛이 도는 검은색)으로 해서 하늘[天]과 양(陽)을 형상화하고, 치마는 붉은색으로 해서 땅[地]과 음(陰)을 형상화한다. 황제는 총 12종의 무늬로 표현하는데 상의에 해, 달, 별, 산, 용, 산꿩의 6종, 하상에 불, 호랑이와 원숭이를 표현한 종이[宗彝], 물풀[藻], 쌀[粉米], 도끼[黼], 아(亞) 자 모양 불(黻)의 6종을 쓴다. 황태자와 왕은 이 중 해, 달, 별을 제외한 9종의 무늬로 표현하는데 상의에 산, 용, 불, 산꿩, 종이의 5종을 쓰고, 하상에 물풀, 쌀, 도끼 불 무늬의 5종을 쓴다.

28 如 : 저본에는 "加". 오사카본에 근거하여 수정.

며 위·촉·오 삼국이 전쟁하던 시대였으니 어떠했겠는가? 또 우리나라의 장복(章服, 관복) 역시 국초에는 모두 좁은 소매였으니 소매가 둥글고 넓은 제도는 근세의 말세에 잘못된 제도이다. 학창의를 만들고자 한다면 먼저 소매 제도부터 그 잘못을 바로잡아야 한다.《금화경독기》

初亦皆窄袖, 其作圓闊之制, 卽近世之末失耳. 欲作鶴氅衣, 宜先從袖制正其失也.《金華耕讀記》

5) 편복(便服)[143]

주자는 만년에 야복(野服)[144]을 입고서 손님을 만났는데, 손님 자리에 다음과 같은 방문(榜文)을 붙였다. "근래에 오랜 병으로 인해 움직임이 어려워 결국 야복을 입고서 일을 보게 되었습니다. 그렇지만 위는 상의, 아래는 치마, 대대, 모난 신[方履]으

便服

朱子晚年, 以野服見客, 榜客位, 云 : "比緣久病, 艱於動作, 遂不免以野服從事. 然上衣, 下裳, 大帶, 方履, 比之涼衫, 自不爲簡.

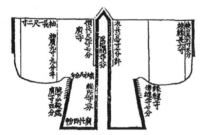
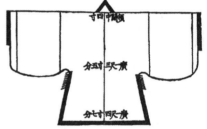

송시열이 문집에 그려 놓은 야복 상의 앞면(좌)과 뒷면(우)《宋子大全》

---

143 편복(便服) : 편복에 대한 사전적 의미는 '평상시에 입는 옷[常服]'이다. 조선시대 남자들의 기본 복식은 바지와 저고리이며, 그 위에 포(袍)를 입었다. 조선시대는 의(義)와 예(禮)를 존중하던 시대였기에 사대부에서 평민에 이르기까지 집에서도 포를 착용하는 것을 예의로 여겼다. 여기서 서유구가 말하는 '편복'은 말 그대로 '편한 옷'으로 주희의 야복을 말한다.

144 야복(野服) : 야복은 출토 유물이 없어 정확히 어떤 형태인지 알 수 없지만, 예를 들어 송시열(宋時烈)은 초야에 거주할 때 주희를 따라 야복을 직접 착용하기도 했다고 한다. 그가 입었을 것으로 생각되는 야복은 위의 그림과 같다.

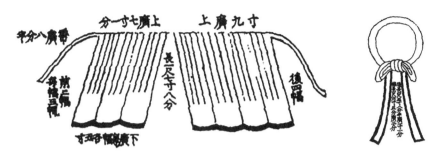

송시열이 문집에 그려 놓은 야복 치마(좌)와 대대(우)《宋子大全》

로 되어 있어, 양삼(涼衫)[145]에 비하면 간편하지 않습니다. 그중에 편한 점은 다만 띠를 묶으면 예를 차릴 수 있고, 띠를 풀면 한가히 거처할 수 있다는 것입니다."[146] 나대경(羅大經)[147]은 《학림옥로(鶴林玉露)》[148]에 그 제도를 매우 상세하게 실었다.

【야복은 심의와 비슷하나, 다만 상의와 치마가 서로 이어지지 않는다. 상의는 황색, 백색, 청색을 모두 쓸 수 있고, 곧은 깃[直領]을 달아 띠 2개로 묶는다.[149] 검은색으로 가선을 두르며, 길이는 무릎과 나란하다. 치마는 반드시 황색을 써야 하고, 가운데와 양옆이 모두 4폭이며, 서로 붙이지 않는다. 두대

其所便者, 但取束帶, 可以爲禮;解帶, 足以燕居."羅大經《鶴林玉露》載其制頗詳.

【與深衣相似, 特衣裳不相連屬. 衣則黃白靑皆可, 直領, 兩帶結之, 緣以皂, 長與膝齊. 裳必用黃, 中及兩旁皆四幅, 不相屬. 頭帶皆用一色, 取黃裳之義. 別以

---

145 양삼(涼衫) : 포(袍)의 한 종류이다.

146 《鶴林玉露》 卷8. 《鶴林玉露》에 인용된 이 글은 원래 주희가 벼슬에서 물러난 후 시골에 머물며 손님들에게 내걸어서 보인 글인 '致仕後客位牓目'을 재편집한 내용이다. 야복으로 손님을 맞는 데 대해 양해를 구하는 내용이다.

147 나대경(羅大經) : 1196~1242. 자는 경륜(景綸)이고 호는 유림(儒林)·학림(鶴林)이며, 남송 여릉(廬陵, 지금 강서 길안 지역) 사람이다.

148 《학림옥로(鶴林玉露)》 : 남송(南宋) 나대경(羅大經)이 지은 책이다. 나대경이 찾아오는 손님들과 주고받은 청담(淸談)을 하인에게 시켜 기록하게 하고, 그 기록을 책으로 묶은 것이 《학림옥로》이다. 이 책은 18권으로, 천(天)·지(地)·인(人) 세 부분으로 구성되어 있다.

149 이 문장부터 주석의 끝까지는 《鶴林玉露》 卷8에 나온다.

(頭帶)[150]는 모두 같은 색을 써서 황색 치마의 뜻을 취한다.[151] 따로 흰 견(絹)으로 대대(大帶)를 만드는데, 대대의 양 가장자리에는 청색이나 흑색으로 가선을 두른다. 동년배를 만날 때는 대대를 묶고 아랫사람을 만날 때는 그렇게 하지 않는다.】 또 "야복(野服)이라 하기도 하고, 편복(便服)이라 하기도 한다."[152]라 했다.

대개 주자가 평상시 거처할 때 심의를 입기 좋아했기 때문에 벼슬하지 않을 때의 편복으로 또한 상의와 치마로 된 제도를 썼을 뿐이다. 우리나라 사람들은 오직 조복과 제복에만 상의와 치마가 있을 뿐

白絹爲大帶, 兩旁以靑或皁緣之. 見儕輩則繫帶, 見卑者則否.】且曰 : "謂之野服, 又謂之便服."

蓋朱子平居, 好服深衣, 故其野居便服, 亦用上衣下裳之制耳. 東人惟朝、祭之服有上衣下裳, 餘皆無之.

난삼(《三才圖會》)

---

150 두대(頭帶) : 치마 머리 부분을 가로지르는 띠("頭帶謂裳頭橫帶." 成海應, 《硏經齋全集》 卷43 〈巾服攷〉 '野服')이다. 치마 위쪽에 달린 말기만 의미할 수도 있고, 치맛말기 양옆에 달린 끈까지 의미할 수도 있다. 일반적으로 치마의 말기와 끈은 옷감과 색을 동일하게 하기 때문에 '두대'는 치맛말기와 치마끈을 함께 지칭하는 것으로 보인다.

151 황색……취한다 : 두대와 치마 모두 황색으로 해야 한다는 뜻이다.

152 《鶴林玉露》 卷8.

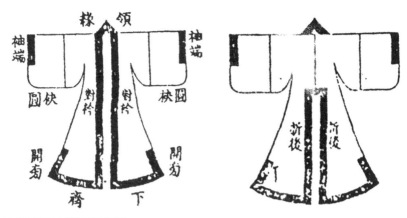

사규삼의 앞면(좌)과 뒷면(우)(《四禮便覽》)

나머지는 모두 상의와 치마의 구분이 없다. 집에서 는 도포를 상복(上服, 겉옷)으로 삼고 있으니, 야복은 간편한 점을 취해야 할 것이다.

　송나라 때의 양삼 제도는 지금 자세히 알 수 없 다. 《당서(唐書)》〈여복지(輿服志)〉에서는 "사인(士人)은 모시로 만든 난삼(襴衫)[153]을 상복(上服)으로 삼는다. 마주(馬周)[154]가 난삼 소매의 표(標)에 선(襈) 대기를 청 했다.【안 표(標)는 소매 끝이고, 선(襈)은 가선이다.】 허벅지[骻] 부분이 트인 옷을 결과삼(缺骻衫)[155]이라

家居以道袍爲上服, 其野 服更當取簡便矣.

宋時涼衫之制, 今不可詳. 《唐 · 輿服志》云："士人以 枲紵[29] 襴衫爲上服, 馬周請 加襴袖標襈.【案 標, 袖端; 襈, 緣也.】開骻者, 名缺骻 衫, 庶人服之."王思義《續

---

153 난삼(襴衫)：깃, 소맷부리, 아랫단에 가선을 두른 포 종류로, 모습은 위의 그림과 같다.

154 마주(馬周)：601~648. 당(唐)나라 사람으로 문장이 뛰어나 상서령에 중용된 일이 있고, 태종에게 건의하 여 여러 복식을 개정하게 했다.

155 결과삼(缺骻衫)：당대(唐代)에는 둥근 깃[團領]에 양옆이 허벅지까지 트인 긴 옷을 지칭했는데, 《삼재도 회》에서는 곧은 깃[直領]에 양옆이 트인 옷을 지칭했다. 깃의 형태보다 양옆이 트인 점에 초점을 두어 명명 했음을 알 수 있다. 조선시대에 이재(李縡, 1680~1746)는 결과삼을 사규삼과 같은 옷으로 보고 중치막으 로 대체해도 된다고 했다. "사규삼(四䙆衫)은 결과삼(缺骻衫)이라고도 한다. 남색 견(絹) 또는 주(紬)를 사 용해 만든다. 맞깃[對衿]에 둥근 소매[圓袂]로 하고, 옆을 트고 뒤도 나누고, 금(錦)으로 깃·소매 끝·치마 양 가장자리와 밑단에 가선을 한다. 동자의 일상복으로, 시속의 중치막(中赤莫)과 같은 옷으로 대체할 수 있다.("或稱'缺骻衫', 用藍絹或紬爲之. 對衿、圓袂, 開旁析後, 以錦緣領及袖端與裙兩旁及下齊, 童子常服, 如俗'中赤莫'之類, 可代用." 李縡, 《四禮便覽》卷1〈冠禮〉 "四䙆衫)" 사규삼의 모습은 다음 그림과 같다.

29 枲紵：《新唐書 · 車服志》에는 "枲芧".

결과삼(《三才圖會》)

하는데, 서민들이 입는다." [156]라 했다. 왕사의의 《속삼재도회》에 결과삼 그림이 있는데, [157] 좁은 소매에 깃을 교차해서 입고 상의의 앞뒤가 서로 이어지지 않았다. 우리나라의 행의(袴衣)【민간에서는 중치막[158]이라 부른다.】와 비슷하나 다만 소매가 행의에 비해 둥글고 넓지 않을 뿐이다.

나는 결과삼 제도를 따르되 이를 약간 변통하고자 한다. 양 가장자리에 첨(襜)【민간에서는 무[159]라 부른다.】을 대어 꿰매어 앞뒤를 두루 잇되, 오직 상

三才圖會》有缺骻衫圖, 窄袖交領而衣前後不相連綴, 與我東袷衣【俗呼둥치막】相似, 特袖不圓闊耳.

余欲因其制而稍通變之, 兩旁綴襜【俗呼무】以周連前後, 惟衣背腰下分開以

---

[156]《新唐書》卷24〈車服志〉, 527쪽.
[157]《속삼재도회》에 실린 결과삼 그림은 다음과 같다. 허벅지 부분이 트여 '결과삼'이라고 한다.("開骻名缺骻衫."《三才圖會》〈衣服〉卷1 "衫").
[158] 중치막 : 조선 중후기 남자 편복 포의 하나이다. 곧은 깃을 달고, 소매가 넓으며, 옆트임이 있다. 이전에는 중치막에 무가 없다고 보았으나, 최근 출토 복식(조선시대 무덤에서 발굴되는 복식)의 발굴을 통해 무가 있다가 점점 좁아졌고 17세기에 들어설 즈음 사라진 것으로 파악되었다. 다만 무가 있을 때도 중치막은 옆이 트여 있었다. 현재 가장 오래된 중치막은 경북 문경 최진(崔縝. 16세기 추정) 일가의 묘에서 출토된 것인데, 후기의 중치막에 비해 소매가 좁다.(옛길박물관,《중치막자락에 깃든 사연》, 민속원, 2010) 서유구가 생존했던 시기의 중치막은 소매가 넓고 무가 없는 형태이다.
[159] 무 : 상의 몸판인 길 옆의 겨드랑이 아래에 붙인 별도의 폭.

이진숭(李鎭嵩, 1702~1756) 묘에서 출토된 중치막과 펼친 모습(국립민속박물관)

의의 등허리 아래만 터서 말타기에 편하게 한다. 겨울과 봄에는 겹[袷]으로 만들고, 여름과 가을에는 홑겹[禪]으로 만든다【안 '禪'은 음이 단(單)이고, 옷을 겹으로 만들지 않는다는 뜻이다.】한겨울에는 주(紬)[160]를 겹으로 만들고서 그 안에 솜을 쟁여 넣어

便騎乘. 冬春用袷, 夏秋用禪.【案 禪, 音單, 衣不重也.】隆冬用袷紬裝綿絮以禦寒. 見客則束帶其上, 祀燕則加道袍於上而束帶. 子

---

160 주(紬) : 누에에서 실을 뽑아 꼬이지 않도록 직조하는 평견직물의 총칭. 《전공지》 권3 〈우리나라의 주 짜는 법[東紬織法]〉에 나온다.

추위를 막는다. 손님을 만날 때는 그 위에 띠를 묶고, 제사나 연회 때는 그 위에 도포를 입고 띠를 묶는다. 집안의 젊은이들이 존장(尊丈, 어른)을 뵐 때도 이 옷을 입도록 허락한다면 일을 보기에도 편한 데다가 중치막[듕衣] 등의 넓은 소매를 만드는 데 들어가는 비용을 줄여서 아낄 수 있을 것이다.《금화경독기》

弟見尊丈, 亦許服此, 則旣便執事, 且可省듕杏衣等闊袖之費矣.《金華耕讀記》

6) 갖옷[161]

일반적으로 짐승의 가죽으로 만든 옷을 통틀어 '갖옷'이라 한다. 귀한 것으로는 담비나 여우에 이르고, 천한 것으로는 양이나 고라니에 이르기까지 값이 천차만별이다.

담비는 요동 바깥의 건주(建州)[162] 지역과 조선에서 난다. 담비 1마리의 가죽은 사방 1척을 넘지 않아 60여 마리의 담비를 모아야 겨우 갖옷 하나를 만들 수 있다. 담비 갖옷[貂裘]을 입으면 바람 불고 눈오는 가운데 서 있어도 집 안보다 따뜻하다. 색은 3가지가 있는데, 하나는 흰색으로 '은초(銀貂)'라 하고, 하나는 순흑색이고, 하나는 검노란색이다.

일반적으로 여우나 담비 또한 연(燕)과 제(齊), 요동(遼東)의 여러 곳에서 난다. 순백색의 여우 겨드랑

裘

凡取獸皮製服, 統名曰 "裘". 貴至貂、狐, 賤至羊、麂, 値分百等.

貂産遼東外徼建州地及朝鮮國. 一貂之皮方不[30]盈尺, 積六十餘貂, 僅成一裘. 服貂裘者, 立風雪中, 更煖于宇下. 色有三種, 一白者名曰[31] "銀貂", 一純黑, 一黯黃.

凡狐、貉亦産燕、齊、遼東諸道. 純白狐腋裘, 價與

---

161 갖옷 : 동물의 가죽과 털로 만든 겉옷으로, 현대의 모피를 말한다.
162 건주(建州) : 현재의 동북 길림성과 요녕성을 말한다.《天工開物》이 저술되던 당시에는 이미 여진족이 점령하고 있었다.
[30] 不 : 저본에는 없음.《天工開物·乃服·裘》에 근거하여 보충.
[31] 曰 : 저본에는 "白".《天工開物·乃服·裘》에 근거하여 수정.

이 털로 만든 갓옷은 값이 담비갓옷과 서로 비슷하고, 황갈색의 여우갓옷은 값이 담비갓옷의 1/5인데, 추위를 막고 몸을 따뜻하게 해 주는 효과는 담비갓옷에 버금간다. 일반적으로 관외(關外, 산해관 밖)에서 나는 여우는 털을 불면 모근 쪽에 청흑색이 보이나 중국 내지에서 나는 여우는 털을 불어 젖히면 흰색이 보이니, 이러한 방법으로 우열을 나눈다.

양피갓옷[羊裘]은 어미 가죽으로 만든 것이 싸고 새끼 가죽으로 만든 것이 비싸다. 어미의 배 속에 있는 양을 '포고(胞羔)'【털 무늬가 대강 갖춰진다.】라 하고, 갓 태어난 양을 '유고(乳羔)'【가죽의 털이 귀고리의 다리처럼 둥글게 말려 있다.】라 하고, 태어난 지 3개월이 된 양을 '포고(跑羔)'[163]라 하고, 7개월이

貂相倣, 黃褐狐裘, 值五分之一, 禦寒溫體功用次于貂. 凡關外狐, 吹毛見底青黑, 中國者吹開見白色, 以此分優劣.

羊皮裘, 母賤子貴. 在腹者名"胞羔",【毛文略具】初生者名"乳羔",【皮上毛似耳環脚】三月者曰"跑[32]羔", 七月者曰"走羔",【毛文漸直】胞羔、乳羔爲裘不羶. 古者

새끼양갓옷(《三才圖會》) 여우갓옷(《三才圖會》)

---

[163] 포고(跑羔) : 원문에는 '胞羔'로 적혀 있다. 오사카본 두주에 "'태어난 지 3개월이 된 양을 포고라 한다.'고 할 때의 '포' 자가 잘못된 것 같으니, 다시 살펴야 한다.(三月者曰胞羔之胞疑誤, 更考.)"라 하여 글자의 오류를 파악하고 있었으나 수정되지는 않았다.

[32] 跑 : 저본에는 "胞". 《天工開物·乃服·裘》에 근거하여 수정.

된 양을 '주고(走羔)'【털 무늬가 점점 곧아진다.】라 한
다. 포고(胞羔)나 유고(乳羔)로 갖옷을 만들면 누린내
가 나지 않는다. 옛날에 고구(羔裘, 새끼양갖옷)는 대부
(大夫)의 옷이었는데, 지금은 서북 지방의 지체 높은
관리들도 이를 귀중하게 여긴다. 늙고 큰 양의 가죽
은 망초(芒硝)164로 무두질하여 갖옷을 만드는데, 갖
옷의 질이 둔하고 무거우니 천한 사람의 옷일 뿐이
다. 그러나 이는 모두 털이 긴 면양(綿羊)165으로 만
든다.

　남방의 짧은 털가죽은 망초로 무두질하면 털만
벗긴 날가죽이 종이처럼 얇아지기 때문에 화등(畫
燈)166의 재료로 사용될 뿐이다. 양피갖옷을 입는 사
람은 누린내에 오래도록 익숙해져 모두 동화되지만
누린내가 익숙지 않은 남방 사람은 그 냄새를 견디
지 못한다. 고라니 가죽에서 털을 벗겨 이를 망초로
무두질한 뒤 윗옷이나 바지를 만들어 입으면 바람
을 막고 몸에 편안하다. 버선이나 신발을 만들면 더
욱 좋다.

　【안】 우리나라 관서나 관북에서 나는 담비류는
대부분 검노랑색인데, 이 담비갖옷의 따뜻하고 두터
움은 건주(建州)산에 버금간다. 또 쥐가죽과 다람쥐
가죽이 있는데, 모두 갖옷을 만드는 재료가 될 수
있다. 여우는 곳곳에 있지만, 우리나라 사람들은 망
초로 무두질하는 방법에 익숙하지 않아 갖옷을 만

羔裘爲大夫之服, 今西北
縉紳亦貴重之. 其老大羊
皮, 硝熟爲裘, 裘質癡重,
則賤者之服耳, 然此皆綿羊
所爲.

若南方短毛革硝, 其鞹如
紙薄, 止供畫燈之用而已.
服羊裘者, 腥羶之氣, 習
久而俱化, 南方不習者不
堪也. 麂皮去毛, 硝熟爲襖
褲, 禦風便體, 襪靴更佳.

【案】 我東關西、北産貂類
多黝黃色, 其溫厚亞於建
州之産. 又有鼠皮, 華鼠皮,
皆可爲裘材. 狐則處處有
之, 而東人不嫺硝熟之法,
無爲裘者. 燕貿蜀貓皮, 雪

---

164 망초(芒硝) : 황산나트륨으로, 가죽을 부드럽게 만드는 데 쓰인다.
165 면양(綿羊) : 털이 길고 보드라우며 곱슬곱슬한 양의 일종.
166 화등(畫燈) : 그림을 그린 갓으로 장식한 등으로 짐작된다.

드는 사람이 없다. 연경에서 수입한 촉묘피(蜀貓皮)[167]
는 눈처럼 희어 사랑할 만하지만, 털이 짧아 따뜻하
지 않다.】

白可愛, 但毛淺不溫.】

다른 지역의 기이한 물건으로 예를 들면, 금사후
(金絲猴, 황금원숭이)[168]는 황제의 모자를 만드는 데 사
용했으며 스라소니[扯里猻][169]로는 황제가 입는 포(袍)
를 만들었는데, 이들은 모두 중국에서 나는 물건이
아니다. 나는 새 중에서는 매의 배나 기러기 옆구리

殊方異物, 如金絲猿上用
爲帽套, 扯里[33]猻, 御服以
爲袍, 皆非中華物也. 飛禽
之中, 有取鷹腹、鴈脇毳
毛, 殺生盈萬乃得一裘, 名

스라소니(위키피디아)

---

167 촉묘피(蜀貓皮) : 아주 하얀 모피로, 옥토끼나 고양이의 가죽이다.
168 금사후(金絲猴, 황금원숭이) : 등과 옆구리는 황금빛 주황색이고 팔다리는 검은색인 원숭이. 고지대 숲
   과 대나무가 자라는 숲에 서식한다. 《서유기》에서 주인공 손오공으로 등장한 원숭이로 유명하다. 해발
   2,500~3,000m의 고산 밀림지역에서 산다. 사천·감숙·섬서성 등에 분포하며 털이 매우 부드럽다.(《천공개
   물》, 104쪽 주5).
169 스라소니[扯里猻] : 고양잇과의 포유동물로 바위가 많은 숲에서 살고 나무에 잘 오른다. 중국의 동북·산
   서·사천·운남·티베트 등지에서 산다.(《천공개물》, 104쪽 주6 참조) 북한의 고산지대에도 서식했다.
33 里 : 저본에는 "黑". 《天工開物·乃服·裘》에 근거하여 수정.

의 솜털을 모아서 갖옷을 만들기도 하는데, 새 만
마리를 죽여야 갖옷 한 벌을 얻을 수 있다. 천아융
(天鵝絨)이라고 부르는 이 갖옷을 장차 어떻게 쓰겠
는가?《천공개물》[170]

天鵝絨[34]者, 將焉用之?《天
工開物》

옛날의 갖옷 제도는 길이가 상의의 길이와 나란
하지만 우리나라는 길이나 크기가 일정하지 않다.
지금의 주의(周衣)【민간에서는 두루마기라 부른다.】
처럼 온몸을 둘러 가리기도 하고, 지금의 배자처
럼 반소매[半臂][171]에 모난 깃[方領]을 달고 두 길[兩襟]
이 마주하여 내려가며 길이는 겨우 배를 덮기도 하
고, 지금 민간에서 말하는 동의(冬衣)【동옷】처럼 길
이가 복사뼈나 정강이뼈까지 오고 앞뒤가 서로 이어
지지 않기도 하며, 지금의 속옷[裏衣]【민간에서는 져
고리라 부른다.】과 같기도 하다. 갖옷의 옷감으로는
초(綃)나 단(緞) 또는 주(紬)나 견(絹)[172]을 쓰고, 청색·
자주색·침향색(황흑색)·검누른 붉은색·낙타색 등을
다 쓸 수 있지만, 홍색과 황색 두 색만은 쓸 수 없
다. 갖옷 중에 두 길이 마주하고 내려가는 옷은 은
단추 또는 호박(琥珀)단추나 밀화(蜜花)[173]단추 등의
단추를 달아 여민다.《금화경독기》

古之裘制, 長與衣齊, 我
東則長短, 大小不一. 或周
身環掩如今周衣,【俗呼두
루마기】或半臂方領兩襟對
下, 長僅護腹如今褙子, 或
長及踝脛, 而前後不相連
屬如今俗所謂冬衣,【동옷】
又或有如今裏衣【俗呼져고
리】者. 其衣或以綃、緞, 或
以紬、絹, 靑、紫、沈香、錦
香、駝色, 無所不可, 獨不
得用紅、黃兩色. 其兩襟對
下者, 用銀紐或琥珀、蜜花
等紐.《金華耕讀記》

170《天工開物》卷2〈乃服〉“裘”, 102~104쪽.
171 반소매[半臂] : '반비'는 옷의 명칭으로 쓰이는 경우가 많지만, 여기서는 '반소매'의 의미로 쓰인 것으로 보인다.
172 초(綃)나……견(絹) : 이 네 가지는 모두 비단의 일종이다. 이에 관한 상세한 내용은 《전공지》 권2〈길쌈[織
紝]〉을 참조 바람.
173 밀화(蜜花) : 송진이 오랜 시간 땅속에서 열과 압력을 받아 짙은 노란색이나 투명하게 변한 호박(琥珀)의 일종.
[34] 絨 : 저본에는 “羢”.《天工開物·乃服·裘》에 근거하여 수정.

7) 전구(氈裘)[174]

전구는 요즘에 자주색이나 청록색을 쓴다. 성성전(猩猩氈), 즉 오랑우탄의 피로 물들인 붉은빛의 전(氈)[175]으로 갓옷을 만들면 바람이나 추위를 막는 효과가 털갖옷 못지않다.《금화경독기》

氈裘

近有用紫色或靑綠色. 猩猩氈爲裘者, 其防風禦寒, 不下毛裘.《金華耕讀記》

8) 배자[176]

배자에 대해《삼재도회》에서는 "진(秦)의 2세 황제가 조복 위에 배자를 덧입으라는 조칙을 내렸다.

褙子

《三才圖會》云："秦二世詔朝服上加褙子. 其制, 袖短

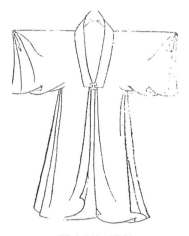

중국의 배자《三才圖會》

---

174 전구(氈裘) : 전(氈, 펠트)으로 만든 갖옷.

175 전(氈) : 직조나 편직으로 짠 직물이 아니라 동물 털의 축융성(습기나 열, 압력에 의하여 서로 엉키고 줄어드는 성질)을 이용하여 모섬유로부터 직접 포를 만드는 부직포(不織布)이다. 서양에서는 펠트(Felt)라고 한다. 전을 만드는 방법은 모섬유를 잘 빗질하여 오래된 펠트나 가죽 같은 포 위에 펼치고 뜨거운 비눗물을 뿌린 후 섬유와 함께 포를 말고 감아 앞뒤로 밀고 당기며 압력과 마찰을 가한다. 이렇게 하면 모섬유 표면의 비늘(Scale)이 축융되면서 섬유가 서로 단단히 엉겨붙고 수축되어 견고한 한 장의 포가 만들어진다.(심연옥,《한국직물 오천년》, 한국고대직물연구소, 2006, 55쪽) 전을 만드는 모습은 뒤의 〈생활하는 도구〉 '몽고전(蒙古氈)'을 참조 바람.

176 배자 : 저고리 위에 덧입는 옷으로, 맞깃이며 고름이 없다. 소매는 민소매가 대부분이나 반소매인 경우도 있다. 길이는 짧게는 가슴, 길게는 허리와 엉덩이를 살짝 덮는 정도이다. 앞뒤 길이가 차이가 나기도 한다. 계절에 상관없이 착용했으며, 겨울에는 방한을 위해 털을 대어 입었다.

출토 배자(국립민속박물관)

털배자(국립민속박물관)

그 제도는 소매가 삼(衫)보다 짧고, 옷 길이는 삼과 가지런하지만 소매를 삼보다 크게 한다. 송나라에서는 길이가 더욱 길어져 치마와 가지런했으며, 소매는 삼보다 약간 넓었다." [177]라 했다. 우리나라의 배자는 이와 다르다. 소매가 없고 옷의 길이가 짧아 겨우 배와 등을 가린다. 모난 깃이 마주하고 내려가 매듭단추로 여미거나, 양 겨드랑이 아래에 바다거북 등딱지로 만든 대모고리를 꿰매어 띠를 그 고리에 끼운 다음 둘러서 앞에서 여미기도 한다. 담비나 쥐 등의 가죽으로 만들고 능(綾)이나 단(緞)으로 덧댄 배자를 털배자[毛褙子]라 하며, 주(紬)를 겹으로 만들어서 그 속에 솜을 쟁여 넣은 배자를 겹배자(裌褙子)라 한다.《금화경독기》

于衫, 身與衫齊而大袖. 宋又長與裙齊, 而袖纏寬于衫." 我東褙子又異于是, 無袖而衣短, 僅掩腹背. 方領對下結紐, 或於兩腋下, 綴玳瑁環, 有帶貫環, 繞結于前. 其用貂、鼠等皮爲之而以綾、緞被之者, 曰"毛褙子"; 用紬裌造而內裝綿絮者, 曰"裌 [35] 褙子".《金華耕讀記》

177《三才圖會》〈衣服〉"褙子", 660쪽.
[35] 裌 : 저본에는 "褡". 오사카본·규장각본·한국은행본에 근거하여 수정.

9) 등배자(등등거리)[178]

등나무오리를 엮어 배자 모양으로 만든다. 여름철에 맨살에 바로 입어 땀이 상의의 등쪽으로 스며드는 것을 막는다. 하얀 말총을 엮어 만든 배자도 있고, 또 새깃털오리[羽絲]를 짜서 만든 배자도 있는데, 모두 품질이 뛰어나다. 돈이 없는 사람은 대오리나 낙석(絡石)【담쟁이】덩굴이나 생모시베(정련하지 않은 모시베)를 쓰기도 한다.《금화경독기》

藤褙子

用藤絲結作褙子形. 暑月襯膚服之, 以禁汗透衣背. 亦有用白鬃結成者, 又有用羽絲織成者, 皆佳品也. 寡力者或用竹絲, 或用絡石【담장이】蔓, 或用生苧布.《金華耕讀記》

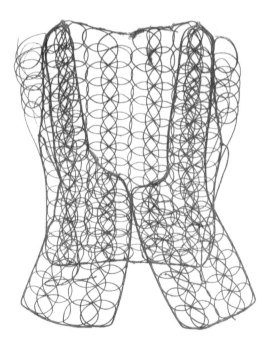

근대의 등배자(국립민속박물관)

---

178 등배자(등등거리) : 등나무의 줄기를 가늘게 쪼개서 작은 원의 형태로 엮어 만든 배자다.

이진숭(李鎭嵩, 1702~1756) 묘에서 출토된 토시(국립민속박물관)

조선의 털토시(국립민속박물관)

10) 토시[179]

겨울철에 손목을 가려 보호하는 의복이다. 담비 토시를 상급으로 치고, 여우토시가 그다음이며, 쥐나 양의 가죽으로 만든 토시를 하급으로 친다. 봄가을에는 소매를 겹으로 만든 다음 그 속에 솜을 쟁여 넣어 만든다.《금화경독기》

手套

冬月遮護手腕者也. 貂爲上, 狐次之, 鼠、羊之皮爲下. 春秋用裌袖裝綿絮爲之.《金華耕讀記》

---

179 토시 : 추위나 더위로부터 보호하기 위해 팔에 끼는 용구로, 대체로 팔목 쪽은 좁고 팔꿈치 쪽은 넓은 직사각형 형태이다. 실용품으로 남녀노소 누구나 착용했다. 털을 대어 만든 토시는 겨울에 추위를 막고, 등나무로 만든 토시는 여름에 더위를 피하는 데 도움을 준다. 여기서는 여름용 토시에 대한 언급은 없다.

11) 휘항(휘양)[180]

휘항은 앞으로는 이마와 뺨을 보호하고 뒤로는 어깨와 등을 덮어 준다. 담비휘항을 상급으로 치고 쥐가죽휘항을 그다음으로 친다. 담비꼬리털로 사방의 가장자리에 가선을 대기도 하는데, 이렇게 하면 바람이나 추위를 막는 데 최고이다. 자색이나 흑색의 초(綃)나 단(緞)을 함께 써서 겉을 댄다. 봄가을에는 담비나 쥐를 쓰지 않고 초(綃)나 단(緞)만을 겹으로 해서 만드는데, 이를 '양휘항(涼揮項)'이라 한다.《금화경독기》

揮項

前護頂頰, 後冒肩背. 貂爲上, 鼠皮次之. 或用貂尾, 緣其四沿, 最能禦風寒. 竝用紫黑綃緞爲衣, 春秋不用貂·鼠, 但以綃緞裌造, 曰"涼揮項".《金華耕讀記》

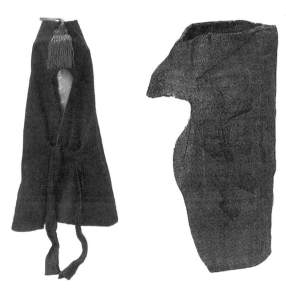

휘항(좌)과 양휘항(우)(온양민속박물관)

---

180 휘항(휘양) : 겨울에 쓰던 모자의 하나로, 호항(護項)·풍령(風領)이라고도 한다. 정수리 부분은 뚫렸고, 어깨까지 덮을 수 있는 길이다. 얼굴만 내놓는데, 앞쪽에 끈이 있어 앞쪽에서 여민다. 주로 남자들이나 상류층 노인이 착용했으며, 재료를 달리하여 군용으로도 사용했다.

여러 가지 풍차(조선 및 근대. 국립민속박물관)

12) 풍차[181]

풍차의 제도는 휘항과 같지만 크기는 이보다 작아서 겨우 머리와 뺨만 가려 보호할 수 있다. 풍차보다 크게 하여 양쪽 어깨에 닿는 곳을 비스듬히 잘라 반원형으로 만든 다음 거꾸로 해서 펼치면 둥근 산 3개가 이어 붙은 모양과 같은데, 이를 '삼산건(三山巾)'[182]이라 한다.《금화경독기》

風遮

制如揮項而小, 僅可遮護腦頰. 大於風遮而其當兩肩處斜劉, 作半圓, 倒張之, 則形如三圓巒連接, 日 "三山巾".《金華耕讀記》

13) 털버선

《설문해자》에서 "말(韤, 버선)은 발에 신는 것이다.

毛韤

《說文》曰 : " 韤, 足衣也.

---

181 풍차 : 겨울에 머리와 뺨을 보호하기 위해 착용하는 방한모로, 앞은 이마까지 오고 옆은 귀를 덮으며 뒤에서는 삼각형으로 보인다. 남녀 모두가 이용했다.

182 삼산건(三山巾) : 서유구는 풍차보다 크다고 했는데, 이규경(李圭景, 1788~1856)은 풍차보다 작다고 하여 의견의 차이가 있다.("朝士之年老者, 出關內, 用小風遮, 或名項風遮, 或名三山巾." 李圭景,《五洲衍文長箋散稿》〈人事篇〉"服食類"'暖耳袹裕護項暖帽辨證說').

위(韋)라는 의미를 따르고 멸(蔑)이라는 소리를 낸 다."라 했다. 대개 옛날 사람들은 가죽으로 버선을 만들었는데, 버선에는 반드시 띠가 있어 존경하는 사람을 뵐 때면 버선을 벗었다. 《좌전》〈애공 25년〉 조의 "대부인 저사성자(褚師聲子)[183]가 버선을 신고 자리에 올랐다."는 구절에 대한 주석에서 "예전에 임금을 뵐 때는 버선을 벗었다."[184]라 하고, 《사기》〈장석지전〉의 "왕생(王生)이 '나의 버선 끈이 풀어졌군.'이라 했다."[185]는 대목들이 이것이다. 오나라 때에 이르러 하소(賀邵)[186]가 몸가짐이나 태도를 아름답게 꾸미며서 앉을 때 늘 버선[襪]을 신었기 때문에 자기 발을 드러내는 일이 드물었는데, 사람들이 대부분 그를 따라 했다. 이때에 이르러 비로소 직물로 버선을 만들고 버선이라는 글자[襪]도 다시 의(衣) 부수를 따랐다.[187] 하지만 지금의 털버선은 옛날 제도와 비슷하다. 살쾡이나 고양이 가죽으로 안을 대고 무명으로 겉을 싸며, 띠 2개로 정강이를 둘러 교차시켜 묶는다. 《금화경독기》

從韋蔑聲." 蓋古人以皮爲 韤, 韤必有帶, 見尊敬則 脫之. 《左傳·哀二十五年》 "褚師聲子韤而登席", 註 "古者見君解韤", 《史記· 張釋之傳》"王生曰: '吾韤 解'"是也. 至吳, 賀邵爲人 美容止, 坐常著襪, 希見其 足, 人多效之, 始以布帛爲 襪而字復從衣. 今之毛韤 猶之古制也. 用貍·貓皮爲 裏, 綿布裏外而兩帶繞脛 交結. 《金華耕讀記》

　　겨울철에는 무엇보다도 발을 잘 보호해야 한다.

冬月最宜護足. 凡人疝墜、

---

183 저사성자(褚師聲子) : ?~?. 춘추시대의 위(衛)나라 대부.
184 《春秋左傳注疏》 卷60〈哀二十五年〉(《十三經注疏整理本》, 1967쪽).
185 《史記》 卷102〈張釋之馮唐列傳〉 第42, 2756쪽.
186 하소(賀邵) : ?~?. 중국 삼국시대 오(吳)나라 사람. 《세설신어(世說新語)》에 일화가 여러 군데에 보인다.
187 버선이라는……따랐다 : 버선을 뜻하는 한자 말(襪)은 원래 부수가 위(韋)였는데, 버선 재료가 가죽에서 베나 비단으로 변하면서 의(衣), 즉 'ネ'로 부수가 바뀌었다는 뜻이다.

일반적으로 사람들의 산추(疝墜)[188]나 적가(積瘕)[189] 증세는 발이 차서 생기는 경우가 대부분이다. 주(紬)를 겹으로 만들어 그 속에 솜을 쟁여 넣은 뒤 촘촘하게 줄지어 누벼【민간에서는 '잔누비[細縷飛]'라 부른다.】 버선을 만들어야 하는데, 이를 맨발에 씌워 고정시킨 뒤에 비로소 털버선을 신으면 추운 계절에 발을 따뜻이 하는 데 이보다 나은 의복이 없다.《금화경독기》

積瘕之症, 率多由足冷而發也. 宜用裌紬裝綿, 細行線縷【俗呼"細縷飛"】爲韤, 襯足套定, 然後始着毛韤, 寒月溫足, 莫過於此. 同上

14) 가죽 제품

가죽 제품에 팥꽃나무꽃봉오리가루[芫花末][190]를 뿌려 두면 좀이 쏠지 않는다. 또는 쑥으로 가죽 제품을 말아 항아리에 넣고 진흙으로 그 주둥이를 밀봉하거나, 산초나무 열매를 말아서 가죽 제품에 넣어 두어도 좀이 쏠지 않는다.《농상촬요》[191]

皮貨

用芫㊱花末糝㊲之, 不蛀. 或以艾捲, 放甕中, 泥封其口, 或花椒捲收亦得.《農桑撮要》

다른 방법은 다음과 같다. 하얀 베를 쪽이 든 항아리에 넣었다가 쪽물이 들면 꺼낸다. 이를 씻지 말고 햇볕에 말린 뒤에 담비나 쥐 가죽으로 만든 풍령(風領, 휘항의 일종), 난이(煖耳, 휘항의 일종) 등의 가죽 제

一法 : 用白布在靛缸, 染卽提出, 勿滌晾乾, 包貂·鼠風領·煖耳等物, 不落毛.《馮氏口談》

---

188 산추(疝墜) : 고환이나 음낭이 커지면서 아픈 증상. 편추산기(偏墜疝氣)라고도 한다.《인제지》 권11 〈내외겸인〉 "산기" 참조.
189 적가(積瘕) : 배 속에 기(氣)가 울체되어 생긴 덩어리. 직취(積聚)의 한 증상이다.《인제지》 권3 〈내인〉 "적취" 참조.
190 팥꽃나무꽃봉오리가루[芫花末] : 팥꽃나무는 바닷가 근처에서 자라는 나무로, 꽃봉오리는 천식이나 해수, 종기를 치료하는 약재로 사용한다. 조기꽃나무 또는 이팥나무라고도 한다.
191《農桑衣食撮要》卷上〈四月〉"蟲不蛀皮貨".
㊱ 芫 :《農桑衣食撮要·四月·蟲不蛀皮貨》에는 "莞".
㊲ 糝 :《農桑衣食撮要·四月·蟲不蛀皮貨》에는 "摻". 이하 동일.

품을 싸 두면 털이 빠지지 않는다.《풍씨구담》[192]

15) 가죽 제품을 보관할 때 좀 쏠지 않게 하는 법　收皮物不蛀法

가죽 제품에 팥꽃나무꽃봉오리가루를 뿌려 두면 좀이 쏠지 않는다. 또는 쑥으로 말아서 항아리 주둥이에 놓고 진흙으로 항아리 주둥이를 밀봉해도 된다.《왕정농서》[193]

用芫花末糝之, 則不蛀. 或以艾捲置甕口, 泥封甕口亦可.《王氏農書》

《제민요술》에서 "5월 망종 절기 뒤에는 재로 모전(毛氈)이나 갖옷, 털제품[毛毳] 같은 물건을 보관한다."[194]라 했으나 어떤 재를 쓰는지는 말하지 않았다. 이때는 석회를 쓰기도 하고, 개똥쑥재를 쓰기도 하며, 담뱃재를 쓰기도 하고, 바로 담배 줄기와 잎으로 말아 싸기도 한다.《금화경독기》

《齊民要術》云 : "五月芒種節後, 以灰藏旃、裘、毛毳之物." 而不言何灰. 或用石灰, 或用靑蒿灰, 或用煙草灰, 或直以煙 草莖葉捲裹之.《金華耕讀記》

16) 전(氈) 제품을 보관할 때 좀 쏠지 않게 하는 법　收氈物不蛀法

전 제품에 팥꽃나무꽃봉오리가루를 뿌려 두거나 햇볕에 말린 황호(黃蒿)를 전 제품에 뿌린 뒤 이를 말아 두면 좀이 쏠지 않는다.《왕정농서》[195]

用芫花末糝之, 或用曬乾黃蒿, 布撒收捲, 則不蛀.《王氏農書》

모전(毛氈) 버선을 생토란으로 비벼 주면 오래 견디고 좀이 쏠지 않는다.《물류상감지》[196]

氈襪以生芋擦之, 則耐久不蛀.《物類相感志》

192《格致鏡原》卷27〈布帛類〉"布"에서 확인됨.
193《王禎農書》에서는 확인 안 됨 ;《農政全書》卷42〈製造〉"營室"《農政全書校注》中, 1225쪽).
194《濟民要術》卷3〈雜說〉第30(《齊民要術校釋》, 234쪽).
195《王禎農書》에서는 확인 안 됨 ;《農政全書》卷42〈製造〉"營室"《農政全書校注》中, 1225쪽).
196《說郛》卷22 下〈物類相感志〉"衣服".

17) 모전으로 만든 옷 세탁법

돼지발을 끓여 그 증기를 모전에 쐬어 준 뒤에 빨면 때가 바로 없어진다. 붕사(硼砂)[197]를 끓여 그 김을 모전에 쐬인 다음 모전을 씻으면 벌레가 먹지 않는다.《고금비원》[198]

양가죽 윗옷을 씻을 때는 좋은 소주를 양털 위에 입으로 뿜어 뿌려 놓았다가 쌀겨가 스며들게 가죽에 발라 문지르면 누런색이 모두 하얘지는데, 새 것처럼 될 때까지 문지른다. 또는 좁쌀[小米]가루를 쓴다고도 한다.《고금비원》[199]

洗毛氈衣法

猪蹄煎湯, 乘熱[38]洗之, 汚穢卽去. 硼砂煎湯洗之, 不蟲.《古今秘苑》

洗羊皮襖, 用[39]好燒酒, 噴羊毛上, 糠粃粉連皮搓之, 黃色者俱白, 搓至如 新爲度. 一云用小米粉. 同上

---

197 붕사(硼砂) : 붕산나트륨의 결정.
198《古今秘苑》〈一集〉卷3 "洗毛氈衣", 3쪽.
199《古今秘苑》〈一集〉卷3 "洗皮袄", 4쪽.
[38] 熱 : 저본에는 "熟". 오사카본·《古今秘苑·洗毛氈衣》에 근거하여 수정.
[39] 用 : 저본에는 "方用".《古今秘苑·洗皮袄》에 근거하여 수정.

3. 이부자리

衾褥

1) 이불[衾] [1]

《시경》의 "금(衾)과 주(裯)를 안고" [2]라는 구절에 대해 〈모전(毛傳)〉 [3]에서는 주(裯)를 홑이불[衾]로 보았고, 정현은 또 금(衾)을 홑이불로, 주(裯)를 침대를 덮는 휘장으로 보았는데, 누가 옳은지는 자세히 알지 못한다. 지금은 두껍거나 얇거나, 홑이거나 겹이거나 모두 금(衾)이라 부르고 주(裯)라는 명칭을 다시는 쓰지 않는다.

衾

《詩》"抱衾與裯", 《毛傳》以裯爲襌衾, 鄭氏又以衾爲單衾, 裯爲牀帳, 未詳孰是. 今厚薄襌袷, 通呼爲衾, 無復有裯之稱矣.

이불(《三才圖會》)

이불(국립민속박물관)

---

1 이불[衾] : 직사각형 모양으로 사람이 잠잘 때 덮어 몸을 보호하는 침구.

2 《毛詩正義》卷1〈召南〉"小星"(《十三經注疏整理本》, 113쪽).

3 〈모전(毛傳)〉 : 한(漢) 초기의 학자 모형(毛亨, ?~?)이 《시경》을 연구하여 《시고훈전(詩詁訓傳)》을 짓고 이를 모장(毛萇)에게 주었는데, 《시경》에 모형이 전(傳)을 달았기 때문에 '모전(毛傳)'이라 한다. 후한의 정현(鄭玄, 127~200)이 전(箋)을 달고, 당의 공영달(孔穎達, 574~648)이 소(疏)를 단 《모시정의(毛詩正義)》가 지금까지 전해진다.

그 제도는 다음과 같다. 색이 있는 주(紬) 6폭【공영달의 소에서는 "일반적으로 금(衾)은 모두 3폭이다."[4]라 했는데, 이는 단직물[緞帛]을 기준으로 말한 것이다. 주의 너비는 단직물의 절반이므로 6폭을 써야 한다】에 솜을 쟁여 넣어 금(衾)을 만들고, 따로 다른 색의 주 3.5척을 가로로 위의 이불 머리 부분에 꿰매어 가선을 두르고,【가선은 남자용일 때는 자주색이나 푸른색을 쓰고 여자용일 때는 붉은색을 쓴다.】무명으로 안을 댄다. 다시 무명으로 홑이불을 만들어 이불 안쪽에 드문드문 성글게 꿰매 붙이고 이를 접어 이불 머리의 가선 부분까지 이르게 해서 땀과 때가 안으로 침투하지 않게 하고 세탁에 대비한다.

한겨울에는 솜을 배로 두껍게 쟁여 넣고, 봄가을에는 이불 속의 솜을 알맞은 만큼 덜어 낸다. 여름에는 모시나 삼베로 겹이불을 만들고 속에 솜을 쟁여 넣지 않는다. 또는 무명으로 만들어서 아주 얇게 솜을 쟁여 넣고 촘촘하게 줄지어 누벼 한여름에 덮는 이불을 만들기도 하는데, 땀과 때를 세탁할 수 있다는 점에서 홑이불과 다름이 없다.《금화경독기》

其制：用色紬六幅，【孔疏"凡衾皆三幅", 此以緞帛言, 紬廣半帛, 故須用六幅.】裝綿絮爲衾, 別用他色紬三尺五寸, 橫綴上頭爲緄,【男用紫青, 女用紅】以綿布爲裏. 復用綿布作單衾, 疏稀縫屬于裏面, 屈摺至上頭緄際而止, 以受汗垢備澣濯.

隆冬裝絮倍厚, 春秋隨宜減胎.夏用苧麻布造袷衾, 不裝綿胎. 或用綿布薄薄裝綿, 細行線縷, 作暑月之被, 汗汚可以澣濯, 與單衾無異矣.《金華耕讀記》

2) 두 채의 이불을 나누고 합치는 법

겨울밤에는 솜이불로 몸을 덮는데, 목화솜은 두꺼워야 한다. 얇으면 추위를 막기 어렵다. 봄가을에는 솜이불이 또한 얇아야지 두꺼우면 너무 따뜻해

兩衾分合法

冬夜蓋身綿被, 絮胎要厚, 薄則難以禦寒. 若春秋季, 綿被又要單薄, 厚則過煖

4　공영달의 소에서는 확인되지 않고,《御定康熙字典》卷27〈衣部〉"衾"에서 인용한 내용 중에 보임.

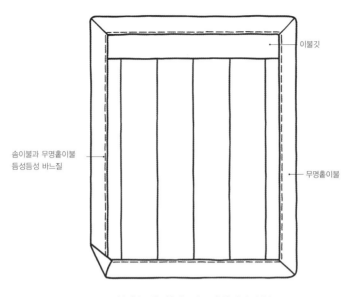

이불깃

솜이불과 무명홑이불
듬성듬성 바느질

무명홑이불

봄 이불 도식. 겨울에는 이 두 이불을 합쳐 꿰맨다.

서 땀이 많이 나기 때문에 오히려 이불을 덮을 수 없다. 그 결과 종종 몸을 내놓아 감기에 걸리게 되니 매우 불편하다. 부귀한 집안이라면 3~5채의 요와 이불을 모두 쉽게 마련할 만하지만, 평범한 집에서는 그럴 수 없을 듯하다.

그리하여 내가 직접 보잘것없는 방법을 고안해 보았는데, 아주 얇은 솜이불 2채에 각각 솜을 쟁여 넣고 만들어서 나누거나 합칠 수 있게 한다. 가령 이불 1채에 목화솜 6근을 써야 한다면 솜을 둘로 나누어 각각 3근이 되게 한다. 거울의 추위가 오면 두 이불을 겹쳐서 안을 대고 따로 무명 홑이불(홑청) 하나를 대어 네 가장자리를 듬성듬성 바느질해서 합친다. 봄이 와서 따뜻해지면 이불 하나를 떼어 내

汗多, 反不能蓋, 往往露身感冒, 甚是不便. 若在富貴之家, 三五床鋪蓋, 俱容易辦, 在尋常人家, 恐不能矣.

余自立拙法, 薄薄綿被, 裝製二條, 可分可合. 假如一被應用綿胎六觔者, 分爲二胎, 每胎三觔, 遇冬寒, 則將二被重疊着裏, 另用綿單被一條, 以針線於四邊稀稀聯合. 至春來和暖, 則柝去一被, 只存一被. 其

고 이불 하나만 남긴다. 안에 댄 홑이불은 주(綢)를 쓰든 베를 쓰든 구애받지 않고 바깥쪽에 있는 솜이불보다 조금 넓고 크게 대어 사람의 기름때를 막아 보호해야 한다. 이불을 빨아 풀을 먹일 때마다 안쪽에 댄 홑이불만 빨면 된다.[5]《지세사》[6]

착리단금 □, 불구주포, 조외변면피수략활대, 이차호유구. 매욕세장, 지세착리단금.《지세사》

착裏單衾 □, 不拘綢布, 照外邊綿被須略闊大, 以遮護油垢. 每欲洗漿, 只洗着裏單衾.《知世事》

3) 작은 이불[褡]

《광운》에서 "횡답(橫褡)은 작은 이불이다."[7]라 했는데, 지금 민간에서 말하는 '처네[薦衣]'[8]가 바로 옛

褡

《廣韻》"橫褡, 小被也", 今俗所謂"薦衣", 即古橫褡之

조선시대의 처네(국립민속박물관)

---

5 여기서는 겨울 이불에 넣는 솜을 한 덩어리로 하여 하나의 이불을 만들지 말고, 솜을 반으로 나눠 2채의 이불을 만들라고 제안한다. 겨울에는 나눈 두 이불을 합쳐 덮고, 봄과 가을에는 두 이불을 분리시켜 그중 하나의 이불만 덮으라는 것이다. 이 글에서 제안한 이불의 모습은 앞쪽 페이지의 그림과 같다.

6 《傳家寶》卷4〈知世事〉2集, 155쪽.

7 《重修廣韻》卷2〈下平聲〉"十二庚";《重修廣韻》卷5〈入聲〉"二十七合".

8 처네[薦衣]: 조선시대의 처네는 장옷(여성들의 겉옷)보다 길이가 짧고 소매가 없는 여성용 쓰개이다. 본래 작은 이불로서, 잘 때 덮거나 앉아 있을 때도 사용하는 다용도의 처네가 후에 양쪽에 끈을 달면서 여성용 쓰개로 자리 잡게 된 것으로 보인다.(차서연, 앞의 논문, 48쪽).

□ 衾:《傳家寶·知世事》에는 "被".

날 횡답이 전해 내려온 제도이다. 색 있는 주(紬)【주
는 겉은 자주색·녹색·검누른 붉은색 등의 색을 쓰
고, 안은 청색이나 녹색을 뜻대로 쓴다.】에 솜을 쟁
여 넣고 드문누비[9]로 누빈다. 크기는 이불보다 작지
만 위는 둥글고 아래는 네모나서 앉으면 허리와 무
릎을 보호할 수 있고, 누우면 겹쳐 덮어서 몸을 따
뜻하게 할 수 있기 때문에 늙고 병든 사람들에게 더
욱 편리한 이불이다.《금화경독기》

遺制也. 用色紬【表用紫、
綠、錦香等色, 裏用靑或
綠隨意.】裝綿絮, 闊行線
縷, 體小於被而上圓下方,
坐可以擁護腰膝, 臥可以
加被取溫, 老病者尤所便
也.《金華耕讀記》

4) 요[褥] [10]

《집운》에서 "'욕(褥)'은 음이 욕(辱)이고, 전욕(氈褥,
모전으로 만든 요)이다."[11]라 했으니, 아마도 중국 사람
들은 전으로 요를 만들었던가 보다. 우리나라에서

褥

《集韻》"褥, 音辱, 氈褥",
蓋華人以氈爲褥. 我東不畜
羊, 只得以牛毛爲胎, 綿布

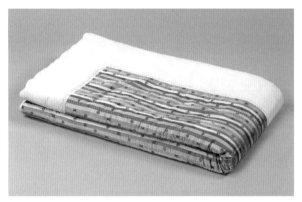

요(국립민속박물관)

---

9 드문누비 : 누비는 간격에 따라 잔누비(세누비), 중누비, 드문누비(광누비)로 나뉜다. 잔누비는 누비 간격이
   0.5cm 내외에서 1cm까지이고, 중누비는 2.5cm 내외의 간격이며, 드문누비는 5cm 내외의 간격으로 누빈다.
10 요[褥] : 침구의 하나로, 사람이 앉거나 누울 때 바닥에 깐다. 서유구는 겉에 무명홑청을 덧대어 세탁이 쉽
   도록 했다.
11 《康熙字典》卷27〈衣部〉"褥".

요솜(국립민속박물관)

는 양을 기르지 않아 다만 소의 털로 이불속을 넣고 무명으로 밖을 싸는데, 그 두께는 전보다 3~4배나 되지만 따뜻함은 뒤떨어진다. 연경에서 수입한 거친 전을 3~4겹으로 겹쳐 꿰매어 요 하나를 만들고 지금의 방법처럼 무명으로 겉을 싸야 한다.《금화경독기》

裹外, 其厚三四倍於氈, 而溫煖遜之. 宜用燕貿麤氈, 三四重合縫, 爲一褥, 而裹綿布如今法.《金華耕讀記》

5) 베개[12]

《시경》에 "뿔베개[角枕] 찬란해라."[13]라는 말이 있다. 옛사람들은 대부분 뼈나 뿔로 베개를 만들었다. 지금 또한 상아베개가 있는데, 여기에 아름다운 돌이나 꽃과 훼류를 새겨 그려 놓았으니, 몸을 깨끗이 재계하고 누울 때 쓰는 도구[臥具]로 상당히 알맞다. 색실로 자수를 놓은 베개나 통영에서 만든 나전베

枕

《詩》有"角枕粲兮"之語, 古人多用骨角爲枕, 今亦有象牙枕, 刻畫綺石、花卉, 頗愜清齋臥具. 若彩絲刺繡者及統營造螺鈿枕, 非不華美可愛, 而殊不免閨閣

---

12 베개 : 잠을 자거나 누울 때 머리를 받치는 침구의 하나로, 모양은 대부분 직사각형이다. 만든 재료와 장식에 따라 수베개, 목베개 등으로 이름이 다르다.
13 《毛詩正義》卷6〈唐風〉"葛生"(《十三經注疏整理本》, 469쪽).

자수베갯모에 무명홑청을 두른 베개(국립민속박물관)

대나무 베개(국립민속박물관)

개[14]는 화려하여 사랑스럽지 않은 것은 아니나 화장한 여인과 같은 기운을 자못 면하지 못한다. 오목(烏木)으로 베개를 만들어 윗면에 자석을 박아 넣은 것은 시력을 좋게 할 수 있다. 또 일찍이 정요(定窯)[15]의 사기베개를 본 적이 있는데, 위를 보고 누운 어린아이가 생기발랄하게 돌아보고 있어서 부르면 아이가

粉脂氣矣. 烏木爲枕, 上鑲磁石者, 能養目力. 又曾見定窯甆枕, 作童子仰臥狀, 顧眄勃勃, 呼之可起, 亦奇制也. 另用紫絹貯稷米爲小囊, 置童子腹上以

---

14 나전베개:《섬용지》권3〈생활하는 도구〉"나전베개"를 참조.

15 정요(定窯):송대 5대 명요(名窯)의 하나로, 지금의 하북성 곡양현 간자촌 일대이다. 곡양현이 송대에는 정주(定州)에 속했기에 '정요'라는 이름으로 불렸다. 이곳의 탑기나 묘에서 나온 출토품을 통해 만당(晚唐)시대부터 백자를 제작하기 시작해 오대(五代)에 상당히 발전했고, 북송대(北宋代)에 최성기를 맞아 금대(金代)까지 지속적으로 제작했음을 알 수 있다.(국립중앙박물관,《중국도자》, 2007, 국립중앙박물관, 102쪽).

정요의 도자기 베개. 왼쪽 것은 본문의 설명과 달리 아이가 엎드려 있다. (李輝柄 主編,《兩宋瓷器》上 ; 藝術家出版社,《宋元陶瓷大全》)

곧 일어날 듯하니, 또한 기이한 제도였다. 따로 자주색 견(絹)에 좁쌀[稷米]¹⁶을 담아 작은 주머니를 만든 뒤 어린아이의 배 모양을 한 베개 한가운데에 놓아 뒷목을 받치도록 한 것은 바로 여름철에 쓰는 베개이다. 부인들이 쓰는 베개는 원앙을 수놓거나, 봉황을 수놓은 것을 뛰어난 제품으로 친다.《금화경독기》

支項, 卽暑月所用也. 至於婦人之枕, 終當以繡鴛鴦、繡鳳凰爲佳品也.《金華耕讀記》

---

16 좁쌀[稷米] : '稷'을 '조'로 보아야 한다는 서유구의 견해는《본리지》권7〈곡식 이름 고찰〉"밭곡식" '조(稷)'를 참조.

4. 띠와 신발

帶、屨

1) 띠

帶

옛날에 남자는 띠로 가죽을 썼고 여자는 실을 썼다. 우리나라 부녀자들은 띠가 필요 없어서 실띠는 결국 남자의 용품이 되었다. 연경에서 수입한, 겹으로 짠 좁은 띠가 가장 오래 견딜 수 있다. 지금 우리나라 사람들도 이 띠를 만들 수는 있지만, 우리나라에서 만드는 둥글게 짠 끈에 술[綏]이 있는 띠[1]는 그 안에 무명실로 심을 만들기 때문에 오래 견딜 수 없

古者男用革，女用絲，我東婦女無帶而絲帶遂爲男子之用. 燕貿複織狹條者，最能耐久. 今東人亦能爲之，東造圓條兒有綏者，裏用木綿絲爲胎，不能耐久也. 有黑、白、沈香、錦香

세조대(국립민속박물관)

---

1 둥글게……띠 : 세조대(細絛帶)라고도 한다. 그 형태는 위의 사진과 같다.

다. 띠에는 검은색·흰색·침향색(황흑색)·검누른 붉은색 등 여러 색이 있다. 더러는 색이 있는 단(緞)을 접고 꿰매 띠를 만들기도 하고, 또는 사슴가죽을 잘라 검게 물들여 띠를 만들기도 한다.《금화경독기》

諸色. 或有用色緞摺縫爲帶, 又或有剪鹿皮染皁爲帶者.《金華耕讀記》

2) 갓신[履] [2]

《자서(字書)》에서 "풀로 만든 신발은 비(扉)라 하고, 삼으로 만든 신발은 구(屨)라 하며, 가죽으로 만든 신발은 리(履)라 하는데, 황제(黃帝)의 신하였던 어칙(於則)이 만들었다." [3]라 했다. 그러나 《설문해자》에서

履

《字書》: "草曰扉, 麻曰屨, 皮曰履, 黃帝臣於則造." 然《說文》云 "履, 履也, 鞮也", 徐鉉云 "鞮, 革履也".

사슴가죽으로 만든 신(국립민속박물관)

---

2 갓신[履] : 가죽으로 만든 신의 총칭.
3 《御定康熙字典》卷7 〈寅集〉 上 "三畫" '尸部'.

징을 박아 만든 진신(국립민속박물관)

는 "구(屨)는 리(履)이고, 제(鞮)이다."[4]라 했는데, 서현(徐鉉)[5]은 "제(鞮)는 가죽으로 만든 신[革履]이다."[6]라 했다. 또 《의례(儀禮)》〈사관례(士冠禮)〉에서는 "여름에는 칡으로 만든 구(屨)를 신고, 겨울에는 가죽으로 만든 구(屨)를 신는다."[7]라 했으니, 리(履)와 구(屨)는 통용된다. 사슴가죽으로 만든 갓신이 좋고, 노루가죽으로 만든 것이 그다음이다. 또는 종이노끈을 짜서 신발을 만들고 사슴가죽으로 가선을 장식하면 편안하고 따뜻하다. 갓신 중에 당나귀가죽으로 만든 뒤 기름을 먹이고 징[釘]을 박아 진창을 다닐 수 있는 신발을 '진신[泥鞋]'[8]이라 한다. 관서 사람들이 갓신을 잘 만든다.《금화경독기》

《儀禮·士冠禮》曰"夏葛屨, 冬皮屨", 則履、屨通用矣. 鹿皮造者佳, 獐皮次之. 或以紙繩織成, 而鹿皮緣飾, 便穩且溫. 其用驢兒皮造, 而灌油着釘, 可衝泥淖者, 曰"泥鞋". 關西人善爲皮屨.《金華耕讀記》

---

4   《說文解字》卷8 下.

5   서현(徐鉉) : 916~991. 당(唐)나라 말기부터 송(宋)나라 초기에 걸쳐 살았던 학자이자 시인으로 《설문해자(說文解字)》를 송 태종 옹희 3년(986년) 황명에 따라 증석(增釋)했다.

6   《說文繫傳》卷15〈文三〉.

7   《儀禮注疏》第3〈士冠禮〉(《十三經注疏正理本》10, 59~60쪽).

8   진신[泥鞋] : 비가 올 때 신는 신으로, 비가 스며들지 않게 가죽에 기름을 먹여 만든다. 밑창 바닥에 징을 박아서 '징신', 비가 와서 땅이 진 날에 신는다 해서 '진신'이라 부르는데, 서유구는 뒤의 본문에서 '진신[泥鞋]'과 '징신[釘鞋]'을 구분한다. 기름만 먹인 신과 기름을 먹이고 징을 박은 신을 구분했음을 알 수 있다.

진신과 바닥(국립민속박물관)

3) 비(屝, 풀로 만든 신발)[9]

《석명》에서 "풀로 만든 신발을 비(屝)라 한다."[10]고
했는데, 지금의 미투리[麻屨]와 짚신[藁屨]이 모두 비
(屝)의 종류이다. 그 물건이 싸서 쉽게 장만할 수 있
기 때문에 빌릴 필요가 없으므로 '불차(不借)'라고도
한다. 한(漢)나라 문제(文帝)가 조회에 참석할 때 불차
를 신었다고 하니[11] 옛날에는 본래 천한 사람들만 신
었던 신발은 아니었는데, 지금의 사대부들 중에는
풀로 만든 신발을 신는 자가 드물다. 그러나 산봉우
리를 오를 때는 이것이 아니면 안 되니, 산이나 골짜
기에 사는 사람들이 많이 비축해 두어야 하는 신발
이다.《금화경독기》

屝

《釋名》"草屨曰屝", 今之麻
屨、藁屨皆屝之類也. 以其
物賤易備, 無俟[1]假借, 故
一曰"不借". 漢文帝臨朝着
不借, 則在古固不專爲賤
者之用, 而今之士夫鮮有
穿草屨者矣. 然登陟巒巘,
非此不可, 山居谷處者之所
宜多蓄也.《金華耕讀記》

---

9 비(屝, 풀로 만든 신발) : 짚을 꼬아서 만든 짚신과 삼을 꼬아서 만든 미투리 등의 신발.
10 《釋名》卷5 〈釋衣服〉.
11 한(漢)나라⋯⋯하니 : 崔豹(晉), 《古今註》卷上 〈輿服 1〉.
① 俟 : 저본에는 "使". 오사카본에 근거하여 수정.

미투리와 미투리 틀인 신골(국립민속박물관)

짚신(국립민속박물관)

4) 나막신[屐] [12]

나막신[木履]은 진창을 다닐 때 신는 신발이다. 통영에서 만든, 담금질한 쇠를 박은 나막신이 좋다. 《금화경독기》

屐

木履, 所以衝泥淖者也. 統營造熨烙者佳.《金華耕讀記》

___

12 나막신[屐] : 나무를 깎아 발이 들어가는 부분을 만들고 앞뒤에 같은 높이의 굽을 단 신발.

나막신(국립민속박물관)

5) 신발 사용법

갓신[鞋] 바닥은 항상 햇볕에 말려야 하며, 완전
히 마르면 오래간다. 신발 바닥이 눅눅해지면 갓신
이 쉽게 해진다는 사실을 알아야 한다. 2~3켤레를
바꿔 신어 가며 말리는 것이 가장 좋다.《인사통》[13]

진신은 비가 오면 사용한 뒤에 바로 젖은 베로 진
흙과 때를 깨끗이 문지르고 처마 아래 바람이 통하
고 건조한 곳에 걸어 바람에 말린다. 항상 돼지기름

用鞋法

鞋底要常曬, 極乾則經久.
要知鞋底潮濕, 則易壞
鞋, 用二三雙更換穿曬最
妙.《人事通》

泥鞋, 陰雨用過之後, 卽用
濕布將泥汚揩淨, 掛於簷
下風燥處吹乾, 常用猪油

---

13 《傳家寶》卷10〈人事通續集〉"鞋底要勤曬", 358쪽.

으로 신발 가죽에 기름칠하여 윤을 내고, 신발 바닥은 따로 정제하지 않은 동유[生桐油]를 잘 먹여 두면 가장 오래 간다. 진신은 절대로 햇볕에 말리면 안 되고, 눅눅한 곳에 방치해서도 안 된다. 한 번 쓰고 한 번 기름칠하면 망가지지 않는다.

징을 박은 갓신의 경우 만약 떨어져 나간 징이 있으면 그때그때 바로 징을 보완해야지, 게으름을 부려서는 안 된다. 징이 떨어져 나간 구멍으로 물이 들어간다는 것을 알아야 한다.《인사통》14

목투(木套)【안 바로 나막신이다】는 신고 나서 꼭 씻을 필요는 없고, 다만 젖은 베로 신의 겉을 깨끗이 닦아서 바람이 통하는 그늘에 두고 말린다. 만약 햇볕에 말리면 표면이 터져서 갈라져 버린다.《인사통》15

將鞋皮油潤, 將鞋底另用生桐油貫透, 最經久. 切不可曬, 亦不可放潮濕處, 用一次油一次則不壞.

釘鞋, 如有釘落者, 隨卽補釘, 不可懶惰. 要知水從釘眼入也. 同上

木套【案 卽木屐】穿過不必洗, 只用濕布將套面拭淨, 放在風處眼乾. 若曬則柝[2]皮損裂. 同上

---

14 《傳家寶》卷10〈人事通續集〉"水靴釘鞋", 358쪽.
15 《傳家寶》卷10〈人事通續集〉"雨傘木屐", 359쪽.
[2] 柝 : 저본에는 "板".《傳家寶·人事通續集·雨傘木屐》에 근거하여 수정.

5. 기타 장신구

1) 패도(佩刀)[1]

옷의 띠에 차는 작은 칼이다. 무소뿔, 바다거북
등딱지, 침향나무, 흑각, 화리(華梨)[2]로 자루와 칼집
을 만든다. 간혹 오동(烏銅)[3]을 박아 꾸민 자루도 있
는데, 일본의 제도이다.《경도잡지》[4]

佩刀

衣帶小刀. 用犀、玳瑁、沈
香、黑角、華梨爲柄鞘. 或
有烏銅鏤柄, 倭制也.《京
都雜志》

다양한 모양의 차는 칼(국립민속박물관)

1　패도(佩刀) : 옷이나 허리띠 등에 차서 유용하게 쓸 수 있는 작은 칼.
2　화리(華梨) : 자단(紫檀 또는 紫檀)의 목재. 붉고 결이 고우며 매우 단단해서 악기·건축·가구·미술품 등의
　고급 재료로 사용된다.
3　오동(烏銅) : 검붉은 빛이 나는 구리. 자세한 내용은《섬용지》권4 〈공업 총정리〉 "금속 다루기" '오동'을 참조.
4　《京都雜志》卷1 〈風俗〉 "巾服", 229쪽.

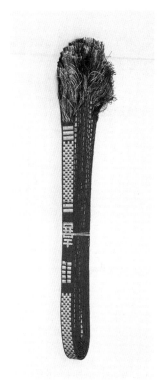

패도 끈(국립민속박물관)

중국에서 만든, 상아젓가락을 꽂은 패도도 옷과
띠 사이에 차는 장식품이 될 수 있다.《금화경독기》

華造揷象牙箸者, 亦可爲衣
帶間珮飾.《金華耕讀記》

2) 초혜집[5]

초혜집은 상아로 만드는데, 모양이 붓두껍 같으
며 안에 귀이개나 이쑤시개를 넣는다. 청색과 자주
색 실로 끈을 만들어 옷의 끈에 단다. 혹여 옥돌이

抄舌

用象牙爲之, 形如筆套, 內
藏空耳、挑齒, 靑紫絲爲
纓, 佩在衣纓. 或用玉石、

---

5 초혜집 : 이쑤시개나 귀이개 등을 담아 휴대할 수 있게 만든 통.

부채 끝에 다는 초혜집(유교문화박물관)

나 금패(錦貝),[6] 호박 등을 쓰면 모양이 조금 크고, 대부분 8각형이나 6각형으로 만든다.《금화경독기》

錦貝、琥珀等, 則形制稍大, 多作八稜、六稜.《金華耕讀記》

3) 주머니[佩囊][7]

패낭은 갖가지 색의 단(緞)으로 만드는데, 네모나고 둥글고는 뜻대로 한다. 청색과 자주색 실로 끈을 만들어 허리춤에 차고, 속에는 부싯돌이나 족집게 등의 물건을 담는다.《금화경독기》

佩囊

用諸色彩緞爲之, 方圓隨意. 靑紫絲爲纓, 佩在腰間, 內藏火鎌、鑷子等物.《金華耕讀記》

---

6 금패(錦貝) : 빛깔이 누런 호박의 일종.
7 주머니[佩囊] : 몸에 지니고 다닐 만한 물건을 담아 허리에 차도록 만든 물건. 우리나라 의복은 서양 의복과 달라 옷에 주머니가 달려 있지 않고 따로 주머니를 만들어 옷에 찼다. 둥근 것은 '두루주머니'라 하고, 각진 것은 '귀주머니'라 한다.

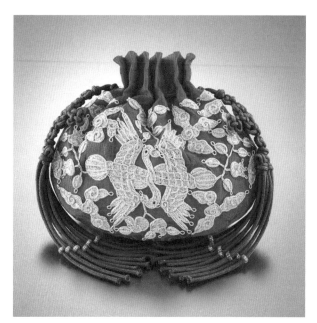

영친왕비 자수 두루주머니(국립고궁박물관)

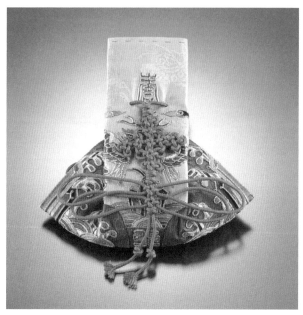

영친왕비 자수 귀주머니(국립고궁박물관)

4) 접부채[摺疊扇] [8]

풍시가(馮時可)[9]의 《봉창속록(蓬牕續錄)》에서는, "취두선(聚頭扇, 부채 끝을 모으는 부채)이 바로 접부채로 영락(永樂, 1403~1424년) 연간에 진공(進貢)되면서 나라에 성행했다. 소식이 '고려의 백송선(白松扇)은 펴면 너비가 1척 남짓이고 모으면 다만 두 손가락 너비이다.'라 했다. 일본 사람들이 만든, 금물을 검은 대나무 뼈대에 발라 만든 부채가 바로 이것이다."[10]라 했다. 이에 근거하여 보면 중국에는 애초에 접부채가 없고 그곳의 부채는 모두 둥글부채[團扇]였으니, 우리나라

摺疊扇

馮時可《蓬牕續錄》云 : "聚頭扇卽摺疊扇, 貢於永樂間, 盛行於國. 東坡謂'高麗白松扇, 展之廣尺餘, 合之只兩指.' 倭人所製, 泥金面烏竹骨卽此." 由此觀之, 中國初無摺疊扇, 扇皆團扇, 類我東所稱尾扇. 蓋見之古畫, 如蕉葉、桐葉、白

접부채(국립민속박물관)

---

8 접부채[摺疊扇] : 접었다 폈다 할 수 있어서 '접부채', 접어서 쥐고 다니기 간편한 부채라는 뜻의 '쥘부채', 거듭 접는다는 의미의 '접첩선(摺疊扇)' 등으로 불린다. 최근의 연구자들은 고려에서 발명하여 중국이나 일본에 그 기술을 전했다 하는데, 서유구와 성해응(成海應, 《研經齋全集》卷61 〈筆記類〉 '摺疊扇') 등 조선시대 일부 학자는 접부채의 기원은 일본이며, 이 부채가 고려를 통해 중국으로 전해졌다고 보고 있다.(차서연, 앞의 논문, 29~30쪽).

9 풍시가(馮時可) : ?~?. 명나라 가경 연간(1796~1820년)의 학자로, 《춘추》에 뛰어났다.

10 《蓬牕續錄》은 확인 못함. 《通雅》卷33 〈器用〉; 《儼山外集》卷5 〈春風堂隨筆〉 등에도 나온다.

파초선(국립민속박물관)

오엽선(국립민속박물관)

백우선(국립민속박물관)

에서 말하는 미선(尾扇)과 같다. 미선은 대개 옛 그림에서 보이는데, 파초잎 모양의 파초선, 오동잎 모양의 동엽선(오엽선), 흰 깃털로 만든 백우선과 같은 종류가 이것이다.[11] 우리나라 집기는 대부분 일본

羽之類是也. 我東器什多倣日本, 則摺疊扇, 高麗學之日木, 中國學之高麗歟? 中國大扇名"高麗扇", 製甚

---

11 여기에서 설명한 부채는 대체로 위의 사진과 같은 모양이다.

을 모방했는데, 그렇다면 접부채는 고려가 일본에게서 배우고 중국이 고려에게서 배운 결과이리라. 중국에서 큰 부채를 '고려선(高麗扇)'이라 하는데, 그 모양이 매우 질박하다. 고려선에는 우리나라 종이를 붙여 누런 기름을 먹이고, 자잘하게 글씨를 쓰고 그림을 그리는데, 이것을 상당히 진귀하게 여긴다.《열하일기》[12]

樸. 傅東紙油黃, 細書畫, 頗珍之.《熱河日記》

우리나라에서는 전주, 남평 등의 고을에서 나는 부채를 좋다고 여긴다. 승두선(僧頭扇)[13]이 있고 사두선(蛇頭扇)[14]이 있으며, 고리가 있기도 하고 없기도 하며, 뿔을 겉에 대기도 하고 안에 대기도 하며, 언저리를 넓게도 만들고 좁게도 만들어 부채의 제도와 모양이 각각 다르다. 민간에서는 흰색과 검은색의 두 색을 좋아한다. 붉은색이나 황색 부채는 부인이나 어린아이에게 주며, 푸른색 부채는 신랑이 잡는다. 근래에 들어 아청색(鴉靑色)[15] 부채를 상당히 높이 친다. 부녀자들은 여러 색의 둥글부채를 지닌다.《경도잡지》[16]

我東扇以全州、南平等邑産爲佳. 僧頭、蛇頭、有環、無環、外角、內角、闊沿、狹沿、制樣各殊. 俗喜白黑二色, 紅黃與婦人、小兒, 靑者新郎把之. 近有一種鴉靑色扇, 頗尙之. 婦女持諸色團扇.《京都雜志》

5월에 영호남의 관찰영(觀察營)[17]에서 부채를 진상하면, 단오에 임금께서 가까운 신하들에게 부채를

五月嶺湖南觀察營進扇, 端午日賜近侍, 號"端午

---

12 《熱河日記》〈銅蘭涉筆〉.
13 승두선(僧頭扇) : 스님의 머리처럼 꼭지를 둥글게 만든 부채.
14 사두선(蛇頭扇) : 부채 자루의 끝이 뱀의 머리처럼 생긴 부채.(금복현, 《전통 부채》, 대원사, 1990, 64쪽)
15 아청색(鴉靑色) : 청색보다 짙으며 남색보다는 옅은 푸른색의 일종.
16 《京都雜志》卷2〈歲時〉"端午", 247~248쪽.
17 관찰영(觀察營) : 관찰사가 사무를 보던 관아이다.

하사하시는데, 이를 '단오부채[端午扇]'라 부른다. 이 중 가장 큰 부채는 댓살이 50개나 되는데 이를 '백첩선(白帖扇)'[18]이라 한다. 이것을 받은 사람은 대부분 부채에 금강산 일만 이천 봉우리를 그려 넣는다. 근래에 민간에서는 부채에 절지(折枝),[19] 복숭아꽃, 나비, 연꽃, 은붕어, 백로나 가마우지 등을 그려 넣기를 좋아한다.《경도잡지》[20]

우리나라의 부채 제도는 길고 넓은 것을 높이 치려고 애써서, 길이는 거의 1.2~1.3척이고, 펼치면 너비가 2척이 넘는다. 부채에 댓살이 많다 보니 대를 종이처럼 얇게 깎지 않을 수 없어 바람을 온전히 일으키지 못하는 데다가 오래 견딜 수도 없다. 권문세가에서는 1개월에 부채를 1개씩 바꾸고, 여름에 밭일하는 농사꾼이나 마의(馬醫, 말을 치료하는 수의사) 같은 천한 사람들도 반드시 1년에 부채 1개를 바꾼다. 영호남의 영읍(營邑)[21]에서 해마다 수백만 전의 돈이나 오랜 벗들에게 보낸다. 그 바람에 동남쪽의 아름다운 대밭이 나날이 벌거숭이가 되어 가는데도 절제할 줄 모르니 좋은 계획이 아니다. 서재에서는 중국에서 만든 종려나무로 가장자리를 두른 부채나, 일본에서 만든 금물로 그림을 그린 부채를

扇". 絕大者, 竹幅滿五十, 名曰"白帖扇". 得此者多畫 金剛一萬二千峯. 近俗喜寫 折枝、桃花、蝴蝶、芙蓉、銀 鯽、鷺鷥. 同上

我東扇制, 務尙長闊, 長 幾一尺二三寸, 展之闊過二 尺. 竹幅旣多, 不得不薄削 如紙, 全不鼓風, 且不能耐 久. 豪貴月易一扇, 夏畦、 馬醫之賤亦必歲易一扇. 嶺湖營邑, 歲費[1]累百萬 錢, 削造以遺朝貴知舊, 東 南竹田[2]之美, 日益童濯, 而不知節, 非計也. 齋中宜 用華造棕櫚邊者, 倭造泥 金畫者. 華、倭之扇, 雖短 小, 而矢極勁悍, 且兩面糊 紙, 最能鼓風也.《金華耕

---

18 백첩선(白帖扇) : 부챗살과 면에 장식이나 그림을 넣지 않은 부채. 백선(白扇)이라고도 한다.
19 절지(折枝) : 나뭇가지나 꽃가지만 그리는 화법.
20 《京都雜志》卷2〈歲時〉"端午", 247쪽.
21 영읍(營邑) : 감영(監營)이 있는 고을.
[1] 費 : 저본에는 "貿". 오사카본에 근거하여 수정.
[2] 田 : 저본에는 "箭". 문맥에 근거하여 수정.

써야 한다. 중국이나 일본의 부채는 비록 짧고 작지만, 살이 매우 단단하고 거칠며 게다가 양면에 풀 먹인 종이를 붙여 무엇보다도 바람을 잘 일으킨다.《금화경독기》

《금화경독기》 讀記》

5) 모선(毛扇)[22]

겨울에는 모선을 지니는데, 그 제도는 다음과 같다. 양쪽 기둥을 담비 턱 밑 누런 털로 싸서 대나무 마디 모양을 만들고 검은 단(緞) 1폭으로 양쪽 기둥

毛扇

冬持毛扇, 其制：兩柱裹以貂頷黃毛, 作竹節狀, 聯以黑緞一幅. 或用獡皮

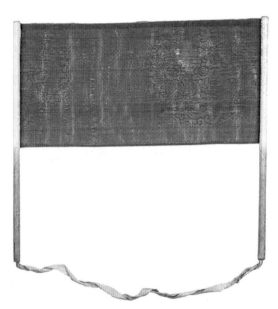

사(紗)로 만든 부채(국립민속박물관)

---

22 모선(毛扇) : 벼슬아치가 추운 겨울날에 얼굴을 가리던 방한구. 네모반듯하게 겹친 비단 양쪽에 털이 있는 가죽으로 싼 긴 손잡이가 있다. 겨울에 얼굴을 가려 찬바람을 막고 부채를 잡은 손이 시렵지 않도록 손잡이 부분을 털로 감싼다.

을 잇는다. 또는 수달가죽으로 기둥을 싸기도 하는데, 이는 손을 따뜻하게 하고 얼굴을 보호하기 위함이다. 봄가을에는 사(紗) 1폭을 써서 먼지를 막는데, 노루가죽으로 기둥을 싼다.《경도잡지》[23]

裹柱, 取其煖手護面也. 春秋用紗幅障塵, 獐革裹柱.《京都雜志》

---

23 《京都雜志》卷1〈風俗〉“巾服”, 229쪽.

6. 여자의 복식

女服

1) 족두리[1]

옛 제도에 사족(士族)의 부녀자들은 모두 가체(加髢)[2]를 얹었는데, 그 값이 무려 수만 전(錢)이나 하여 재력이 없는 사람은 종종 이 때문에 결혼 시기를 놓치기도 했다. 정조(正祖) 무신(戊申, 1788)년[3]에 윤음(綸

簇頭伊

舊制士族婦女皆戴髢，其直毋慮數萬錢，寡力者往往有因此而嫁娶失時者. 先朝戊申, 頒綸嚴禁, 代以

조선시대 족두리(국립민속박물관)

---

1 족두리 : 조선 후기 가체(加髢)를 대신하는 의례용 수식(首飾)으로 제도화된 이후 궁중과 민간에서 폭넓게 사용해 오늘날 전통 혼례에서까지 착용하는 대표적인 여성 예관이다.

2 가체(加髢) : 여자들이 다리[月子, 髢, 머리를 땋을 때 머리숱을 많아 보이게 하기 위해 덧넣는 한 가닥의 머리]를 양쪽으로 길게 땋은 다음 머리숱을 풍성해 보이게 하려고 틀어 얹은 머리.

3 무신(戊申, 1788)년 : 부녀자들의 머리 장식에 들어가는 비용이 커지고 사치스러워지자 영조는 1756년(영조 32)에 처음으로 사족 부녀자들의 가체 사용을 금하고 족두리를 쓰게 했다. 그 후 1758년(영조 34)에도 가체 사용을 금지하고 궁중의 양식인 족두리를 사용하라고 명령했지만, 족두리를 보석으로 장식하는 데 드는 비용이 가체를 얹는 비용과 맞먹었기 때문에 이 명령은 1763년(영조 39)에 철회되었다. 정조는 1788년(정조 12)에 다시 가체금지령을 내리고 족두리로 대신하게 했다.(김문식, 〈18세기 서울 여성의 머리장식〉, 《문헌과 해석》, 2006, 38쪽 ;《정조실록(正祖實錄)》26권, 정조 12년 10월 3일)

영친왕비가 쓰던 족두리(국립고궁박물관)

풍속화에 보이는 조선 후기 가체 작자 미상의 〈미인도〉, 해남 녹우당

音)⁴을 내려 가체 사용을 엄격히 금하고 족두리로 대신하게 했다. 족두리 만드는 법은 다음과 같다. 검은색 단(緞)으로 솜을 싸서 만들되, 봄여름에는 풀먹인 종이를 붙여 만들고 이를 검은색 단으로 싼다. 그러나 일반적으로 족두리를 쓰려면 반드시 머리카락을 모아 머리 뒤에 쪽⁵을 만들고 또 태퇴(髢䯻)【'髢'는 음이 태(胎)이고, '䯻'는 음이 퇴(腿)이나. 태퇴는

簇頭伊. 其製：用黑緞包綿絮爲之, 春夏糊紙爲之而裏以黑緞. 然凡戴簇頭伊, 必斂髮作髻于腦後, 而又作髢䯻,【髢, 音胎；䯻, 音腿. 假髢也, 取他人之髮爲之. 今俗呼爲"낭ᄌᆞ"】

---

4   윤음(綸音) : 임금이 신하나 백성에게 내리는 말. 오늘날의 법령과 같은 위력이 있다.
5   쪽 : 시집간 여자가 머리카락을 땋아서 뒤통수에 또아리를 틀고 비녀를 꽂은 모양.

낭자머리(단국대학교 석주선기념박물관)

작자 미상의 평생도 중 회혼례도(回婚禮圖)에 보이는
족두리와 낭자머리

목제 큰머리(국립민속박물관)

가계(假髻, 가발로 만든 쪽)이다. 다른 사람의 머리카락을 모아 만든다. 지금 민간에서는 '낭자'⁶라 부른다.】를 만들어 본래의 쪽 위에 더하여 비녀를 꽂아 고정한다. 화려하게 만든 것은 그 값이 또한 수만 전을 밑돌지 않는다. 내 생각에는 오동나무를 깎아 태퇴

加于本髻之上, 用釵貫固. 鬪靡者, 其直亦不下數萬錢. 余謂宜用桐木刻作髻髥形, 髹漆之, 或用紙、竹造而以繒帛裹之, 以套冒

---

6 낭자 : 조선 후기 부녀가 본인의 머리카락으로 찐 쪽머리에 더하던 가체 머리. 쪽머리와 같은 모양으로 만들되 조금 크게 해서 풍성해 보이게 한다.

모양을 만들고 여기에 옻칠을 하거나, 또는 종이나 대나무로 만들고 증(繒)으로 싸서 본래의 쪽에 덮어씌우면[7] 비용을 많이 아낄 수 있을 것이다.《금화경독기》

조헌(趙憲)[8]은《동환봉사(東還封事)》[9]에서 다음과 같이 말했다. "중국 여자는 시집을 가면 머리카락을 정수리에서 묶고 여기에다 적계(髢【안 자서(字書)에는 이 글자가 없다.】髻)를 더한다. 그 제도는 다음과 같다. 북쪽 사람들은 철사로 엮어 만들고, 남쪽 사람들은 대나무로 만드는데, 모두 견(絹)으로 감싼다. 또 견을 말아 머리띠를 만드는데, 이를 '역자(鉛子)'라 한다. 겨울에는 모피로 만들기도 하는데, 이를 '난액(煖額)'이라 한다.【이마에서부터 쪽을 둘러 정수리 뒤에서 묶고 그 위에 비녀를 가로지른다.】부인이 일이 있어 외출할 때는 역자를 무늬 있는 견(絹)으로 꾸미거나 혹은 피금(皮金)[10]을 더하기도 한다. 신부가 친영(親迎)[11]할 때도 이것만 머리에 얹을 뿐이다."[12] 여

本髻, 則庶爲省齒之道.《金華耕讀記》

趙重峯《東還封事》云："中國女子旣嫁者, 束髮于頂, 而加以髢【案 字書無此字.】髻. 其制：北人結以鐵絲, 南人用竹爲之, 俱裹以絹, 又捲絹爲首帕, 名曰'鉛子'. 冬日則或以毛皮爲之, 名曰'煖額'.【自額繞髻, 結于頂後, 而上橫以笄.】[1] 婦人因事出外, 則飾鉛子以文絹, 或加皮金. 新婦親迎之際, 亦止戴此而已."其所謂髢髻之制, 雖不可詳, 而

---

7 오동나무를……덮어씌우면 : 서유구는 사람의 머리털[人毛]로 만들던 머리 장식을 1788년(정조 12년) 10월에 사치를 줄이고자 오동나무로 목제 큰머리를 만들게 한 것처럼 태퇴 또한 나무로 만들자고 제안한다. 목제로 만든 큰머리의 형태는 아래 그림과 같다.

8 조헌(趙憲) : 1544~1592. 조선 중기의 학자이자 의병장. 이이(李珥)와 성혼(成渾)의 문하생이었다. 중봉(重峯)은 그의 호이다.

9 《동환봉사(東還封事)》: 조헌이 성절사 질정관으로 중국에 갔다 돌아와서 올린 상소문을 그의 제자인 안방준(安邦俊, 1573~1654)이 엮은 책. 두 부분으로 구성되었는데, 앞부분은 8조로 된 소(疏)와 질정록(質正錄)이다. 8조의 소 중 셋째 조가 의관제도를 논한 '귀천의관(貴賤衣冠)'이다. 조헌은 의관제도에서 우리나라도 명나라 제도를 그대로 준행해야 한다고 주장했지만, 받아들여지지는 않았다.

10 피금(皮金): 동물성 배지인 가죽에 금을 넓게 펴서 붙인 것으로, 금사(金絲)를 만들 때 주로 쓴다.(노진선,〈전통 직물에 사용되는 금사 제작 방법〉,《섬유기술과 산업》10권 4호, 한국섬유공학회, 2006, 382쪽).

11 친영(親迎) : 신랑이 신부 집에 가서 신부를 맞아 오는 예. 혼인 육례(六禮)의 하나이다.

12 《東還封事》〈先上八條疏〉"貴賤衣冠";《重峯集》卷3〈質正官回還後先上八條疏〉"貴賤衣冠之制".

[1] 自額……以笄 :《東還封事·先上八條疏·貴賤衣冠》;《重峯集·質正官回還後先上八條疏·貴賤衣冠之制》에는 원문으로 되어 있음.

기에서 말한 적계라는 제도는 비록 자세히 알 수 없지만, 대체로 철사나 대오리로 가계를 엮어 만드니, 내가 대나무나 나무로 가계를 만든다고 한 말과 크게 다르지 않다. 유형원(柳馨遠)[13]은 《반계수록(磻溪隨錄)》에서 "부인들의 복식에서 족두리를 없애고 역자로 대신해야 한다."[14]라 했다. 이 말은 대개 중국의 풍속으로 오랑캐의 풍속을 바꾸려는[15] 뜻이며, 아울러 쓸데없는 비용을 줄여서 아끼려는 의미를 붙인 것이다.《금화경독기》

大抵用鐵絲、竹絲, 結作假髻, 與余所云竹木作假髻者, 不甚遠矣. 柳磻溪《隨錄》云 : "婦人服飾宜去簇頭伊, 代以鈒子." 蓋以用夏變夷之志, 兼寓省嗇宂費之義也. 同上

2) 비녀[釵][16]

계(笄, 비녀)이다. 옥잠(옥비녀)에 금과 진주로 장식

釵

笄也. 玉簪飾以金珠者價

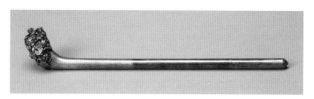

도금한 비녀(국립민속박물관)

마노잠(국립민속박물관)

---

13 유형원(柳馨遠) : 1622~1673. 조선 후기의 학자. 호가 반계(磻溪)이다. 벼슬에 뜻이 없어 오로지 학문 연구에만 전념하여 중농 사상을 기본으로 한 토지개혁론을 주장했다. 저서로 《반계수록(磻溪隨錄)》이 있으며, 이 책의 권25 〈의관(衣冠)〉에서 복식에 대해 기록했는데, 대부분 심의에 관한 내용이다.

14 《磻溪隨錄》卷25 〈續篇〉上 "衣冠".

15 중국의……바꾸려는 :《孟子》〈滕文公〉上 4章.

16 비녀[釵] : 머리에 꽂는 장신구.

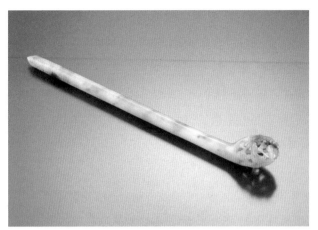

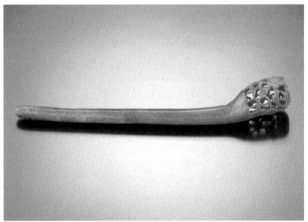

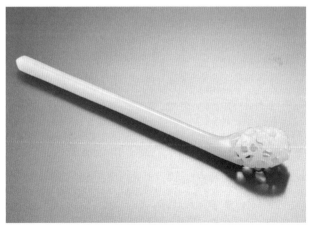

영친왕비(英親王妃, 1901~1989)의 옥과 산호, 비취로 만든 비녀(국립고궁박물관)

한 것은 값이 수시로 오른다. 지금 사람들은 시집가서 초례(醮禮)를 치를 때는 은으로 주조하거나 도금한 용잠과 봉잠을 쓴다. 평소에는 마노[瑪瑙][17]로 장식한 비녀를 쓰는데, 마노를 해바라기 모양이나 대나무 모양으로 만들고 은이나 백동으로 비녀의 다리[18]를 만든다.《금화경독기》

翔. 今人嫁醮用銀鑄鍍金龍、鳳簪. 平居用瑪瑚簪, 或作葵花形, 或作竹節形, 銀或白銅爲股.《金華耕讀記》

3) 저고리와 치마[19]

저고리는 소매가 좁고 길이가 짧아 옷깃과 옷섶이 겨우 가슴과 겨드랑이를 가릴 정도이다. 치마는 온몸을 한 번 두르고도 남아 허리나 겨드랑이에 묶고 아래는 땅에 끌리니, 고금에 없는 제도[20]이다. 연회복인 녹색 혹은 자주색 저고리는 민간에서는 '방장의(旁障衣)'【겻마기[21]】라 부른다.《금화경독기》

衣裳

上衣窄袖而短, 衿衽僅掩胸掖, 下裳周身而長, 繫在腰掖, 下曳于地, 古今所無之制也. 燕會服綠、紫衣, 俗呼"旁障衣".【겻마기】《金華耕讀記》

---

17 마노[瑪瑚] : 석영질의 보석으로 칠보(七寶) 가운데 하나이다. 백마노, 홍마노, 자마노 등이 있다.

18 비녀의 다리 : 정강이와 같이 곧게 뻗은 비녀의 몸통 부분.

19 저고리와 치마 : 여자들의 가장 기본적인 의복. 저고리는 조선시대 남녀노소 모두의 윗옷으로, 남성의 저고리는 속옷의 역할을 했기에 장식적인 요소가 나타나지 않지만 여성의 저고리는 평상복 외에 외출용으로도 착용했기에 깃과 소매의 색을 다르게 하는 등의 장식이 나타난다. 치마는 여자의 아랫도리 겉옷으로, 폭을 이어 붙인 다음 주름을 잡고 허리말기(주름 잡은 부분을 가리면서 허리에 둘러 댄 부분)를 단 형태이다. 허리나 가슴 부분에서 몸을 한 바퀴 둘러매 입는다.

20 고금에……제도 : 조선 전기에는 치마를 허리에 1번 둘러 묶어 입었고, 저고리는 길이가 길어 허리까지 내려와 치마말기(허리에 두르는 부분)를 덮었다. 그러나 조선 후기로 갈수록 저고리의 길이가 가슴 성도까지 짧아졌기 때문에 상대적으로 치마의 길이가 길어졌다. 조선 후기에는 치마를 가슴 높이에서 1번 둘러 묶어 입었는데, 이는 기존에 없었던 제도라는 말이다.

21 겻마기 : 저고리 위에 덧입는 의례용 여자 저고리로, 겨드랑이 아래쪽 옆선 부분이 '곁이 막혔다'는 의미에서 생성된 명칭이다. 지금은 저고리 겨드랑이 부분에 다른 색으로 삼각형 조각을 댄 것을 지칭하기도 한다. 이 용어는 《세종실록(世宗實錄)》에 '겹막음[裌隔音]'이라는 표기로 처음 나타나며, 이후 肩亇只, 肩莫只, 肩莫伊, 腋亇只, 傍莫只, 裌隔音 등의 한자어가 사용되었고, 견마기, 견막이, 곁막이, 곁막이 등 한글 표기도 다양하다.(黃由善, 〈조선시대 저고리類 명칭에 관한 연구〉, 이화여자대학교 석사학위논문, 1999, 86~88쪽).

영친왕비(英親王妃, 1901~1989)가 입었던 녹색 당의(국립고궁박물관)

4) 당의[22]

당의는 녹색 겉감에 홍색 안감을 대며, 소매가 좁다. 당의의 앞과 뒤는 서로 붙어 있지 않고 길이는 겨우 몸의 반 정도이다. 제사나 잔치 때 음식을 만드는 사람의 옷이다.《금화경독기》

唐衣

綠衣紅裏, 窄袖, 而衣前後不相屬, 長僅半身. 祀饗時, 執爨之服也.《金華耕讀記》

---

22 당의 : 저고리 위에 입는 대표적인 여자들의 예복 중 하나. 저고리와 달리 길이가 길고, 겨드랑이 아래의 긴 트임이 있으며, 도련(밑단)이 둥근 곡선 형태인 점이 특징이다. 조선 후기 학자들의 기복에서는 당의의 기원을 중국으로 보고 있으나, 실제로는 조선 전기의 옆트임장저고리에서 변화한 것이다. 왕실에서는 당고의(唐古衣), 당저고리(唐赤古里), 당한삼(唐汗衫) 등으로 부르기도 하였는데(유송옥,《조선왕조 궁중의궤 복식》, 수학사, 1991, 399쪽), 당고의는 털을 댄 겨울용이고, 당한삼은 홑으로 만든 여름용을 말한다. 의궤 등의 문헌에 기록된 당의의 겉감은 자주색·초록색·남송색·백색 등이고, 안감은 홍색 계열로 서유구의 기록과 일치하지만, 용도는 다르다. 서유구는 당의를 '제사나 잔치 때 음식을 만드는 사람의 옷'이라 했는데, 당의는 왕족 여성들 뿐만 아니라 궁녀들도 착용했으며, 민간에서는 혼례시에도 착용하는 예복이다.

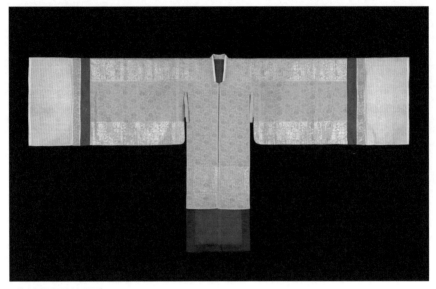

조선시대 원삼(국립민속박물관)

5) 원삼 [23]

우리나라 부녀자들의 상의 가운데 소매가 넓고 길이가 긴 상의는 오직 이 원삼뿐이다. 그러나 평상시에는 입지 않고 오직 살아서는 초례를 치를 때, 죽어서는 염습할 때 비로소 입는다. 초례 때는 붉은색을 쓰고, 염할 때는 녹색을 쓴다.《금화경독기》

圓衫

我東婦女衣中, 闊袖長衣惟此而已. 然不常服, 惟生而嫁醮, 死而襲斂, 始服之. 醮用紅, 斂用綠.《金華耕讀記》

---

23 원삼 : 조선 시대 대표적인 여성 예복의 하나. 왕실과 반가에서는 상례에 복의(復衣, 혼을 부르기 위해 쓰는 옷)나 습의(襲衣, 죽은 자에게 입히는 옷) 등으로 사용했다. 민간에서는 색동의 수를 늘려 혼례 때 신부가 착용하였다. 조선 전기 원삼은 남자의 단령과 같은 형태의 둥근 깃이 달린 교임형이었으나 조선 후기에는 앞자락이 겹쳐지지 않는 맞깃 형태의 옷으로 변화되었는데, 대체로 앞이 짧고 뒤가 길다.

6) 신[鞋]²⁴

홍색이나 녹색 등의 단(緞)으로 가죽을 싸서 만든다. 그 신코 장식은 대부분 쌍으로 된 구름 모양으로 만든다.《금화경독기》

鞋

用紅綠等緞, 裏革爲之. 其絇多作雙雲形.《金華耕讀記》

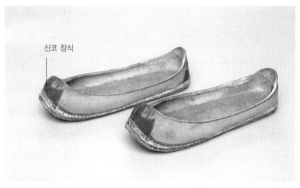

신코 장식

당혜(좌)와 운혜(우)(국립민속박물관)

---

24 신[鞋]: 신목이 없는 신으로, 겉은 비단으로 하고 안은 가죽으로 하며, 신코와 발뒤꿈치 쪽은 다른 색 비단으로 장식했다. 신코 장식에 따라 당혜(唐鞋)·운혜(雲鞋)·온혜(溫鞋)와 같은 종류가 있다.

7. 바느질에 쓰는 여러 도구

裁縫諸具

1) 바늘[針]¹

'針'은 본래 '침(鍼)'으로 쓴다. 《설문해자》에서 "침(鍼)은 베나 견직물을 꿰매는 송곳이다."²라 한 말이 이것이다. 우리나라 사람들은 바늘을 만들 줄 몰라 반드시 연경에서 수입해서 들여온다. 이처럼 날마다 써서 없어서는 안 되는 필수품조차도 반드시 다른 나라에 의지해야 하니, 만일 요동과 심양으로 가

針

針本作鍼.《說文》"鍼, 縫布帛之錐"是也. 東人不知造針, 必待燕貿而後始給用. 如此日用不可缺之需, 亦須仰給於他域, 萬一遼、瀋之路, 三五年閼而不通,

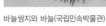
바늘쌈지와 바늘(국립민속박물관)

---

1 바늘[針] : 옷 따위를 짓거나 꿰매는 데 쓰는, 가늘고 끝이 뾰족한 쇠로 된 물건. 한쪽 끝에 있는 작은 구멍에 실을 꿰어서 쓴다. 규방에서 쓰는 7가지 도구 중에서 가장 귀중하게 여겼다.
2 《說文解字》卷14 上.

는 길이 3~5년간 막혀 다니지 못한다면 압록강 동쪽에 사는 우리나라 사람들은 모두 벌거벗고 다녀야 하는가? 《천공개물》에 바늘 만드는 방법이 있으니, 만약 만드는 방법을 살펴서 바늘을 두들겨 만들어 나라 안에 유통시킬 수 있다면 이 또한 이용후생(利用厚生)에 일조할 것이다.《금화경독기》

則鴨水以東之人皆將躶耶? 《天工開物》有造針法, 苟能按法打造, 流通域中, 則亦利用厚生之一助也.《金華耕讀記》

일반적으로 바늘을 만들 때는 먼저 쇠를 두드려 가는 가닥으로 만든다. 철척(鐵尺)[3] 하나에다 송곳으로 실구멍[線眼]을 만든 뒤 앞서 만들어 놓은 가는 쇠 가닥을 이 구멍을 통해 뽑아내 쇠 실을 만든 다음 0.1척만큼씩 잘라 바늘을 만든다. 먼저 한쪽 끝을 갈아서 날카롭게 하고, 다른 한쪽은 작은 망치[小槌]로 그 밑부분을 두드려 납작하게 만든 다음 단단한 송곳으로 그곳에 바늘귀를 뚫는다. 이어서 다시 바늘귀의 겉을 갈고 다듬는다.[4] 그런 뒤에 바늘을 가마솥에 넣고 약한 불로 볶는다.

凡針先錘鐵爲細條. 用鐵尺[1]一根, 錐成線眼, 抽過鐵條[2]成線, 逐寸剪斷爲針. 先鎈其末成穎, 用小槌敲扁其本, 剛錐穿鼻, 復鎈其外. 然後入釜, 慢火炒熬.

다 볶았으면 다시 흙가루에 소나무숯과 두시(豆豉)[5]를 넣어 이 3가지로 덮은 뒤 가마솥 밑에서 불로 찐

復[3]以土末入松木火矢, 豆豉三物罨蓋, 下用火蒸, 留

3　철척(鐵尺): 작은 철선을 일정한 두께로 만들기 위해 작은 구멍을 뚫어서 철선을 뽑아낼 수 있게 만든 금형.
4　이상의 과정을 《天工開物》의 다음과 같은 그림에서 확인할 수 있다.
5　두시(豆豉): 콩을 삶아 쪄서 소금과 생강 따위를 넣고 방 안 온도에서 3일 동안 발효시켜 만든 조미료의 일종. 모든 콩으로 다 만들 수 있는데, 검은콩으로 만든 것만 약에 들어간다. 서유구는 중국 사람들은 이것으로 빈친을 민들고 요리에 빼져서는 안 되는 것으로 여기는데, 우리나라 사람들은 다만 약에 넣어 먹을 줄만 안다고 기술하고 있다. 약에 쓰는 두시에는 담시(淡豉)와 함시(鹹豉)가 있다. 자세한 내용은 《인제지》 권24 〈부여〉 "약 만들기" '그 밖의 제조 방법' ; 《인제지》 권25 〈부여〉 "채취하는 시기" '곡식' ; 《정조지》 권6 〈조미료〉 "시"를 참조 바람.
[1]　尺: 저본에는 "欠".《天工開物·錘鍛·針》에 근거하여 수정.
[2]　鐵條:《天工開物·錘鍛·針》에는 "條鐵".
[3]　復:《天工開物·錘鍛·針》에는 "炒後".

쇠 가닥을 뽑아내어 바늘로 다듬기(《天工開物》)

다.[6] 바늘 2~3개를 남겨 두었다가 그 밖에 꽂아 두고 이것으로 불기운을 확인한다. 그 바깥의 바늘이 손으로 비볐을 때 가루가 되면 그 속에 들어 있는 바늘은 불기운을 다 받은 것이다. 그런 다음에 가마솥을 열고 바늘을 물에 넣어 담금질하면 된다.

일반적으로 실을 꿰어 옷을 만들고 수를 놓는 바늘은 그 재질이 모두 단단하지만, 오직 마미(馬尾)[7]에서 장인들이 관(冠)을 만드는 바늘은 유조연침(柳條輭針, 버드나무 가지처럼 부드러운 바늘)을 쓴다. 바늘을

針二三口揷于其外, 以試火候. 其外針入手捻成粉碎, 則其下針火候皆足. 然後開封, 入水健之.

凡引線成衣與繡刺者, 其質皆剛, 惟馬尾刺工爲冠者, 用柳條輭針. 分別之妙在乎水火健治[4]云.《天工

6　다 볶았으면……찐다 : 고체 침탄법(古體浸炭法)의 공정이다. 고체 침탄법은 쇠의 표면에 활성탄소가 많아지도록 해서 표면을 강하게 하는 경화법이다. 소나무숯은 침탄제, 흙가루와 두시는 침탄 촉진제 역할을 한다.《천공개물》, 276쪽 주2 참조.
7　마미(馬尾) : 중국 복건성(福建省) 복주시(福州市) 동남의 민강(閩江) 입구에 있는 지명. 이곳은 자수 수공업이 발달했다.
[4] 治 :《天工開物·錘鍛·針》에는 "法".

단단하게 만들거나 부드럽게 만드는 기술은 물·불
을 이용한 담금질에 달려 있다.《천공개물》[8]

開物》

2) 바늘을 녹슬지 않게 보관하는 법

호두 껍질을 태운 재로 감싸 보관한다. 혹 삼나
무 숯을 가루로 만들어 써도 괜찮다.《고금비원》[9]

藏針不銹法

胡桃殼燒灰收之, 或用杉[5]
木炭爲末亦可.《古今秘苑》

3) 골무[10]

골무는 사슴가죽이나 당나귀가죽을 꿰매어 손
가락 끝마디 크기의 모자 모양으로 만들어서 오른
손 집게손가락의 뾰족한 끝마디에 끼운다. 하루 종
일 바늘을 잡고 실을 꿰는데 골무가 없으면 손가락
끝마디의 상처와 통증[創痛]을 막을 수 없다. 물건은
비록 하찮아도 옷섶(衽)을 꿰매는 데 빼놓을 수 없는 도
구이다.《금화경독기》

指套

用鹿皮或驢革, 縫作指頭
大小帽形, 套在右手食指
之尖. 終日執針察線, 非
此則指頭不禁創痛. 物雖
微, 亦縫衽之所不可缺者
也.《金華耕讀記》

 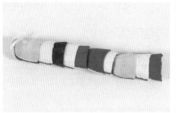 

다양한 골무와 골무를 담는 상자(국립민속박물관)

---

8 《天工開物》卷10〈錘鍛〉"針", 276~277쪽.

9 《古今秘苑》〈一集〉卷4 "藏針不銹", 3쪽.

10 골무 : 바느질할 때 바늘을 눌러 밀어 넣기 위하여 검지에 끼우는 재봉 용구. 손가락이 바늘에 찔리는 것을
　방지하고 바늘을 잡고 일하는 손가락이 아프지 않게 해 준다.

⑤ 杉 :《古今秘苑·藏針不銹》에는 "衫".

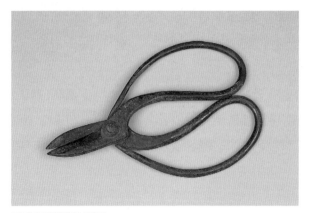

조선시대 가위(국립민속박물관)

4) 가위[11]

가위는 두 다리를 벌렸다 오므렸다 하면서 양날이 교차하고 합쳐져 직물을 잘라 나눈다. 중국에서 만든 가위가 좋고, 우리나라의 통영 사람들도 잘 만든다.《금화경독기》

5) 인두[12]

인두는 머리 부분이 짧고 그 밑이 평평하며 코는 높고 뾰족하게 솟아 있다. 목은 가늘면서도 긴데, 그 중 손을 잡는 곳에는 다시 나무 자루를 끼운다. 바느질이 다 끝나면 인두 날을 숯불 속에 묻어 물건을 다릴 만큼 뜨거워지기를 기다렸다가 꺼내어 재 먼지를 털어 내고 바느질한 곳을 다려 주름을 없애 준다.

剪刀

雙股張翕, 兩刃交合, 以裁割布帛. 華造者佳, 我東統營人亦善爲之.《金華耕讀記》

熨刀

頭短而底平, 鼻高而尖起, 頸纖而長, 其手執處, 復有木柄貫之. 每縫縷旣成, 埋刀炭火中, 俟熱可[6]熨物, 取出拭去灰塵, 用熨交縫處, 以去其皺痕. 統營

---

11 가위 : 직물이나 종이, 머리털 따위를 자르는 기구. 날이 있는 2개의 쇠를 교차시켜 가운데 사북(돌쩌귀같이 박은 부분)을 박고, 지레의 원리를 이용하여 다리를 벌렸다 오므렸다 하며 자른다.

12 인두 : 바느질할 때 불에 달구어 직물의 구김을 눌러 펴거나 솔기를 꺾어 누르는 데 쓰는 도구. 좁은 부분의 주름을 없앨 수 있다.

[6] 可 : 저본에는 "河". 규장각본·오사카본·한국은행본에 근거하여 수정.

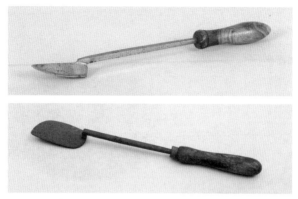

일제강점기 인두(국립민속박물관)

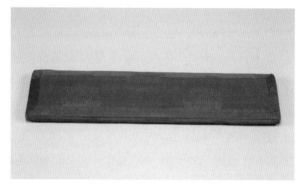

일제강점기 인두받침(국립민속박물관)

통영에서 만든 인두가 좋다.《금화경독기》　　　　　造者佳.《金華耕讀記》

6) 다리미[13]

다리미는 모양이 작은 대야 같지만 그보다 납작
하며 자루가 있다. 자루 끝에 나시 나무 자루가 있

熨斗

形如小盆而匾有柄, 柄之
末復有木柄, 令可手執, 所

13　다리미 : 구겨진 옷이나 직물의 주름이나 구김 부분을 없애는 도구. 안에 숯을 담고 쇠를 달궈 한 손은 직물
　　끝을 팽팽하게 잡아 펴 주고 다른 한 손으로 다림질을 한다.

다리미(국립민속박물관)　　　　　　　　다리미 받침(국립민속박물관)

어 손으로 잡을 수 있다. 다리미는 숯불을 담아 옷 폭을 다려서 평평하게 하는 것이다. 곳곳의 대장간에서 모두 만들 수 있다. 일찍이 한(漢)나라 때의 다리미를 본 적이 있다. 퍼렇게 녹이 났으며 얼룩지고 삭은 것이 참으로 수천 년 된 물건이었는데, 모양의 제도는 지금의 옷을 다리는 다리미와 아주 비슷했다. 그리하여 후세의 기물 중에 옛 제도를 잃어버리지 않은 것은 오직 이 다리미뿐임을 알았다.《금화경독기》

以盛炭火熨平衣幅者也. 處處鑄戶皆能爲之. 曾見漢熨斗, 靑翠斑爛, 眞數千年物, 而形制與今熨衣之斗酷似, 乃知後世器用之不失古制, 惟此爲然也.《金華耕讀記》

7) 자[14]

소목(蘇木)[15]으로 만들고 황동으로 눈금을 만든

尺

蘇木爲之, 而用黃銅爲星

14　자 : 직물을 마름질하기 위해 치수를 재는 도구로, 옷감용 자를 포백척(布帛尺)이라 한다. 길이를 재는 단위는 척(尺), 촌(寸), 분(分)이 있다.

15　소목(蘇木) : 콩과 식물로 열대에서 자라는 상록 교목이다. 한방에서 심재(心材)를 약재로 쓰고, 적황색 목재 부분은 주로 붉은색을 내는 염료로 쓴다.

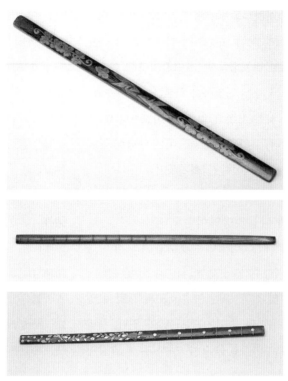

여러 가지 모양의 자(국립민속박물관)

자가 좋다. 또는 반죽(斑竹)[16]으로 만들어 분과 촌을
선으로 새겨도 충분히 쓸 만하다. 대체로 우리나라
의 포백척(布帛尺)[17]은 중국에 비해 매우 큰데, 바로
명나라 정통(正統) 연간(1436~1449)에 정한 자이며, 지

者佳. 或斑竹造而線刻分
寸, 亦可充用. 大抵我東布
帛尺, 較中國尤大, 卽正
統年間所定也, 至今藏在

---

16 반죽(斑竹) : 대나무의 한 종류로 노란색 바탕에 검은색 반점이 있다. 전라도와 경상도, 충청남도에서 나
   며, 빈죽의 줄기는 단소, 지팡이, 붓대, 부채, 그 밖의 죽세공(竹細工) 재료로 쓰인다.

17 포백척(布帛尺) : 베나 비단 등 직물[布帛]의 치수를 재는 자. 시기에 따라 약간의 차이가 있다. 세종 7년에
   1.289尺의 44.75cm와 1.346尺의 44.63cm로 두 종류가 있었고, 철종 때는 1.346尺이 44.8cm였다. 이후
   선조 때는 49.13cm로 늘었다가 영조 26년에 46.8cm로 고정되었다(李恩卿, 〈朝鮮王朝의 布帛尺에 관한
   研究〉, 이화여자대학교 석사학위논문, 1981, 15-21쪽 참조). 1902년(광무 6)에 도량형을 일본 곡척(曲尺)
   으로 통일해 포백척도 1.6척(48cm)이 되었으며, 1905(광무 9)년에 도량형법이 제정되자 1.7척(52cm정도)
   으로 되었다.

금까지 관동의 삼척부(三陟府)에 보관되어 있다. 영조
대에 가져다 여러 자를 고증하여 바로잡고 그 제도
를 중외(中外)에도 반포했다.[18] 그러나 지금에 와서도
여염집에서 쓰는 자는 집집마다 다르다. 소순(蘇洵)[19]
은 "동쪽 집의 자를 서쪽 집의 자와 비교하니 열 손
가락처럼 다르다."[20]라고 했는데, 이는 옛날이나 지
금이나 같은 탄식거리이다.《금화경독기》

關東 三陟府. 英宗朝取來,
考校[7]諸尺, 且頒其制于
中外. 然祇今閭閻所用, 家
家不齊. 蘇老泉所謂"東家
之尺, 較西家之尺, 若十指
然"者, 古今同歎矣.《金華
耕讀記》

8) 다듬잇돌과 다듬잇방망이[21]

다듬잇돌과 다듬잇방망이는 옷감을 두드려 다듬
는 도구이다.《형주기(荊州記)》에서 "자귀현(秭歸縣)[22]
에 굴평(屈平)[23]의 집과 누이 여수(女嬃)의 사당이 있
는데, 옷을 두들기던 돌이 아직도 남아 있다."[24]라
했다. 대개 옛날 여자들은 마주 서서 각자 방망이

砧杵

擣練具也.《荊州記》曰："秭
歸縣有屈原宅, 女嬃廟, 擣
衣石猶存." 蓋古之女子對
立, 各執一杵, 上下擣練于
砧, 其丁東之聲互相應答.

---

18 영조대에……반포했다 : 유척기(俞拓基, 1691~1767)가 영조에게 "세종대의 포백척이 삼척부에 있으니 가져
다 솜씨 좋은 자로 하여금《대전(大典)》치수에 따라 교정하게 하면, 황종척(黃鐘尺)·주척(周尺)·예기척
(禮器尺)·영조척(營造尺)도 다 그 제도에 맞아 차이 나지 않을 수 있고, 완성되고 나면 중외에 반포할 수
있을 것입니다."라고 건의하자 영조가 그대로 따랐다.《영조실록(英祖實錄)》 51권, 영조 16년 4월 5일) 이후
실제로 그 제도를 반포했지만 여전히 집집마다 쓰는 자가 달랐다. 척법에 대한 더 자세한 내용은《본리지》
권1〈토지제도〉"경묘법과 결부법" '우리나라의 척법'을 참조 바람.

19 소순(蘇洵) : 1009~1066. 중국 북송 시대의 문학자. 노천(老泉)은 그의 호이다. 그의 평론이 구양수(歐陽
修)의 인정을 받아 유명해졌다. 정치·역사·경서 등에 관한 평론을 썼고, 아들 소식(蘇軾), 소철(蘇轍)과
함께 삼소(三蘇)라 불리면서 함께 당송팔대가로 칭송되었다. 소순을 노소(老蘇), 소식을 대소(大蘇), 소철
을 소소(小蘇)라 부른다.

20 《嘉祐集》卷5〈衡論〉下 "用法".

21 다듬잇돌과 다듬잇방망이 : 다듬이질할 때 밑에 받치는 돌과 방망이. 다듬잇방망이는 2개가 한 쌍이며 나
무로 만든다. 다듬을 옷감을 방망이로 두드리면 다림질을 했을 때보다 옷감이 더 매끈해지며 구김이 잘 생
기지도 않는다.

22 자귀현(秭歸縣) : 지금의 중국 호북성((湖北省) 이창시(宜昌市, 의창시)에 있는 현.

23 굴평(屈平) : BC 343?~BC 278?. 중국 전국시대의 정치가이자 시인이다. 초(楚)의 왕족과 동성(同姓)이
며, 자가 원(原)이라 굴원으로 더 알려져 있다. 학식이 뛰어나 초나라 회왕(懷王)의 좌도(左徒, 좌상)라는
중책을 맡아, 내정과 외교에서 활약하기도 했다.

24 《太平御覽》卷762〈器物部〉7 "碓".

[7] 校 : 저본에는 "較". 오사카본에 근거하여 수정.

다듬잇돌(국립민속박물관)

절굿공이(국립민속박물관)

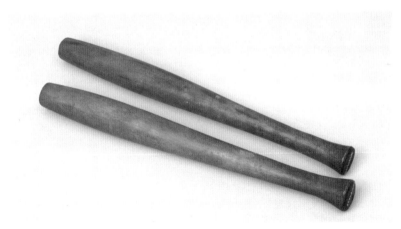

다듬잇방망이(국립민속박물관)

다듬잇돌과 다듬잇방망이(《王禎農書》)

다듬잇나무(국립민속박물관)

를 하나씩 들고 다듬잇돌을 위아래로 두드려 직물
을 다듬었는데, 방망이가 쿵쿵거리는 소리가 서로
응답했다. 지금은 눕힌 방망이[臥杵]25로 바꿔 만들
어서 마주 앉아 두드리니 또한 편하면서도 빠르다.26

今易作臥杵, 對坐擣之, 又
便且速.《王氏農書》

---

25 눕힌 방망이[臥杵] : 다듬이질을 하는 방망이는 처음에는 절굿공이처럼 가운데가 움푹 파여 있어 그 부분
  을 손으로 잡고 사람이 서서 사용했는데, 서 있는 불편함과 비효율을 줄이고자 현재의 모습으로 변했다.
26 서서 하는 다듬이질과 앉아서 하는 다듬이질의 모습이 《왕정농서》의 위와 같은 그림에 나타난다.

다듬잇돌은 강화도에서 나는 쑥돌(애석)로 만든
것을 상급으로 친다. 돌을 갈아 광을 낸 다음 그대
로 두꺼운 널빤지로 받침대를 만들고 여기에 돌을
안정되게 끼워 돌이 뒤뚱거리지 않게 한다. 또는 박

砧以江華艾石爲上. 磨治
光潤, 仍用厚木板爲跗, 嵌
置安穩, 勿令蹩躠. 或用
樸遬木爲砧, 能令帛光潤,

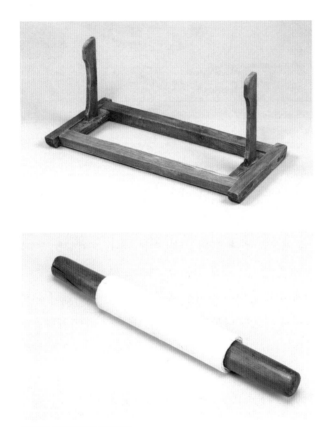

홍두깨와 홍두깨틀(국립민속박물관)

---

27 《王禎農書》卷21 〈農器圖譜〉 "織紝門" '砧杵', 410쪽;《農政全書》卷34 〈蠶桑〉 "農器圖譜" '砧杵'(《農政全書校注》中, 950쪽).

홍두깨질하는 모습(국립민속박물관)

달나무로 다듬잇나무[28]를 만들면 비단에 광이 나게 할 수 있다. 나무가 터져 갈라질까 우려되면 쇠테로 사방을 둘러 묶으면 된다. 다듬잇방망이는 배나무나 대추나무 등 단단한 나무로 만든다. 대패로 깨끗하고 매끈하게 깎고 옹이나 갈라진 금이 있게 해서는 안 된다. 따로 단단한 나무를 다듬어 굴대, 즉 홍두깨[29]를 만들고 여기에 직물을 감아 다듬잇돌 위에 가로로 놓고서 방망이로 두드린다. 그 홍두깨 또한 둥글고 고르며 깨끗하고 매끈하게 다듬는 것이 중요하다.《금화경독기》

如廬圻裂, 則以鐵篛圍束四面可也. 杵用梨、棗等剛木造, 鉋錫淨滑, 勿令有疹瘀線圻. 另治剛木爲軸, 以卷帛橫置砧上而受杵. 其軸亦以圓勻淨滑爲貴.《金華耕讀記》

---

28 다듬잇나무 : 박달나무로 만든 직육면체의 다듬이질 도구.
29 홍두깨 : 다듬잇감을 감아서 다듬이질할 때 쓰는, 단단한 나무로 만든 도구. 틀 안에 다듬잇돌을 놓고 그 위에 홍두깨를 올려 마주 앉아 직물을 다듬이질한다.

9) 빨랫줄

옷을 걸어서 햇볕에 말리는 노끈이다. 지금 사람들은 대부분 종이노끈을 쓰는데 비를 맞으면 바로 썩어 끊어진다. 어저귀실[30]을 세 가닥으로 꼬아 노끈을 만들면 비교적 오래 견딘다.《금화경독기》

桁繩

曬衣繩也. 今人多用紙繩, 遇雨輒腐斷. 檾麻絲絞三股爲繩, 較爲耐久.《金華耕讀記》

10) 항간(桁竿, 빨래 너는 장대)

《국파총어(菊坡叢語)》에서 "지금 민간에는 항간이라는 것이 있는데, 옷을 햇볕에 말리는 대나무이다."라 했다. 또 두보(杜甫)의 시 가운데 "물총새가 의항(衣桁)에 앉아 운다."[31]라는 구절을 인용하고는 "의항은 바로 항간(桁竿)이다."라 했다.[32] 그러나 자서(字書)에서 "항(桁)은 횃대[椸, 옷걸이]이다."[33]라 했고, 옛악부(樂府)[34]인 《동문행(東門行)》에서는 "다시 보아도 항(桁)에 걸린 옷 없네."[35]라 했다. 이에 근거하면 항(桁)은 집 안의 옷걸이이지, 옷을 햇볕에 말리는 장대는 아니다. 옷을 햇볕에 말리는 장대 또한 '항간(桁竿)'이라 하는데, 옷을 장대에 널어 햇볕에 말리는 모습이 마치 옷이 횃대[椸架]에 걸려 있는 모습과 유사하기 때문이다.《금화경독기》

桁竿

《菊坡叢語》云 : "今俗有桁竿, 曬衣竹也." 且引杜詩"翡翠鳴衣桁"之句, 謂"卽是桁竿". 然字書"桁, 椸也", 古樂府《東門行》"還視桁上無懸衣". 據此則桁是房室內衣架, 非曬衣之竿也. 曬衣之竿亦名"桁竿", 以衣之懸曬在竿, 猶懸挂椸架云爾.《金華耕讀記》

---

30 어저귀실 : 어저귀의 줄기 껍질을 쪼개어 만든 실. 어저귀는 아욱과의 한해살이풀로, 그 줄기로 밧줄이나 마대(麻袋)를 만들고, 씨는 한약재로 사용한다.

31 《補注杜詩》卷18〈重過何氏〉五首.

32 《국파총어》에서 인용한 부분은 모두 확인 안 됨.

33 《御製康熙字典》卷14〈辰集〉中"木部".

34 악부(樂府) : 한시(漢詩) 형식의 하나로, 역사 또는 풍속을 묘사한 시와 민요풍의 시조·민요의 한역가(漢譯歌)인 소악부, 지방의 풍물·민속을 기록하여 쓴 죽지사(竹枝詞), 의고악부(擬古樂府) 등을 총칭한다.

35 《樂府詩集》卷37〈相和歌辭〉"瑟調曲"'東門行四解'.

8. 의복의 보관

儲藏

1) 횟대[椸] [1]

옷걸이이다. 일본에서 만든 횟대는 모양이 거울
걸이[2] 같지만 그보다 더 크다. 옻칠하고 금물로 그
림을 그린 뒤 구리로 양 끝을 씌운 것이 좋다. 우리
나라 사람들은 다만 나무를 깎아 둥근 막대를 만들
고【둘레는 공죽장(筇竹杖)[3]만 하지만 그보다 약간 크
다.】여기에 옻칠을 하거나 주칠을 한 뒤 양 끝을 뼈
나 뿔로 장식한다. 또는 구리를 좌우 양 끝에 씌우

椸

衣架也. 倭造者, 形如鏡架
而大. 髹漆金畫銅冒兩頭
者佳. 東人但削木作圓條,
【圍如筇竹杖而稍大.】或髹
漆或朱漆, 兩頭飾以骨角.
或銅冒左右, 各進數寸, 綴
以銅環, 用靑黑絲爲繩貫

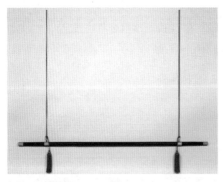

횟대(국립민속박물관)

---

1 횟대[椸] : 옷을 걸 수 있게 만든 막대. 횟대의 양 끝에 끈을 꿰서 벽에 달아 놓고 옷을 걸었다. 옷을 보관
하는 장이나 농이 없는 서민들은 벽 한쪽에 매달아 도포와 같은 큰 옷을 걸쳐 놓았다.
2 거울걸이 : 거울을 걸어 놓는 걸이로, 모양은 대체로 위의 사진과 같다.
3 공죽장(筇竹杖) : 대나무의 일종인 공죽으로 만든 지팡이.

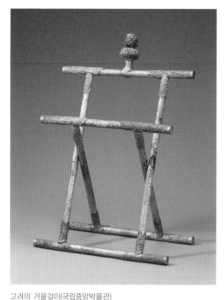
고려의 거울걸이(국립중앙박물관)

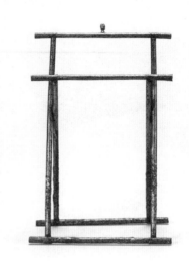
조선의 거울걸이(국립중앙박물관)

되 각각이 몇 촌을 나오게 한 다음 여기에 구리 고
리를 달고, 청색이나 흑색 실로 노끈을 만들어 이
고리에 꿰기도 한다. 횃대를 벽에 바로 붙이고 매달
아 고정하여 상의나 치마를 걸어 놓는다. 하지만 벽
에 바로 붙이면 끝내 옷이 눅눅해질 일이 걱정되니
좋은 제도는 아니다.《금화경독기》

之. 襯壁懸定, 以挂衣裳.
然襯壁終患潮濕, 非良制
也.《金華耕讀記》

2) 채상[4]

호남 사람들은 대나무를 종이쪽처럼 얇게 깎고
푸른색이나 붉은색 등 여러 색으로 물들여 옷상자
를 짜서 만드는데, 안에는 푸른색 종이를 바른다.

彩箱

湖南人削竹如紙條, 染以
青紅諸色, 織成衣箱, 內
塗青紙. 大小疊裝, 五箱

---

4 채상 : 대나무의 겉대 부분을 아주 얇게 쪼갠 뒤 여러 가지 색으로 물들여 비단처럼 만든 대나무 고리이다.
   옛날에는 '상자(箱子)'라는 단어를 잘 쓰지 않아 옛 문헌에서도 채상이라 했다.(韓國文化財保護財團,《韓
   國의 傳統工藝》, 한국문화재보호재단, 1994, 66쪽).

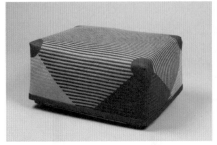

채상(국립민속박물관)

키버들로 만든 상자(국립민속박물관)

크고 작은 것을 겹치면서 쟁여 넣으면 채상 5개가 한 벌이 되므로 민간에서는 이를 '오합피죽상(五合皮竹箱)'이라 부른다. 모든 직물이나 바느질 도구를 여기에 담을 수 있다.《금화경독기》

合爲一部, 俗呼"五合皮竹箱". 可貯布帛、裁縫之具.《金華耕讀記》

3) 버들고리[柳箱] 5

키버들을 엮어 만들고 크기는 일정하지 않다. 쓰임새는 채상과 같지만, 값이 싸서 구하기가 쉽다. 가난한 아녀자들의 베틀 곁에 이 기물 2~3개가 없

柳箱

編杞柳爲之, 大小無定. 其用與彩箱等, 價賤易售. 寒女機杼之側, 未嘗無此器

5　버들고리[柳箱] : 키버들의 가지를 엮어 상자같이 만든 저장 용기. 가벼우면서 튼튼해 서민들이 요긴하게 썼다.

는 경우가 없다.《금화경독기》

二三具也.《金華耕讀記》

4) 옷농[衣籠]⁶

농(籠)은 본래 대그릇을 가리키는 명칭이었으나, 나무로 만들었거나 키버들로 엮었어도 농이라 하니, 이는 이름을 빌린 것이다. 나무로 만든 농은 옻칠을 한 뒤 황동으로 장식하며, 키버들로 엮은 농은 안팎에 종이를 바르고 황칠을 한 다음 쇠로 장식한

衣籠

籠本竹器之稱, 而木造杞編亦謂之籠, 假借也. 木造者髹漆而黃銅裝飾, 杞編者內外塗紙[1]而黃漆鐵裝飾, 皆可啓閉局鐍, 所

문이 앞에 달린 2층농(국립민속박물관)

---

6 옷농[衣籠] : 각 층이 분리되는 수납용 가구로, 같은 크기의 궤를 2층이나 3층으로 포개 놓고 쓴다.
[1] 紙 : 저본에는 "之". 오사카본에 근거하여 수정.

다. 이들 모두 자물쇠를 달아 여닫을 수 있게 했으니, 모든 직물이나 옷이나 이불 종류를 보관하는 물건이다. 나무농의 겉에 황벽(黃蘗) 껍질을 붙이면 좀을 피할 수 있다.《금화경독기》

以藏布帛、衣衾之類者也. 木籠外付黃蘗皮者, 能辟蠹.《金華耕讀記》

중국에서 사 온 가죽농에 주칠을 하고 금물로 그림을 그린 것은 모양이 우리나라 나무농과 비슷하지만 크기가 그보다 약간 작고, 습기를 피할 수 있다. 《금화경독기》

華貿皮籠朱漆金畫者, 形製如我東木籠而稍小, 能辟潮濕. 同上

농은 덮개가 위에 있어서 2~3개를 겹쳐서 올려두면 여닫기가 불편하다. 만주(灣州, 의주) 사람이 최근에 새로운 제도를 하나 만들었는데, 농 앞면에 작은 문 두 짝을 만들고 농 2개를 겹쳐서 올려 둔 것이다. 이렇게 하면 2단짜리 옷장이 되고 문을 여닫는 데도 지장이 없다.《금화경독기》

籠蓋在上, 兩三籠疊庋, 則不便啓閉. 灣州人近刱一制, 就籠前面, 作兩扇小門, 疊庋兩籠, 便一兩格衣橱, 開閉無礙. 同上

5) 옷장[衣橱] [7]

나무로 만든다. 더러는 성근 격자를 만들고 그 안팎을 모두 전후지로 바르기도 하고, 네 면과 문짝에 모두 널빤지를 쓰고 그 안에는 종이를 바르고 겉에는 옻칠을 하기도 한다.【이때 칠은 왜주홍(倭朱紅) [8]과 섞는다.】 2단 또는 3단으로 만들고, 또 위아래로 서랍을 3~4개 나란히 설치하기도 한다. 종이

衣橱

木造. 或疏櫺而內外皆塗錢厚紙, 或四墻及門扇皆用木板, 而內塗紙外髹漆.【漆和倭朱紅.】或二格或三格, 又或於上下, 列設抽屉三四. 其紙塗者, 內塗

---

7 옷장[衣橱] : 물건을 넣어 두는 가구. 옷장 안에 횃대를 설치하여 긴 옷을 걸어 보관하기도 했다.

8 왜주홍(倭朱紅) : 일본에서 생산되는 진사(辰砂). 진사는 황화수은(HgS)이 주성분으로, 짙은 붉은색을 내는 안료이다.

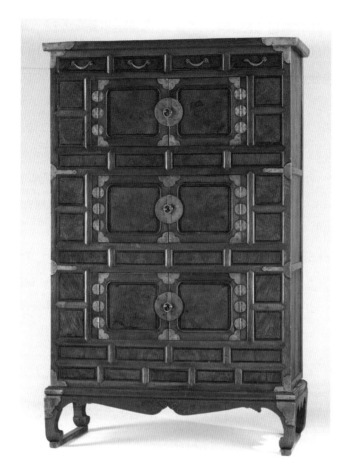

3층장(국립민속박물관)

를 바르는 옷장은 안에 추분전(硾粉牋)⁹이라는 종이
를 바르고 밖에 면지(綿紙)¹⁰를 바른 다음 황칠을 하
면 장마 때 생기는 곰팡이를 가장 잘 피한다.《금화
경독기》

硾粉牋, 外塗綿紙而黃漆,
則最辟梅黴.《金華耕讀記》

---

9 추분전(硾粉牋) : 광택이 있는 분홍색의 질이 좋은 종이.
10 면지(綿紙) : 인피(靭皮, 질긴 껍질)로 만든 종이의 일종.

6) 옷 보관법

모향(茅香)[11][밀초(蜜炒)[12]한 것] 1냥, 백지(白芷)[13] 5
전(錢), 침속향(沈束香)[14]·백단향(白檀香)[15]·영릉향(零
陵香)[16]·감송향(甘松香)[17]·팔각향(八角香)[18]·정향(丁
香)[19]·삼내자(三乃子)[20] 각 2전. 이상의 약재를 함께
거칠게 가루 낸 다음 소뇌(小腦)[21] 2전을 넣어 가루와
골고루 섞은 뒤 이를 1첩으로 만들어 옷상자 안에
두면 가장 좋다. 여름철에 더욱 좋다.《동의보감》[22]

빤 옷에서 향기 나게 하는 방법 : 모란 껍질 1냥,
감송(甘松)[23] 1전. 이상의 약재를 빻아서 가루 낸 뒤
옷을 빨 때마다 마지막 헹구는 물에 1전을 넣는다.《속
사방》[24]

藏衣法

茅香【蜜炒】一兩、白芷五
錢、沈束香·白檀香·零陵
香·甘松香·八角香·丁香·
三乃子各二錢. 右竝爲麤
末, 入小腦二[2]錢, 末和勻
作一貼, 置衣箱中最佳. 夏
月尤好.《東醫寶鑑》

洗衣香方 : 牡丹皮一兩、
甘松一錢. 右擣爲末, 每
洗衣, 最後澤水, 入一
錢.《俗事方》

---

11 모향(茅香) : 흰 띠꽃. 피를 토하거나 피가 날 때 치료하는 약으로도 쓴다.
12 밀초(蜜炒) : 한약 포제법(炮製法)의 일종으로, 한약재에 꿀을 발라 불에 볶는 방법.
13 백지(白芷) : 구릿대의 뿌리. 감기로 인한 두통이나 요통, 코의 염증 등에 쓰며, 종기에 외과약으로도 쓴다.
14 침속향(沈束香) : 약재의 한 종류이나 정확하게 알지 못한다. 《조선왕조실록》에 약방에서 침속향을 도둑질
   한 기록이 있고 하사품 목록에도 들어 있는 것으로 보아 귀한 약재로 보인다. 또한 광해군 때의 기사에 '침
   향이나 침속향'으로 되어 있으니, 침속향과 침향은 다른 종류이다.
15 백단향(白檀香) : 단향(檀香)의 한 종류.
16 영릉향(零陵香) : 콩과의 두해살이풀로, 훈초(薰草)나 혜초(蕙草)라 한다. 강한 향기가 있으며 맛은 약간
   달고 쓰다.
17 감송향(甘松香) : 중국의 귀주(貴州)나 사천(四川) 등에서 나는, 향기 나는 풀. 뿌리를 베면 단맛이 있고, 볕
   에 말려 태우면 좋은 향이 나 한방에서 심복통(心腹痛, 명치 아래와 배가 동시에 아픈 증상)에 약재로 쓴다.
18 팔각향(八角香) : 연지붓꽃의 뿌리로, 어혈을 없애 주고 기생충을 구제하는 효능이 있는 약재.
19 정향(丁香) : 정향나무의 꽃봉오리. 성질이 따뜻하고 맛이 매워 심장이나 복부가 차서 생기는 통증이나 구
   토나 설사의 치료제로도 쓴다.
20 삼내자(三乃子) : 생강과의 디년생 초본인 삼내의 뿌리줄기로, 향기 나는 약재.
21 소뇌(小腦) : 녹나무의 원줄기를 증류해 냉각시켜 얻는 결정체로, 사람 몸의 구멍을 열어 주고 살충하며 통
   증을 가라앉히고 더러운 것을 없애는 효능을 가진 약재.
22 《東醫寶鑑》〈雜病篇〉卷9 "雜方" '香譜'(《原本東醫寶鑑》, 600쪽).
23 감송(甘松) : 감송향이다.
24 출전 확인 안 됨.
[2] 二 : 저본에는 "三". 오사카본·《東醫寶鑑·雜病篇·雜方》에 근거하여 수정.

냄새나는 옷 향기 나게 하는 방법 : 정향(丁香)²⁵·전향(箋香)²⁵·침향(沈香)·단향(檀香)²⁶·사향(麝香)²⁷ 각각 1냥, 갑향(甲香)²⁸ 3냥. 이상의 약재를 가루 낸 뒤 연밀(煉蜜)²⁹로 촉촉하도록 뒤섞어 준 다음 어두운 곳에 옷과 함께 1개월을 넣어 둔다.《속사방》³⁰

단오에 상추잎을 뜯어 옷궤나, 상자나 농 속에 놓아두면 벌레가 생기지 않는다.《고금비원》³¹

薰衣香方 : 丁香·箋香·沈香·檀香·麝香各一兩、甲香三兩. 右爲末, 煉蜜濕拌, 入窖一月. 同上

端午日, 取蒿③苣葉, 放欌④檟箱籠⑤中, 不生蟲.《古今秘苑》

---

25 전향(箋香) : 향나무 이름의 한 종류.
26 단향(檀香) : 단향목(檀香木)의 목재로, 태우면 향내가 나는 향나무에 대한 총칭. 백단(白檀)·황단(黃檀)·자단(紫檀)의 3종류가 있다. 목재의 바깥 부분은 향기가 없고, 가운데 부분은 향기가 있어 불상·미술 조각·가구 등의 재료로 쓰고, 목재의 가운데 부분과 뿌리 부분을 수증기 증류해서 얻은 단향유는 비누와 화장품의 향료로 쓴다.
27 사향(麝香) : 사향노루의 사향샘을 건조하여 얻는 향료. 어두운 갈색 가루로, 향이 매우 강해 강심제나 각성제의 약재로 쓰기도 한다.
28 갑향(甲香) : 소라 껍데기로, 위장통(胃腸痛)이나 이질(痢疾)·임질(淋疾)·치루(痔漏)·옴을 치료하는 약재로두 쓰이다
29 연밀(煉蜜) : 약한 불에 물기가 없어지도록 졸인 꿀.
30 출전 확인 안 됨.
31 《古今秘苑》〈一集〉卷2 "衣帛蛀蟲", 3쪽.
③ 蒿 :《古今秘苑·衣帛蛀蟲》에는 "蒿".
④ 檟 :《古今秘苑·衣帛蛀蟲》에는 없음.
⑤ 籠 :《古今秘苑·衣帛蛀蟲》에는 없음.

- II -

몸 씻는 도구와 머리 다듬는 도구

盥櫛之具

1. 몸 씻는 여러 도구

頮洮諸器

1) 놋대야[1]

옛사람들은 세수할 때 이(匜)[2]에 물을 담아 손에 부어 주고 물받이 대야로 이 물을 받았다. 《좌전(左傳)》에서 "이(匜)를 받들고 대야에 물을 부어 드렸다."[3]라고 했고, 《예기》〈내칙(內則)〉에서는 "부모나

銅盆

古人頮洗, 用匜盛水注之, 用槃承之. 《左傳》"奉匜沃盥", 《內則》"適父母舅姑之所, 少者奉槃, 長者奉水,

전이 달린 놋대야(국립민속박물관)

---

1 놋대야 : 놋쇠로 만든 대야. 대야는 물을 담아서 얼굴과 손발을 씻는 둥글넓적하게 생긴 그릇이다. 사기대야, 나무대야 등 소재에 따라 이름만 다를 뿐 형태는 비슷하다.

2 이(匜) : 고대 중국 청동기의 한 기물로, 술을 따라 부을 때 쓰는 부리가 달린 타원형 그릇이다. 서주(西周) 후기 이후에는 반(盤)과 함께 한 쌍으로 물을 담는 그릇으로 사용했다. 서주(西周) 시대에는 그릇에 다리가 있었는데, 원대(元代)로 갈수록 다리가 없어지면서 그릇으로 사용했다. 우리나라도 원의 영향을 받아 그릇으로 사용한 것으로 보인다.

3 《春秋左傳正義》卷15〈僖公〉23年(《十三經注疏整理本》17, 474쪽).

전이 없는 놋대야(국립민속박물관)

원(元)의 그릇인 이(귀대접)(국립중앙박물관)

시부모 계신 곳에 가서 젊은이는 대야를 받들고, 연
장자는 물을 받들어 대야에 물을 부어서 세수하기
를 청한다."⁴라 했다.

지금 사람들은 세수할 때 세숫대야[匜]⁵는 있지만
물받이 대야는 없어 다만 두 손을 세숫대야에 넣고

請沃盥"是也.

今人盥洗，有匜無槃，只
用兩手，就匜掬水洮面，仍

---

4   《禮記正義》卷27〈內則〉(《十三經注疏整理本》14, 969쪽).

5   세숫대야[匜] : 원문의 '匜'는 세숫물을 따르는 주전자 같은 기물이지만, 여기서부터는 세숫대야의 의미로 사용
한 것으로 보고 그렇게 옮긴다.

물을 양손으로 움켜 떠서 얼굴을 씻는다. 그로 인해 씻은 물이 그대로 세숫대야 안으로 들어가게 된다. 두 번째 움켜 뜰 때부터는 물이 모두 먼지와 때로 혼탁해진 것인데도, 다시 그 물로 얼굴을 씻으면서 깨끗하길 바란다. 이는 거울을 뒤집어 놓고 거울에 비치길 바라는 일과 무엇이 다르겠는가? 세수하는 방식은 서둘러 옛 제도를 따라야 할 것이다. 지금 초례를 치르는 신부의 세수 그릇은 반드시 전[脣]이 있는 물받이 놋대야로 놋쇠로 만든 작은 이(匜)의 물을 받는 형식이니, 오히려 옛 제도를 잃지 않았다. 다만 이(匜)에는 귀때⁶가 없을 뿐이다.【《설문해자》에서는 "'이(匜)'는 국자[羹魁]와 비슷하지만 자루에 길이 있어서 물을 부을 수 있다."⁷라 했다.】《금화경독기》

속담에 "집이 궁색하다 말 말고 세숫대야는 꼭 놋대야를 써야 한다."라 했다. 대개 날마다 나무대야에서 얼굴을 씻으면 자연스레 눈이 손상되지만, 놋쇠는 금(金)의 기운을 지니고 있어서 매우 유익하다.《지세사》⁸

注匜中. 再掬以後, 皆是塵垢渾濁之餘, 還用洗面, 求其澡潔, 何異反鑑而索照也? 是宜亟從古制也. 今新醮婦女頮器, 必用有脣鍮槃承小鍮匜者, 猶不失古制, 特匜無柄耳.【《說文》"匜似羹魁, 柄有道, 可注水."】《金華耕讀記》

諺云 : "莫道家便窮, 面盆須用銅." 蓋每日木盆洗面, 自損於目, 銅乃金氣, 甚爲有益.《知世事》

---

6 귀때 : 주전자의 부리같이 그릇 한쪽에 바깥쪽으로 내밀어 만든 구멍.
7 《說文解字》卷20 下〈文七〉.
8 출전 확인 안 됨.

2) 사기대야[9]

광주(廣州)의 관요에서 만든, 전이 넓은 백자대야에 회청(回靑)으로 잉어 2마리가 물에서 뛰어오르는 모양을 그린 것이 좋다. 다만 무르고 얇아서 쉽게 깨지는 점이 흠이다.《금화경독기》

일찍이 동관역(東關驛)[10]에서 녹색 사기사발[瓷甌]을 하나 보았는데, 그 둘레가 7위(圍), 두께가 0.1척, 높이가 0.3~0.4척이었다. 윗부분이 녹색 유리이고, 양 볼 부분에는 도철무늬를 그렸으며, 주둥이에 큰 고리를 물려 세숫대야 용도에 꼭 부합했지만 무거워서 멀리 가져올 수가 없었다.《열하일기》[11]

3) 질그릇대야[12]

곳곳의 도공들이 밤낮으로 흙을 개어 가난한 집안의 용품[13]으로 공급하지만, 모두 밀도가 성글고 얇아 쉽게 깨진다. 짧게는 몇 달도 못 가고 오래가야 겨우 1년을 버티므로 오래 견디는 나무대야에는 한참 미치지 못한다.《금화경독기》

瓷盆

廣州官窯造, 白瓷廣唇盆, 回靑畫雙鯉躍水形者佳. 但欠脆薄易破缺.《金華耕讀記》

嘗於東關驛, 見一綠瓷甌, 其大七圍, 厚一寸, 高三四寸. 上銹綠琉璃, 兩頰爲饕餮, 口含大環, 正合盥盆, 而重不可遠致.《熱河日記》

陶盆

處處陶戶, 日夜埏埴, 以給蓽門, 繩樞之用①, 率皆疏薄易破. 促不能數月, 久董支一年, 遠不及木盆之耐久也.《金華耕讀記》

---

9 사기대야 : 흙으로 빚어 만든 대야를 말한다. 시대별 도자기의 특성과 맞물려 고려시대에는 청자로 만든 대야가 유행했고, 조선시대에는 분청사기로 만든 대야가 유행했다.

10 동관역(東關驛) : 청(淸)의 역참으로 영원성 서쪽 60리에 있었다.

11 《熱河日記》〈馹汛隨筆〉 "二十一日丁酉".

12 질그릇대야 : 500~1000℃ 이하에서 구워 만든 대야. 그 이상에서 구운 것은 '도기(陶器)'라 부르고, 유약을 바른 것을 '자기(磁器)'라 부르며, 통일신라시대 이후 유약을 바른 자기를 제외하고는 모두 '질그릇(土器)'이라 부른다. 신석기시대 이후부터 서민들이 가장 구하기 쉬운 소재였지만 쉽게 깨져서인지 유물이 많이 남아 있지 않다.

13 가난한……용품 : 원문의 필문(蓽門)은 나뭇가지를 엮어서 만든 울타리 또는 문이라는 뜻이고, 승추(繩樞)는 새끼줄로 문지도리를 매단 문이라는 뜻으로, 모두 가난하여 초라한 집을 뜻한다.

① 用 : 저본에는 "率". 오사카본에 근거하여 수정.

4) 나무대야

나무를 쪼개고 파내어 대야를 만드는데, 전의 너비는 몇 촌이다. 여기에 옻칠을 하기도 하고, 석간주(石間朱)에 법제들기름[法製油]을 섞어 바르기도 하고, 호분(胡粉)에 들기름을 섞어 바르기도 하는데, 햇볕에 10번 남짓 말린다. 만약 터져 갈라질까 우려되면 놋테로 대야를 단단히 두른다.《금화경독기》

木盆

刳木爲盆, 脣廣數寸. 或髤漆, 或石間朱和法製油塗之, 或胡粉和荏油塗, 曬十餘番. 如慮坼裂, 銅箍箍固.《金華耕讀記》

5) 가죽대야

나무를 갈이틀로 둥글게 깎아 대야의 틀을 만들고, 생소가죽을 가마솥에 넣고 삶은 뒤 뜨거울 때 나무틀에 소가죽을 씌운다. 이어서 주둥이 가장자리의 가지런하지 않은 곳과 몸통 주위의 주름진 무늬를 깎고 다듬는다. 완전히 마르면 나무틀을 빼내 놋테로 가죽대야를 단단히 두른다. 여기에 기름을 먹이고 옻칠하면 땅에 던져도 깨지지 않아 가장 오래 견딜 수 있다.《금화경독기》

革盆

鏇②木作模, 用生牛皮入釜煎之, 乘熱套在模上. 削治口邊不齊處及周身皺紋. 待乾透脫出, 銅箍箍固, 灌油髤漆, 則可擲地不破, 最爲耐久.《金華耕讀記》

6) 양칫물사발[漱水碗]

지금 사람들은 날마다 음식을 담는 데 쓰는 작은 사발에다 양칫물을 담아 세숫물이 든 세숫대야에 띄워 놓는다. 어린 하인들이 이 대야를 들고 가면 대야 안의 세숫물이 쉽게 찰랑거리며 양칫물을

漱水碗

今人每用日用飮饌小碗, 貯漱口水, 放在頮水盆中. 僮媛持盆行動, 易致盆內頮水窸窣, 溢入漱水碗內, 令

---

② 用 : 저본에는 "率". 오사카본에 근거하여 수정.

담은 사발 안으로 넘쳐 들어가 양치하는 사람은 늘 깨끗하지 못한 물로 헹구게 된다. 그러니 놋쇠로 작고 둥근 받침대를 만들어 세숫대야 안에 놓고, 양칫물사발을 그 위에 놓아서 대야 위로 0.2~0.3척이 올라오도록 해야 한다. 양칫물사발은 놋쇠이든 사기이든 고를 필요는 없다.《금화경독기》

人常含不淨之水. 宜鍮造小圓架, 置頮盆中, 安漱水碗于其上, 令高出盆上二三寸. 其碗, 鍮瓷無擇也.《金華耕讀記》

7) 조두합(가루비누합)

나무를 갈이틀로 둥글게 깎아 2칸짜리 합을 만들고, 1칸에는 조두(澡豆, 가루비누)를 담고 다른 1칸에는 양칫소금을 담는다. 또는 죽통 2개를 나란히 이어서 놋테로 둘러 묶은 다음 나무를 갈이틀로 둥글게 깎아 뚜껑을 만든 뒤 여기에 옻칠하여 조두와 양칫소금을 나누어 담는다. 또 연경에서 수입한, 유랍(鍮鑞)으로 만든 작고 납작한 합이 있는데, 안에 나선형으로 서랍 2개를 넣었기 때문에, 이를 '태극합(太極盒)'이라 한다. 이 합에도 조두와 양칫소금을 나누어 담을 수 있다.《금화경독기》

澡豆盒

或鏇木作兩格盒, 一貯澡豆, 一貯刷齒鹽, 或用兩竹筒比聯, 銅箍圍合, 鏇木爲蓋, 髹漆之, 以分貯豆、鹽. 又有燕貿鍮鑞小匾盒, 內藏螺旋形兩抽屜, 名"太極盒", 亦可分貯豆鹽.《金華耕讀記》

8) 세숫대야깔개[頮盆藉]

소가죽에 기름을 먹이거나 옻칠을 하고, 가죽 바닥은 푸른 칡베(갈포)로 꾸며서 세숫대야 바닥에 깔아 튀는 물방울을 받는다. 전후지에 기름 먹인 깔개를 쓰기도 하는데, 오래가지 못한다.《금화경독기》

頮盆藉

用牛革灌油或髹漆, 底飾靑褐布, 以藉盥匜而承飛沫. 或用錢厚紙灌油者, 不能久也《金華耕讀記》

세수치마의 형태(국립민속박물관)

9) 세수치마[盥裳] [14]

주(紬)나 베 3~4폭을 이어 꿰맨다. 길이는 1척 남짓이고, 양 끝에는 띠가 있다. 세수할 때마다 허리춤에 묶으면 튀는 물방울로 옷이 더러워지는 것을 방지할 수 있다.《금화경독기》

盥裳

用紬或布連縫三四幅. 長可尺餘, 兩頭有帶. 每盥時, 繫在腰間, 免致飛沫濺衣.《金華耕讀記》

10) 수건

수건은 연경에서 수입한 청색과 백색이 섞인 칡베 수건이 좋은데, 민간에서는 이를 '아롱베[반베]'라 부른다. 모시로 짜서 만든 수건도 있는데, 여름철에 쓴다.《금화경독기》

帨

燕貿褐布靑白相間者佳, 俗呼"斑布". 亦有苧絲織成者, 夏月用之.《金華耕讀記》

---

14 세수치마[盥裳] : 세수할 때 물이 튀어 옷이 젖지 않게 앞에 두르는 도구로, 형태는 다음의 행주치마(앞치마)와 비슷할 것으로 보인다.

우리나라에서는 무명 아롱베를 짜는데, 약해서 쉽게 해진다. 우리나라에서 짠 손수건 3장이 연경에서 수입한 손수건 1장을 당할 수 없다.《금화경독기》

東織木綿斑布, 脆腼易弊. 東織三不能當燕貿一也. 同上

11) 목욕통[浴盆]

나무를 쪼개고 파내어 큰 대야를 만들고 소가죽으로 그 안팎을 싼 다음 옻칠하여 광을 두껍게 낸다. 따로 큰 널빤지를 12각형으로 만들고, 가장자리에는 하엽동자(荷葉童子)가 있는 난간을 두른다. 법제들기름에 석록(石綠)과 석간주 등을 섞어 여기에 바른 뒤 목욕대야를 받쳐 욕실에 둔다. 욕조 곁에는 옷걸이를 설치하여 목욕수건을 건다. 또 주둥이와 주전자 손잡이 같은 손잡이가 있는 놋대야욕조[銅匜] 1개를 두는데, 이것으로 오지탕(五枝湯)[15]을 운반해다가 욕조에 물을 붓고 목욕한다.《금화경독기》

비자나무는 땅에 묻어 두어도 물에 썩지 않아 목욕 기물을 만들 수 있다.《화한삼재도회》[16]

浴盆

刳木作大盆, 牛革裏包內外, 髹漆光厚. 另用大木板, 治作十二稜, 沿邊繞設荷欄干, 法製油和石綠、石間朱等, 塗飾以承藉浴盆, 置于浴室. 傍設衣榪, 榪挂浴巾. 又置一銅匜, 有嘴有提梁, 以搬運五枝湯, 注于浴盆而浴之.《金華耕讀記》

榧子木能埋土, 水③不朽, 可作浴器.《和漢三才圖會》

---

15 오지탕(五枝湯) : 다섯 종류의 나뭇가지를 넣어 끓인 물. 오지탕을 만드는 법은 《보양지》 권5 〈약음식의 복용〉 "기타 방법" '목욕물 처방'에 다음과 같은 내용으로 나온다. "뽕나무가지·회화나무가지·닥나무가지·버들가지·복숭아나무가지 각 1줌, 삼잎 2근. 이상의 6가지 약재를 물 1석에 끓여 8두 정도 되면 찌꺼기를 제거하고 하루 한 번 목욕한다.(用桑枝、槐枝、楮枝、柳枝、桃枝各一握, 麻葉二斤, 右件六味, 以水一石, 煎至八斗許, 去滓, 溫浴一日一次.)"

16 《和漢三才圖會》卷88 〈夷果類〉 "榧"(《倭漢三才圖會》10, 443쪽).

③ 土水 : 저본에는 "水土". 《和漢三才圖會·夷果類·榧》에 근거하여 수정.

12) 유황이(뒷물용 유황대야)

날마다 뜨거운 물로 앞뒤의 음부(陰部)를 씻으면 하초(下焦)[17]의 습랭(濕冷)[18]을 제거할 수 있다. 이때 쓰는 대야는 놋쇠로 만들기도 하고, 질그릇으로 굽기도 한다. 이제 대야 만드는 방법 하나를 제시한다. 나무를 쪼개고 파내어 타원형의 작은 대야를 만들고 겉에 옻칠한 다음 놋테로 단단히 두른다. 녹인 유황 3~5근을 천천히 대야 안에 부은 뒤 쉬지 않고 대야를 돌려 주면서 유황을 대야 안쪽 면에 골고루 입혀 두께가 고르게 되도록 해 준다. 유황이 굳으면 속새로 문질러 평평하고 깨끗하게 해 준다. 매번 끓는 물을 대야에 붓고 따뜻한 채로 두었다가 손을 넣을 만하면 두 다리 사이에 놓고 걸터앉아 김을 쐬기도 하고 씻기도 하는데, 2~3년 동안 이를 일과로 삼으면 오래도록 낭습(囊濕)[19] 증세를 없앨 수 있다.《금화경독기》

13) 탕관

일찍이 중국에서 만든 백동관(白銅罐)을 본 적이 있는데, 제도가 완자(卍字)탕기와 비슷하지만 그보다 더 크고 길어 둘레가 2배, 높이가 5배정도였다. 관(罐) 안 한가운데에 적동(赤銅)으로 만든 통을 세워서 그 속에 숯을 쟁여 넣어 불사르는 모습도 완자탕

硫黃匜

每日用熱水洗前後陰, 能祛下焦濕冷. 其匜, 或用鍮造, 或用陶燔. 今刱一法 : 刳木作墮圓小匜, 外用髹漆, 銅箍箍固. 熔硫黃三五斤, 次次注入于內, 不住手旋轉, 令硫黃勻勻被在匜之內面, 厚薄齊一. 待凝定, 以木賊刷治平淨. 每用沸湯注盛停溫, 俟可入手, 兩脚跨踞, 且熏且浴, 數三年日課, 可永除囊濕之症.《金華耕讀記》

湯罐

曾見華造白銅罐, 制類卍字湯器而大且長, 圍可二倍, 高可五倍. 罐內正中, 豎赤銅筩兒, 以裝炭爇火, 亦與卍字湯器相似. 筩長竟

---

17 하초(下焦) : 삼초(三焦)의 하나로서 삼초의 아랫부분, 즉 하복강(下腹腔)의 위하구(胃下口)에서 생식기와 항문에 이르는 부분. 하초의 주요 기능은 청탁을 분별하여 방광에 스며들게 하고 노폐물을 배설시키는 것이며, 그 기운은 주로 아래로 내려간다.

18 습랭(濕冷) : 질병을 일으키는 축축하고 차가운 기운.

19 낭습(囊濕) : 고환에 땀이 많이 나는 증상으로, 신장풍(腎臟風)이라고도 한다.

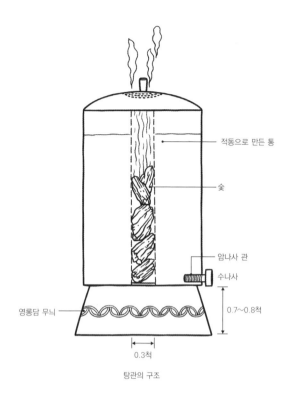

적동으로 만든 통

숯

암나사 관

수나사

0.7~0.8척

영롱담 무늬

0.3척

탕관의 구조

기와 비슷하다. 통의 길이는 관이 끝나는 곳까지로 하고 지름은 0.3척이다. 통 바닥에는 영롱담 무늬를 아로새겨 바람이 통하면서 불똥이 나오게 한다. 통 아래는 쟁반으로 받치는데 쟁반 위에는 둥근 담이 있다. 담의 높이는 0.7~0.8척으로, 윗부분은 좁게 만들고 아랫부분은 넓게 만들며, 영롱담 무늬를 아로새긴다. 담 위에는 탕관을 놓는다.

탕관 아가리에는 뚜껑이 있는데 화개(華蓋)[20]처럼 꼭대기가 솟고 꼭지가 있다. 통의 아가리 부분에는

罐, 圍徑[4]三寸, 筩之底刻鏤玲瓏, 以通風出炧. 下有槃承之, 槃上有圓墙, 墙高七八寸, 上夆下侈, 刻鏤玲瓏, 墙上安罐.

罐口有蓋, 頂隆而有鈕如華蓋形. 其當筩口處, 周環

20 화개(華蓋) : 우산 또는 일산에 해당하는 의구(儀具)로, 가장 화려하게 꾸민 것을 화개(華蓋)라고 하였다.
[4] 徑 : 저본에는 "經".《섬용지》에 나오는 유사한 용례에 근거하여 수정.

빙 둘러 구멍 수십 개를 뚫어서 불기운이 통하게 한다. 탕관의 안쪽 바닥에는 작은 구멍 1개를 뚫고 백동으로 만든 짧은 관을 가로로 끼우는데, 관의 모양은 붓두껍과 같다. 관의 아가리에는 나선 모양의 구멍, 즉 암나사를 만들고 다시 따로 백동으로 나선 모양의 못, 즉 수나사를 만든다. 나선 모양이 끝나는 곳에는 납작하고 네모나면서도 작고 짧은 손잡이를 만들어 손으로 잡고서 이를 돌려서 끼우거나 돌려서 뺄 수 있게 한다.

매번 불 붙은 숯 3~5덩이를 통 속에 쟁여 넣고 물을 탕관 속에 부은 뒤 뚜껑을 덮는다. 조금 뒤에 솔바람 소리나 계곡의 물소리와 같은 소리가 들리면 탕은 이미 끓은 것이다. 그러면 바로 수나사를 돌려서 빼고 그릇을 관에 받쳐 끓인 물을 받는다. 받는 양은 뜻대로 하되, 그만 담으려면 수나사를 돌려서 끼워야 물 몇 방울조차도 다시는 새지 않는다.[21] 어떤 이는 그것을 중국에서 차 끓이는 데 쓰는 도구라고 하지만, 차관(茶罐, 찻물 끓이는 용기)이 이처럼 큰 것은 없다. 내 생각에는 안방에서 불시에 향탕(香湯, 향을 넣어 끓인 물)을 얻는 도구일 듯하다.《금화경독기》

鑿孔穴數十, 以通火氣, 當罐之內底, 穿一小孔, 橫嵌白銅短管, 形如筆套. 管口作螺旋穴, 復用白銅作螺旋釘, 螺旋盡處, 作匾方小短柄, 令可手執以旋嵌旋拔.

每用熾炭三五塊, 裝入筒中, 注水罐內蓋覆. 移時聞松風、澗水聲, 則湯已沸矣. 卽旋拔螺釘, 以器承管取湯. 多少隨意, 欲止則旋嵌螺釘, 涓滴不復漏矣. 或謂彼中煎茶之器, 然茶罐無如此大者, 意閨閣中不時取香湯之具也.《金華耕讀記》

---

21 이상의 내용을 토대로 그려 본 탕관의 형태와 세부 구조는 앞쪽 페이지의 그림과 같다.

2. 머리 다듬는 여러 도구

櫛總諸器

1) 얼레빗[1]

빗살이 성근 빗을 '얼레빗[梳]'이라 한다. 소뿔로 만들거나 또는 산유자나무[山柚木][2]로 만들며 제주산이 좋다. 상아로 얼레빗을 만들면 헝클어진 머리가 잘 빗긴다. 그중에 겨우 몇 촌밖에 되지 않는 작은 빗은 부인들이 살쩍[3]을 다듬는 도구이다.[4]《금화경독기》

梳

疏齒曰"梳". 或用牛角造, 或用山柚木造, 耽羅産者佳. 用象牙爲梳, 則善理亂髮. 其小僅數寸者, 婦人理鬢髮之具.《金華耕讀記》

얼레빗(국립민속박물관)

1　얼레빗 : 빗살이 성근 큰 빗. 엉킨 머리를 대충 가지런하게 할 때 쓴다.
2　산유자나무[山柚木] : 상록활엽 소교목(넓은 잎에 작은 키)인 어린 나무에 적갈색 가시가 있는 나무로, 단단해서 악기를 만들기도 한다.
3　살쩍 : 관자놀이와 귀 사이에 난 머리털.
4　그중에……도구이다 : 면빗을 가리킨다. 그 모양은 아래 그림과 같다.

2) 참빗[5]

빗살이 촘촘한 빗을 '참빗[笓]'이라 하는데, 옛날에는 '비(枇)'로 썼다. 《석명(釋名)》에서 "소(梳)는 그 빗살이 성근 것을 말하고, 비(枇)는 그 빗살이 가늘게 서로 맞닿은 것을 말한다."[6]라 한 말이 이것이다. 영남과 호남의 대나무가 나는 곳에서 모두 만들 수 있는데, 호남의 영암(靈巖)에서 만든 것이 가장 좋다. 일반적으로 참빗을 쓸 때는 먼저 들기름으로 빗을

笓

密齒曰"笓", 古作枇. 《釋名》曰"梳, 言其齒疏 ; 枇, 言其細相比"是也. 嶺、湖産竹處, 皆能爲之, 湖南靈巖造者尤佳. 凡用笓, 先以荏油刷光, 待乾透, 始用櫛髮, 則齒不折. 亦有小笓,

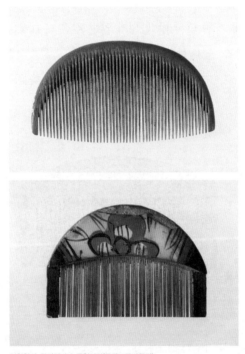

영친왕비 화각면빗과 주칠면빗(국립고궁박물관)

---

5 참빗 : 빗살이 아주 가늘고 촘촘하게 맞닿아 있는 빗. 머리를 깔끔하게 다듬을 때 쓴다.

6 《釋名》卷4〈釋首飾〉.

참빗(국립민속박물관)

솔질하여 광을 내고, 완전히 마른 뒤에 비로소 빗으로 머리를 빗으면 살이 부러지지 않는다. 작은 참빗도 있는데, 길이가 겨우 0.1척으로 부인들의 염구(奩具, 화장 도구)이다.《금화경독기》

長僅盈寸, 爲婦人奩具.《金華耕讀記》

3) 소추(빗솔)[7]

빗솔은 뼈로 몸통을 만들고 말총으로 몸통의 머리 부분을 꾸미는데, 얼레빗이나 참빗에 낀 때를 벗기기 위한 도구이다.《금화경독기》

梳帚

以骨爲體, 以鬃粧其首, 所以去梳、笓之垢者也.《金華耕讀記》

4) 소쇄(빗솔)

말총으로 만들고 모양은 솥솔과 같지만 그보다 더 가늘고 길다. 그 자루는 뼈나 뿔로 만들기도 하

梳刷

用鬃爲之, 形如鍋刷而纖長. 其柄或用骨角造, 或

7　소추(빗솔) : 빗살 사이에 낀 먼지를 털어 내는 도구로, 일반적으로 말총으로 만들었는데 왕실에서는 돼지털[猪毛]을 사용하기도 했다. 솔질할 때 물을 묻혀야 말총이 끊어지지 않는다. 말총이 빗자루 모양처럼 뒤집어진 삼각형을 이루고 있어 소추(梳帚)라고 했다. 이에 반해 똑같은 길이의 말총을 단 빗솔을 소쇄(梳刷)라 한다.

빗자루 모양의 빗솔(단국대학교 석주선기념박물관)

빗치개가 달린 빗솔(국립민속박물관)

고 나무로 만들기도 하며, 머리 부분에는 채색한 말총을 감아서 장식한다. 또한 얼레빗이나 참빗에 낀 때를 벗기는 도구이다.《금화경독기》

用木造, 而彩鬃纏飾. 亦去梳、篦垢者也.《金華耕讀記》

5) 빗치개 [8]

참빗의 빗살은 가늘고 촘촘하여 빗살 사이사이의 때나 기름을 쉽게 제거하지 못한다. 그러므로 사람이 이쑤시개를 쓰듯이 이 빗치개를 만든다. 소뿔로 만드는데, 동전처럼 동그란 모양에 가운데에는 둥근 구멍이 있고 사방 가장자리는 종잇장처럼 얇은 것도 있고, 모양이 자루 있는 가래나 삽과 같지만 머리 쪽은 약간 둥근 것도 있다. 꼬리 쪽은 송곳의 끝처럼 점점 뾰족하고 가늘어진다. 이 부분은 부인들

篦挑齒

篦齒細密, 齒間垢膩未易去, 故作此挑刷如人之用挑齒也. 用牛角爲之, 或正圓如錢, 而中有圓孔, 四邊薄如紙, 或形如有柄枚、鍤, 而頭邊微圓, 尾稍尖纖如錐穎. 爲婦人掠分頂髮之用, 一物而具二用者

---

8 빗치개 : 빗살 틈에 낀 때를 빼거나 가르마를 타는 데 쓰는 도구로, 쪽머리 뒤에 덧꽂는 장식인 뒤꽂이로 사용하기도 했다.

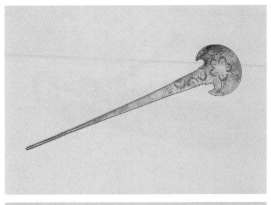

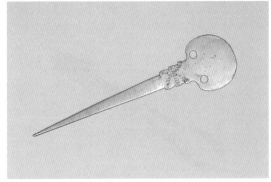

여러 가지 빗치개(국립민속박물관)

이 가르마를 탈 때 쓰는 것으로, 한 물건에 두 가지
쓰임을 갖춘 도구이다.《금화경독기》

也.《金華耕讀記》

6) 족집게 [9]

족집게는 쇠로 만들며, 흰머리를 뽑기 위한 도구
이다. 쇠비린내가 피부로 들어가면 피부를 검게 할
수 있다. 중국에서 만든, 황동 족집게와 이쑤시개가

鑷子

鐵爲之, 所以拔白者也. 鐵
腥入膚, 能令膚黑. 華造黃
銅鑷子兼挑齒者佳. 三分

---

9 족집게 : 잔털이나 가시 등을 뽑는 데 쓰는, 쇠로 만든 조그마한 도구.

귀이개와 이쑤시개가 함께 있는 1벌 족집게(국립민속박물관)

족집게(국립민속박물관)

같이 있는 족집게가 좋다. 구리와 은을 3대 7의 비율로 섞어 단련해 족집게를 만들면 더욱 좋다.《금화경독기》

오래된 배에 박힌 못으로 족집게를 만들면 좋다. 바닷물에 녹슨 못을 다시 단련하면 철이 더욱 유연

銅、七分銀同鍊, 作鑷子尤佳.《金華耕讀記》

用古船釘爲鑷者良. 爲潮腐鑷[1]再鍛之, 卽鐵更柔

---

[1] 鑷 : 저본에는 "鏽".《和漢三才圖會·容飾具·鈚》에 근거하여 수정.

해지기 때문이다.《화한삼재도회》[10]

頓《和漢三才圖會》

7) 민자[11]

부인들이 머리를 다듬는 도구이다. 모양과 제도는 소추(빗솔)와 아주 비슷하지만 그보다 더 작다.《금화경독기》

刡子

婦人掠髮具也. 形制酷類梳帚而小.《金華耕讀記》

8) 살쩍밀이[斂鬢簽][12]

뼈나 뿔로 만들며, 살쩍을 모아 빗어서 망건 안에 넣는 도구이다.《석명(釋名)》에서 "도(導)는 살쩍을 모아[導櫟] 관모[巾幘] 안에 넣기 위한 도구이다. '역빈(櫟鬢)'이라고도 한다."[13]라 했다. 대개 옛날에는 '도(導)'라 했고, 지금은 '첨(簽)'이라 하지만 같은 물건이다.

斂鬢簽

骨角爲之. 所以斂刷鬢髮, 入綱網巾裏者也.《釋名》云："導, 所以導櫟鬢髮, 使入巾幘之裏也. 或曰'櫟鬢'." 蓋古曰"導", 今曰"簽",

바다거북 등딱지로 만든 살쩍밀이(국립민속박물관)

---

10 《和漢三才圖會》卷25〈容飾具〉"鈯"(《倭漢三才圖會》3, 410쪽).

11 민자：면빗(관자놀이와 귀 사이에 난 머리털을 빗어 넘기는 빗)으로 추측되나, 구체적으로 어떤 모양인지 모르겠다.

12 살쩍밀이[斂鬢簽]：남자의 머리카락을 정돈하는 도구의 하나. 살쩍(관자놀이와 귀 사이에 난 머리털)이 흩어져 내리지 않도록 망건 밖으로 빠져나온 머리카락을 망건 밑으로 넣고 위로 뽑아 정리한다.

13 《釋名》卷4〈釋首飾〉.

바다거북 등딱지로 만든 살쩍밀이가 좋고, 고래수염 으로 만든 살쩍밀이가 그다음이다.《금화경독기》

一物也. 玳瑁造者佳, 鯨 鬚次之.《金華耕讀記》

9) 빗접[14]

나무로 목침(나무베개) 크기의 궤짝을 만든다. 위에는 밀고 당기는 문을 달아 열고 닫는다. 그 안에는 얼레빗 1개, 참빗 2~3개, 소쇄(빗솔) 1개, 빗치개 1개, 퇴발낭(退髮囊)[15] 1개【퇴발낭은 기름종이로 만든다.】를 보관한다. 빗접의 안팎을 모두 옻칠하기도 하고, 오동나무로 빗접을 만든 뒤 이를 불로 지져 황흑색을 내기도 한다.

梳匣

木作木枕大櫃子, 上有抽 門以啓閉. 內藏梳一、笓 二三、梳刷一、梳挑齒一、 退髮囊一.【油紙造】匣內外 皆髹漆, 或用梧桐爲匣, 熨 烙作沈香色.

빗접(국립민속박물관)

---

14 빗접 : 머리 손질에 필요한 빗·빗솔·빗치개·뒤꽂이·살쩍밀이 등을 넣어 보관하는 그릇. 위에는 뚜껑이 있으며 그 아래에는 가슴 쪽으로 당기는 서랍이 있는 구조이다. 맨 위 칸에는 안에 가로로 된 칸막이가 있어 위 칸에는 빗 등을 넣고 아래 칸에는 빠진 머리카락을 담아 둔다. 서랍에는 화장 도구를 넣어 두기도 한다.

15 퇴발낭(退髮囊) : 빠진 머리카락을 모아 담아 두는 주머니.

부인들의 빗접은 이와 다르다. 빗접의 크기는 한 말들이(1두가 들어가는 도량형)만 하고, 높이는 1척 정도이다. 구름무늬를 새긴 다리가 있기도 하고 없기도 하다. 중간에 구획을 짓는 판을 설치하여 위아래의 단을 나눈다. 위 칸의 한가운데에는 가로로 짧은 담을 설치해 좌우로 칸을 나눈다. 왼 칸에는 얼레빗·참빗·소쇄(빗솔)·빗치개, 소추(빗솔)·족집게·민자 같은 것들을 담고, 오른 칸에는 퇴발낭을 담는다. 아래 칸에는 서랍을 달아 그곳에 분·연지·조두(가루비누)·양칫소금·육향고(六香膏)[16] 등 일체의 화장품 종류를 보관한다.

따로 누렇게 기름 먹인 전후지를 가로세로로 각각 3등분해서 겹치게 접는다. 그것을 펼치면 접은 무늬가 9정(井)[17]이 되고, 접으면 9정이 1정으로 합쳐진다. 이렇게 접은 1정의 크기와 너비는 빗접 위 칸의 아가리와 똑같아 남지도 모자라지도 않게 된다. 날카로운 칼로 한가운데의 1정을 네 꼭지점이 교차하게 대각선으로 두 길이 나게 그어 가르면 한가운데의 1정은 바로 삼각형 4개로 나뉠 것이다. 그대로 들어 올려 위 칸의 네 담장 안쪽 면에 풀로 붙이다가 담장이 끝나는 곳에서 멈추고 남는 종이를 잘라 낸

婦人梳匣異於是．其大如斗，高可一尺．或有雲刻足，或無足，中設隔板以分上下格．上格正中，橫設短墻以分左右格．左格貯梳、笓、梳刷、梳挑齒、梳帚、鑷子、剧子之類，右格貯退髮囊．下格作抽屜，貯粉脂、澡豆、刷齒鹽、六香膏等一切香澤之類．

另用油黃錢厚紙，縱橫各三摺疊，展之則摺紋爲九井，卷之則九井合爲一井．大小、廣狹，與梳匣上格之口相敵，無剩無縮．用利刀，就正中一井之內，四角交叉，畫劃兩道，則正中一井，便作三角形四矣．仍揭起，糊付於上格四墻內面，竟墻而止，翦去剩紙．每

---

16 육향고(六香膏) : '구리모'나 '면약(面藥)' 같은 얼굴 피부보호제의 하나. 《규합총서》에서는 "겨울에 얼굴이 거칠고 터지는데 달걀 3개를 술에 담가 김이 새지 않게 두껍게 봉하여 4~7일을 두었다가 얼굴에 바르면 트지 않을뿐더러 윤고 옥 같아진다. 얼굴과 손이 터 피가 나거든 돼지족발기름[猪趾脂]에 괴화를 섞어 붙이면 낫는다."《閨閤叢書》〈雜著〉"面脂法", 410쪽)고 했다.

17 9정(井) : 가로로 3개, 세로로 3개인 사각형[井]이 모여 모두 9개가 되는 모양. 중국 고대에 시행된 토지제도인 정전법(井田法)에서 토지를 구획하는 모양과 같다.

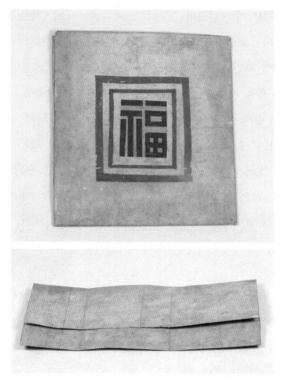

접어 쓰는 빗접(국립민속박물관)

다. 빗질을 할 때마다 종이를 무릎 위에 펴 놓아 머리카락이나 때를 받고, 빗질이 끝나면 전처럼 접어 둔다.[18]

갑 위에 덮개가 있는데 가래나무를 화리색(花梨色)[19]으로 물들여서 만들기도 한다. 빗접은 지금 민

梳櫛時, 張紙膝上, 以受髮垢, 櫛畢, 如前卷摺.

蓋在匣上, 或用楸木染作花梨色. 有蓋有底, 如今

---

18 따로……둔다 : 종이를 만들어 빗접에 풀로 붙여 머리를 빗을 때 펴는 빗접의 모습은 아래와 비슷할 것으로 보인다. 이 빗접은 뚜껑이 없이 종이가 접혀 있는데, 그 종이를 펼치면 앉아 있는 사람의 다리를 덮는다.

19 화리색(花梨色) : 자단나무 색으로, 화리(花梨)는 화려(樺櫚) 혹은 화류(樺榴)와 함께 쓰인다. 대체로 자주색 정도로 보면 될 것 같다.

간의 벼룻집 모양처럼 덮개가 있고 바닥이 있다. 빗접의 덮개는 접은 종이 위까지 덮고, 덮개 한가운데에는 타원형의 구리 고리를 박아서, 들어서 열기가 편하다. 통영에서 만든, 옻칠에 나전으로 화초나 새, 짐승을 그린 그림이 있는 빗접이 더욱 좋다.《금화경독기》

俗硯匣樣. 其蓋套在摺紙上, 蓋頂釘墮圜銅環, 以便揭開. 統營造髹染螺鈿作花卉·翎毛畫者尤佳.《金華耕讀記》

10) 구리거울 [銅鏡] [20]

일반적으로 거울을 주조할 때 틀은 겨를 태운 재와 가는 모래를 쓰고, 거울은 구리에 주석을 섞어 만든다.【아연[倭鉛]은 쓰지 않는다.】《주례》〈고공기〉에서도 "구리[金]와 주석을 반반씩 넣는 것이 거울과 금수(金燧, 오목거울)를 만드는 배합[21]이다."[22]라 했다. 거울 면이 빛을 반사하는 것은 수은이 더해져서 된 것이지 구리 속에 이와 같은 광을 내는 성분이 있어서가 아니다. 당나라 개원(開元) 연간(717~741)의 궁중 거울은 모두 백은(白銀, 은)과 구리를 같은 양으로 주조해서 만들었다.《천공개물》[23]

銅鏡

凡鑄鏡, 模用灰沙, 銅用錫和.【不用倭鉛】《考工記》亦云"金錫相半, 謂之鑑·燧之劑[2]", 開面成光, 則水銀附體而成, 非銅有光明如許也. 唐開元宮中鏡, 盡以白銀與銅等分鑄成.《天工開物》

일반적으로 거울을 만들 때는 당금(唐金)과 백목

凡造鏡, 唐金·白目相和

20　구리거울[銅鏡] : 구리를 재료로 만든 거울로, 앞면은 반들반들하게 하여 물체를 비추고 뒷면은 무늬가 있다.

21　거울과⋯⋯배합 : 주나라에서는 구리와 주석의 합금인 청동의 제조 방법으로 6가지[六齊]를 규정했는데, 그중 하나이나. 구리와 주석을 1 : 1로 섞는 배합으로 거울과 빛을 한 점에 모으는 오목거울을 만들 때 쓴다. 거울은 사물을 잘 비춰 주고 표면이 고르며 색상과 광택이 밝게 하기 위해 수은도 50%를 넣는데, 옛날 거울에는 수은을 30% 이상, 오목거울에는 50%를 넣었다.(황진주, 〈한국 청동거울에 대한 미세조직 및 성분조성의 비교 연구〉, 《보존과학연구》 통권 32호, 2011, 국립문화재연구소, 157~158쪽).

22　《周禮注疏》 卷40 〈冬官考工記〉 "冶氏"《十三經注疏整理本》9, 1285쪽).

23　《天工開物》 卷8 〈冶鑄〉 "鏡", 223쪽.

②　劑 :《周禮注疏·冬官考工記·冶氏》에는 "齊".

조선의 구리거울 뒷면(국립민속박물관)

손잡이가 있는 조선의 구리거울 뒷면(좌)과 앞면(우)(국립민속박물관)

(白目)을 섞고【당금은 철과 아연을 섞어서 만들고, 백목은 납과 주석을 섞어서 만든다.】거푸집에 부어 거울을 만든 뒤 후박나무숯으로 여러 번 간다. 거울 위에다 매초(매실식초) 약간을 붓고 납【태운 가루】과

【唐金乃鐵和亞鉛成, 白目乃鉛和錫成.】鎔型爲鏡, 而用厚朴炭, 數磨之. 上以梅醋少許, 點之鉛,【燒

수은【각각 조금씩 넣는다.】을 떨어뜨린 뒤 손가락으로 여러 번 문질러 주면 바로 선명하게 사물을 비춘다. 만약 거울의 한 면 안에서 경계를 만들어 문지르면 보이는 물체 또한 여러 개가 된다. 또 만약 그 거울 면이 볼록하면서 거울 안이 평평하면 비치는 모습이 이상한 모양이 된다.《화한삼재도회》[24]

옛사람들은 거울을 주조할 때, 거울이 크면 평평하게 만들고, 거울이 작으면 볼록하게 만들었다. 일반적으로 거울이 오목하면 거울에 비치는 사람 얼굴이 커 보이고, 볼록하면 거울에 비치는 사람 얼굴이 작아 보인다. 작은 거울은 사람 얼굴을 전부 보여 줄 수 없기 때문에 거울을 약간 볼록하게 만들어 사람 얼굴이 작아 보이게 하면 거울이 비록 작아도 사람 얼굴 전체를 보여 줄 수 있다. 그대로 다시 거울의 크기를 헤아려 볼록한 정도를 더하거나 덜어서 사람 얼굴과 거울의 크기가 언제나 서로 맞도록 한다. 이는 장인의 교묘한 지혜로, 뒷사람들은 이를 만들 수가 없다. 얼마 전에 옛 거울을 얻었는데 모두 거울 면을 갈아 평평하게 만든 것이었다. 이것이 음률의 명인이었던 사광(師曠)이 지음(知音, 곡조를 잘 알아주는 벗)이 없어 애태운 까닭이다.[25]《몽계필담》[26]

末】汞,【各少許】以手指頻摩之，卽鑑物鮮明也。如一面中爲界摩之，則見物亦有數；如其鏡面凸裏平直，則見影爲異形。《和漢三才圖會》

古人鑄鑑，鑑大則平，鑑小則凸。凡鑑窪則照人面大，凸則照人面小。小鑑不能全現人面，故令微凸，收人面令小，則鑑雖小，而能全納人面。仍復量鑑之大小，增損高下，常令人面與鑑大小相若。此工之巧智，後人不能造。比得古鑑，皆刮磨令平。此師曠所以傷知音也。《夢溪筆談》

---

24 《和漢三才圖會》卷25〈容飾具〉"鏡"(《倭漢三才圖會》3, 409쪽).

25 이는……까닭이다 : 사광은 중국 춘추시대의 음(音)을 잘 판별했다는 진(晉)나라의 악사이다. 지음(知音)은 《열자(列子)》〈탕문편(湯問篇)〉에 중국 춘추시대 금(琴)의 명수인 백아(伯牙)와 종자기(鍾子期)의 이야기에 나온다. 이 말은 곧 사람의 얼굴을 작아 보이게 하면서 얼굴 전체를 비추기 위해 거울을 볼록하게 만든 장인의 기술을 알아서 이를 따라 만드는 뒷사람이 없음을 안타까워한 비유이다.

26 《夢溪筆談》卷19〈器用〉(《夢溪筆談》下, 7쪽).

옛날에는 거울을 주조할 때 구리와 주석 외에는 다른 재료가 없었는데, 후세에 유리거울이 나왔다. 그러나 구리거울 중에 압록강 넘어 우리나라로 들어온 것은 극히 드물었으니, 우리나라 사람들이 가진 구리거울은 모두 일본에서 만든 것이다. 둥글고 얇으면서 손잡이가 있고, 가죽을 입힌 뒤 금물을 바르고 옻칠로 그림을 그린 거울을 '금갑경(金匣鏡)'이라 한다. 둥글고 두꺼우면서 손잡이가 없고, 나무로 갑을 만들거나 온통 금칠을 하거나 옻칠하고 금물로 그림을 그린 거울을 '마제경(馬蹄鏡)'이라 한다. 서재에서는 마제경을 써야 하고, 안방에서는 금갑경을 써야 한다.《금화경독기》

者鑄鏡, 銅、錫之外無他料焉, 後世玻瓈鏡出. 而銅鏡之渡鴨東來者絕罕, 東人所有銅鏡皆倭造也. 圓薄而有柄, 皮革爲衣, 金塗漆畫者曰"金匣鏡"; 圓厚而無柄, 用木爲匣, 或全身金漆, 或髹漆金畫者曰"馬蹄鏡". 齋中宜用馬蹄鏡, 閨房宜用金匣鏡.《金華耕讀記》

11) 거울 닦는 법

수은,【1냥】 가장 좋은 주석,【여름과 가을에는 7분, 봄과 겨울에는 8분을 쓴다.】 백반[明礬]【여름과 가을에는 1.2전, 봄과 겨울에는 1.5전을 쓴다.】을 준비한다. 먼저 주석을 녹여 여기에 수은을 넣고 골고루 섞어 응고시킨 다음 백반과 함께 고운 밀가루[飛麵]처럼 곱게 간다. 대략 흰 백반[霜礬]이 서리처럼 일어나지 않아야 효과가 빼어나다. 사슴정수리뼈[鹿頂骨]를 넣으면 더 효과가 빼어난데, 사슴뿔을 태운 재를 넣는다고도 한다.《고금비원》[27]

磨鏡法

水銀【一兩】上好錫,【夏秋七分, 春冬八分.】明礬.【夏秋一錢二分, 春冬一錢半.】先將錫熔化, 入水銀, 攪勻冷定, 同礬研細如飛麵. 大略要不起霜礬少③爲妙. 加鹿頂骨更妙, 一云"鹿角燒灰".《古今秘苑》

---

27 《古今秘苑》〈一集〉卷4 "磨鏡丹方", 2쪽.
③ 少:《古今秘苑·磨鏡丹方》에는 "者".

오래된 거울 닦는 법 : 돼지·양·개·거북이·곰의
쓸개 5개를 각각 그늘에서 말렸다가 합쳐서 가루 낸
다. 물로 거울을 적시고 이 가루약을 위에 뿌린 다
음 땅에 엎어 두면 저절로 선명해진다.《속사방》[28]

거울 닦는 법 : 사슴정수리뼈,【태운 재】백반,【말
린 것】은모사(銀母砂).[29]【각각 같은 양】이상의 약재
를 곱게 가루 내어 골고루 섞는다. 이에 앞서 닦을
거울을 깨끗이 문지르고, 다시 이 가루로 닦아 광을
낸다. 1번 닦아 두면 1년 이상 간다.《속사방》[30]

12) 유리거울[31]

유리[玻瓈]는 옥의 이름으로, 원래 서양에서 났
다. 명나라의 삼보태감(三保太監) 정화(鄭和)[32]가 서양
에 나갔다가 유리 만드는 사람을 데리고 중국에 들
어왔기 때문에 중국에 유리가 갑자기 흔해졌다. 지
금 연경에서 수입한 유리거울은 모두 석즙(石汁)[33]과
여러 약물을 함께 녹여 가짜로 만들어 낸 것들이다.
몸체가 타원형이며, 상어가죽으로 갑을 싸서 옻칠

磨古鏡法 : 猪、羊、犬、龜、
熊五膽各陰乾, 合和爲末.
以水濕鏡, 粉藥在上, 覆
向地上自明.《俗事方》

磨鏡法 : 鹿頂骨【燒灰】白
礬【枯】銀母砂【各等分】
右爲細末和勻, 先以磨鏡
者摩淨, 却以此磨令光. 一
次可過一年. 同上

玻瓈鏡

玻瓈, 玉名, 本出西國. 明
三保太監出西洋, 携燒玻
瓈人來中國, 故中國玻瓈
頓賤. 今燕貿玻瓈鏡, 皆
銷冶石汁和衆藥, 僞造之
玻瓈也. 墮圓而用鯊皮裹
匣髹漆, 沿邊環釘黃銅

---

28 출전 확인 안 됨.

29 은모사(銀母砂) : 은의 일종인 모사은(母砂銀)으로 보이나, 정확한 의미는 잘 모르겠다.

30 출전 확인 안 됨.

31 유리거울 : 유리로 만든 거울로, 유리는 석영과 탄산소나, 식회암을 섞어 높은 온도에서 녹인 다음 급히
냉각해서 만든다. 베네치아인들이 유리판에 주석과 수은의 합금을 얇은 층으로 입혀 거울의 선명도를 높
였다.

32 정화(鄭和) : 1371~1435. 중국 명나라의 환관이자 무장으로, 영락제(永樂帝, 1360~1424)가 반란을 일으
켜 황제에 즉위하자 환관의 우두머리인 태감(太監)의 자리에 올랐다. 영락제의 지시로 1405년에 대규모 함
대를 이끌고 동남아시아와 인도, 서아시아 지역 등을 원정했다. 아프리카에까지 이르렀다는 설도 있다.

33 석즙(石汁) : 돌을 녹인 물을 가리키는 것으로 보이나, 정확한 의미는 잘 모르겠다.

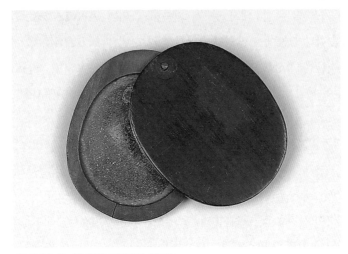

나무 안에 유리를 끼우게 만든 거울(국립민속박물관)

한 뒤 가장자리에 황동으로 만든 작은 못을 빙 돌아가며 박은 거울을 '오갑경(烏匣鏡)'이라 하는데, 품질을 상급으로 친다. 반면 몸체가 네모나며, 양가죽을 붉게 물들여 갑을 싼 거울은 '피갑경(皮匣鏡)'이라 하는데, 품질을 하급으로 친다. 오갑경 중에는 손바닥만큼 작은 것이 있는데, 여행자들이 휴대하는 도구가 될 수 있다.《금화경독기》

온몸을 다 비출 수 있을 만큼 큰 유리거울을 '몸거울(체경)'이라 하는데, 그중 가장 큰 몸거울은 높이가 5~6척, 너비가 3척 정도이다. 강진향(降眞香)[34]으로 받침대를 만들고 여기에 풀과 용, 화초 모양을 아

小釘者曰"烏匣鏡", 品爲上 ; 體方而羊革染紅裏匣者曰"皮匣鏡", 品爲下. 烏匣鏡有小如掌大者, 可作行役者囊齎之具.《金華耕讀記》

玻瓈鏡, 大可照全身者曰"體鏡", 絶大者, 高可五六尺, 廣可三尺. 用降眞香爲架, 鏤刻草、龍、花卉之狀.

---

34 강진향(降眞香) : 꼭두서닛과 향나무의 하나로, 계골향(鷄骨香)이나 자등향(紫藤香)이라고도 한다.

로새긴다. 값이 비쌀 뿐만 아니라 운반하기도 어려워 재력이 있는 자가 아니면 장만할 수 없다. 일반적으로 서재에 몸거울을 둘 때는 금(錦)이나 단(緞) 직물[35]로 덮개[護衣][36]를 만들어 먼지를 막아야 한다. 다시 무늬가 아름다운 나무로 받침대를 만들고 좌우와 뒤 3면을 모두 널빤지로 담을 만든 다음 앞면에 문짝 2개를 달아 여닫을 수 있게 한다. 만약 크기가 작아서 1척 남짓을 넘지 않고, 윗머리에 타원

不但價高, 齎運爲難, 非有力者, 不能致也. 凡置體鏡于齋中, 宜用錦、緞作護衣, 以障遮塵埃, 更以文木爲架, 左右後三面, 皆木板爲墻, 前面設兩扇門, 以備開閉. 若小不過尺餘, 而上頭綴以墮圜銅環者, 不

거울 달린 화장대의 유리 덮개(국립민속박물관)

---

35 금(錦)이나 단(緞) 직물 : 이 같은 직물에 대해서는 《전공지》 권2 〈길쌈[織紅]〉을 참조 바람.
36 덮개[護衣] : 유리에 먼지가 붙지 않도록 덮어 주는 천으로, 유리의 크기에 따라 덮개의 크기도 달라진다.

형 구리 고리를 꿴 거울이라면 굳이 받침대에 보관 할 필요가 없다. 다만 색이 있는 단(緞) 직물로 덮개 를 만들어 베갯머리 쪽 벽에 걸어 두어도 된다.《금화 경독기》

必架藏, 但以彩緞爲護衣, 挂在枕邊壁上可也. 同上

13) 화장대[奩] [37]

奩

새색시가 화장품을 담는 도구이다.《설문해자》 에 의거하면 "염(奩)은 원래 거울을 보관하는 기물이 다." [38]라 했기 때문에 지금 민간에서는 '경대(鏡臺)'라 부른다. 그 제도는 지금의 서랍이 있는 벼룻집과 같 다. 하지만 3단으로 나누어 아래 2단에는 모두 서랍 을 만들고, 그 앞에는 문갑(文匣) [39] 모양과 같이 문 2 짝이 있고, 위 1단에는 덮개가 있어 덮을 수는 있지

新嫁婦女, 藏香澤之具也. 據《說文》"奩, 本藏鏡器", 故今俗呼爲鏡臺. 其制如 今有抽屜硯匣, 而分作三 格, 下兩格皆作抽屜, 前 有兩扇門如文具匣形, 上 一格有蓋, 蓋覆而無抽屜.

조선시대 경대의 거울을 펼친 모습과 닫은 모습(국립민속박물관)

---

37 화장대[奩] : 화장품을 담아 보관하는 도구. 처음에는 빗접처럼 거울이 없었는데, 상단에 거울이 붙으면서 '경대'라고 불린 것으로 보인다.

38 출전 확인 안 됨.

39 문갑(文匣) : 문서나 문구를 넣어 두는 가구. 서랍이 여러 개 달려 있거나 문짝이 달려 있다.

만 서랍이 없다. 모두 안에는 옻칠을 하고, 밖에는 주칠【왜주(倭朱)와 섞어 칠한다.】을 하며 황동으로 장식한다. 화장대에 분·연지·유랍[40] 등 여러 가지 화장품 등의 물건을 나누어 보관하되, 각각의 물건은 작은 병이나 합에 담는다. 그 병이나 합은 일본사기에 아름다운 빛깔들로 그림을 그린 것이 좋고, 성천(成川)[41]의 옥돌로 만든 것이 그다음이다. 거울이 작으면 맨 위 단에 보관하고 거울이 크면 경대 위에 놓는다.《금화경독기》

竝內髹漆, 外朱漆.【倭朱和漆】黃銅裝飾. 分藏粉脂、油蠟諸般香澤等物, 各各用小瓶、盒貯之. 其瓶、盒, 倭瓷金碧畫者爲佳, 成川玉石造者次之. 鏡小則藏上格內, 鏡大則置鏡臺上.《金華耕讀記》

40　유랍 : 화장품을 만드는 원료로, 지방유나 유랍 중 하나와 물을 계면활성제(유화제)로 유화(乳化)시켜 화장품으로 만들어 쓴다. 피부에 영양을 공급하고 보습 작용을 하는 현대의 크림(cream)의 일종이다.
41　성천(成川) : 황해남도 벽성군 대성리 일대.

일상생활에 필요한 도구

起居之具

1. 와구(누울 때 쓰는 도구)

【안 평상과 의자나 병풍과 방장 등의 기물은 이미 《이운지》에 보인다.[1] 그러나 거기서는 오로지 청재(淸齋, 몸을 깨끗이 재계함)하면서 즐겁게 몸을 기르는 도구로만 말했고, 여기서는 고상하든 속되든 두루 쓰는 도구를 아울러 실었으니, 내용의 중복을 꺼릴 필요는 없다. 현명한 사람이라면 서로 살펴보아야 할 것이다.】

臥具

【案 牀榻、屛帳等器已見《怡雲志》. 然彼專言淸齋怡養之具, 此兼載雅俗通用之器, 不嫌重複也. 賢者宜互攷之.】

1) 침대[臥牀] [2]

우리나라 사람들은 바닥에 자리를 깔고 앉거나 눕기를 좋아한다. 옛날에 잠자리가 마룻널이었을 때만 해도 오히려 눅눅함을 심하게 끌어오는 데까지 이르지는 않았다. 하지만 근세에는 온돌방에서 익숙하게 살면서도 온돌을 만들 줄 몰라 전부 흙과 돌만을 쓴다. 그랬다가 아궁이의 재가 갑자기 식기라도 하면 흙과 돌 위에서 자는 것과 무엇이 다르겠는가? 산추(疝墜)[3]나 편사(偏死)[4] 등의 질병이 모두 차가운 데서 자는 탓에 발생하니, 중국의 제도를 본받아 의자에 앉고, 평상에 누워야 한다.

침대는 일본에서 만든 옻칠하고 금가루를 뿌린

臥牀

東人喜席地坐臥, 在昔寢處廳板時, 尙不至甚引潮濕. 近世慣處房堗, 不知造堗, 全用土石. 竈灰乍冷, 與寢處土石上何異? 疝墜、偏死等疾皆由此起, 宜倣華制, 坐以椅橙, 臥以牀榻.

臥牀, 倭造髹漆洒金者佳.

---

1 《이운지》 권1 〈휴식에 필요한 도구〉를 참조 바람.
2 침대[臥牀] : 사람이 누워 잠을 자거나 쉬기 위해 만든 가구.
3 산추(疝墜) : 《인제지》 권11 〈내외겸인〉 "산기" ; 《섬용지》 권3 〈복식 도구〉 "옷과 갖옷" '털버선' 참조 바람.
4 편사(偏死) : 습한 데서 자서 허리에 병이 생겨 반신불수가 되는 것. 《인제지》 권4 〈외인〉 "중풍" '형증'을 참조 바람.

다리가 없는 침대(조선, 국립민속박물관)

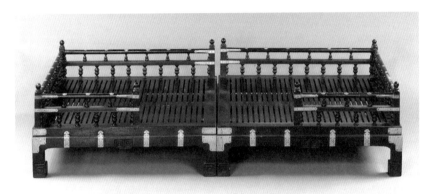

상살이 있는 침대(조선, 국립민속박물관)

평상(대한제국, 관동대학교박물관)

것이 좋다. 다만 네 다리가 너무 높아 여름철에 벼룩이나 지네를 피하기에는 이롭겠지만, 겨울에는 온기를 얻을 수 없다. 그래서 나는 요즘 민간에서 말하는 평상(平牀)의 제도를 쓰되 약간 변통하고자 한다.【지금 민간에는 더러 나무로 만든 와상이 있다. 그 제도는 다음과 같다. 사방의 와상틀 안에 창살 모양처럼 납작하면서도 작은 나무막대를 가로로 설치하는데, 이를 '상살[牀矢]'이라 한다. 이렇게 만든 네모난 와상틀 2개를 잇대어 깔아 하나의 와상이 되게 한다. 그러나 다만 여름철에 쓰면 "벼룩이나 지네를 피할 수 있다."라 했으나, 벼룩이나 지네가 와상 위로 기어 올라오지 않은 적이 없다. 또 겨울철에 쓰면 "온기를 차단한다."고 하여 와상 쓰기를 몹시 꺼리나, 부뚜막에 불을 때면 온기가 데워지면서 뚫고 올라오기 때문에 평상이 온기를 차단하지 않음을 전혀 모르는 것이다.】

사방의 와상틀은 가래나무나 느릅나무로 만들되 자단색5으로 물들이고, 밖으로 드러나는 곳에는 번개무늬(뇌문)를 새긴다. 상살을 설치할 때는 반드시 틀의 전[脣] 안으로 0.02~0.03척 낮게 들어오게 하고, 상살 위에는 누렇게 기름 먹인 전후지 1겹을 풀로 붙인다. 전후지 위에는 모전[氈] 2~3겹을 깔아서 윗부분이 와상틀의 아가리와 높이가 나란히 되게 민든다.【모전은 그 품질의 곱고 거침을 가리지 않고, 다만 와상틀의 아가리 안쪽의 길이와 너비를 맞

但四脚太蹻, 夏月利於避蚤、蝎, 而冬月不可取溫. 余欲用今俗所謂平牀之制, 而稍通變之.【今俗或有木造臥牀者. 其制 : 四框之內, 橫設區小木條如膼矢狀, 謂之"牀矢". 兩方框聯鋪爲一牀. 然但用之暑月, 謂"可以避蚤、蝎", 而蚤、蝎未嘗不緣上, 冬月則謂"以隔斷溫氣", 大忌之, 殊不知爨火溫氣熏蒸透騰, 未嘗爲牀楊所隔斷也.】

四框用楸木或黃楡木, 染作花梨色, 其外見處刻畫雷文. 設矢必低入框脣內二三分, 矢上糊付油黃錢厚紙一重. 紙上鋪氈二三重, 上齊框口然後止.【氈不擇精粗, 但準框口內長廣, 裁剪付之, 不論二三重、四五重, 必與框脣平

---

5 자단색 : 자홍색(紫紅色, 붉은 자주색).

추어서 마름질해 붙인다. 모전이 2~3겹이든 4~5겹이든 반드시 와상틀의 전[脣]과 평평하고 나란하게 해야 한다.】네모난 와상틀 2개를 나란히 잇대어 하나의 와상이 되게 하고, 그 위에는 방로(毯毹)나 구유(氍毹) 등을 깔아 잇댄 흔적을 가린다. 여름에는 방로나 구유 대신에 등나무자리[藤簟]를 깐다.《금화경독기》

齊.】兩方框聯比爲一牀, 上鋪毯毹、氍毹等以掩聯痕. 夏月鋪以藤簟.《金華耕讀記》

2) 방로(毯毹)[6]

면양(綿羊)[7]의 털로 만든다. 요즈음 연경에서 수입한 방로는 대부분 하얀 바탕에 청색으로 꽃잎 문양을 그렸거나, 가장자리에 '만(卍)'자 문양을 넣었다. 방로의 크기는 일정하지 않으며, 방석을 만들 수 있는 정사각형도 있다.《금화경독기》

毯毹

用綿羊毛爲之. 近來燕貿者, 多白質靑畫花葉之文, 或沿邊作卍字文, 大小、長廣不一, 亦有正方, 可作坐席者《金華耕讀記》

3) 양탄자[氍毹] [8]

《설문해자》에서 "유(毹)는 구유(氍毹)이다."[9]라 했고, 《풍속통》[10]에서는 "털로 짠 요를 '구유'라 한다."라고 했으니,[11] 중국에 구유가 있은 지 오래되었다.

氍毹

《說文》"毹, 氍毹也",《風俗通》"織毛褥曰'氍毹'", 中華之有氍毹遠矣. 昌黎詩

---

6 방로(毯毹) : 면양의 털을 압축시켜 만든 모직물.

7 면양(綿羊) :《섬용지》권3〈복식 도구〉"옷과 갖옷" '갖옷'을 참조 바람.

8 양탄자[氍毹] : 삼[麻]을 날실, 털[毛]을 씨실로 문양을 나타낸 직물로, 두껍고 톡톡한 특징이 있다. 고대 이집트에서 생산하기 시작했는데,《대당서역기(大唐西域記)》에 따르면 페르시아, 인도 등지에서도 생산했다고 한다. 오늘날 카펫을 만드는 태피스트리(tapestry) 기법과 같다.(박순지·이춘계,〈명칭으로 본 모직물의 발달 : 고대부터 고려시대까지〉,《服飾》21호, 한국복식학회, 1993, 19쪽).

9 《설문해자》에서······구유(氍毹)이다 :《說文解字》卷8〈毛部〉"毹".

10 《풍속통》: 중국 후한(後漢) 말의 학자 응소(應劭, 약153~196)가 편찬한《풍속통의(風俗通義)》이다. 그 당시 일반인들의 풍속에 대한 잘못된 인식을 바로잡으려고 사물에 대해 고증하고 논술했다.

11 《설문해자》에서······했으니 :《御定康熙字典》卷15〈毛部〉"毹".

무사 인물 문양의 구유(신강박물관 소장, 심연옥, 《중국의 역대직물》)

구유(신강박물관 소장, 심연옥, 《중국의 역대직물》)

한유(韓愈)[12]의 시에서 "양쪽 행랑에 구유 깔고, 다섯 솥에 작약 달이지."[13]라 한 것을 보면, 예전에는 이를 권문세가들이 썼는데, 근래에는 중국의 변두리 상점에서도 모두 문양 있는 구유를 깐다고 한다.《금화경독기》

"兩廂鋪氍毹, 五鼎調勻藥", 古爲豪貴之用, 近來中國邊裔店舍, 皆鋪花紋氍毹云.《金華耕讀記》

4) 종전(鬃氈, 말총모전)

말총을 염색하여 전(氈=氈)에다가 꽃과 풀, 새와 짐승의 모양을 짠다. 방로에 비하면 상당히 오래 견딘다.《금화경독기》

鬃氈

用鬃染色, 就氈上織成花卉、鳥獸之形. 比毾㲪頗耐久.《金華耕讀記》

5) 융(毧)[14]과 모전[氈]

면양에는 2종이 있다. 하나는 '사의양(簑衣羊)'이라

毧氈

綿羊有二種, 一曰"簑衣

---

12 한유(韓愈) : 768~824. 중당(中唐) 시기의 유학자이자 시인, 문장가. 하남성 창려(昌黎)에서 태어나 '창려선생'이라 한다. 당송팔대가(唐宋八大家)의 한 사람으로, 자는 퇴지(退之)이다.

13 《五百家注昌黎文集》卷8 〈遠遊聯句〉 "晚秋郾城夜會聯句".

14 융(毧) : 본래 '융(毧)'은 동물의 '고운 털'을 의미하고, '융(絨)'은 직물을 의미한다.《玉篇》〈毛部〉 "毧" : "細毛也." ; 〈糸部〉 "絨" : "細布也.")《옥편(玉篇)》에 따르면 융(毧)은 원료를 말하고 융(絨)은 그 결과물이다.

하는데 그 솜털을 잘라 모전[氈]이나 융조각을 만든다. 세상에 두루 퍼진 털모자나 털버선은 모두 이것으로 생산한 것이다. 이 종자는 서주(徐州), 회수(淮水) 이북의 주나 군에서 번성하게 자라지 않는 곳이 없다. 남쪽 지방은 호군(湖郡)에서만 면양을 기른다. 1년에 3회 털을 깎는다.【여름철에는 털갈이를 하므로15 깎지 않는다.】 양 1마리에서 1년에 융 버선 3켤레의 재료를 얻고, 암수 한 쌍이 새끼 양 2마리를 낳기 때문에 북쪽 지방의 집에서 면양 100마리를 기르면 한 해의 수입이 100금(金)이라고 한다.

다른 하나는 '율륵양(矞芳羊)'【번어(番語)16이다.】이라 한다. 진(秦) 지역의 사람은 이를 '산양(山羊)'이라고 해서 면양과 구별한다. 처음에는 서역에서 임조(臨洮)17로 전해졌는데, 지금은 난주(蘭州)18에서 유독 번성한다. 그 안쪽의 솜털이 가늘고 부드러운 것으로 융베[絨褐]를 짠다. 고운 융베는 모두 난주에서 나므로 '난융(蘭絨)'이라고도 한다.

일반적으로 면양의 솜털을 깎아 그중 거친 털로는 모전[氈]을 만들고, 고운 털로는 융(絨)을 만든다. 모전은 모두 물을 끓여 끓는 물 안에 던져 넣고 문

羊", 剪其氄爲氈爲毯片, 帽襪遍天下, 胥此出焉. 此種自徐、淮以北州郡無不繁生. 南方惟湖郡飼畜綿羊, 一歲三剪毛, 【夏季希革不剪[1].】 每羊一隻, 歲得毯襪料三雙, 生羔牝牡[2]合數得二羔, 故北方家畜綿羊百隻, 則歲入計百金云.

一曰"矞芳羊"【番語】. 秦人名曰"山羊", 以別于綿羊. 始自西域傳入臨洮, 今蘭州獨盛. 其內氄細輭, 取織絨褐. 褐之細者皆出蘭州, 一曰"蘭絨".

凡綿羊剪氄, 粗者爲氈, 細者爲絨. 氈皆煎燒沸湯投于其中搓洗, 俟其粘合,

그러나 일반적으로 '융(毯)'과 '융(絨)'은 같은 의미로 쓰여서, 동물의 털로 만든 천을 의미한다. 동물의 털로 만든 천은 눌러서 만든 것이 있고, 경사와 위사를 교차시켜 직조한 것이 있다. 흔히 눌러서 만든 것을 전(氈), 즉 펠트(felt)라 하는데, 본문에서는 전(氈)과 융(毯) 모두 눌러서 만들고 털의 질에 따라 다르게 부르며, 직조한 것은 융갈(絨褐)이라 했다. 융갈은 《옥편》의 '세포(細布)'와 같은 의미로 보인다.

15 털갈이를 하므로 : 《서경》〈요전〉에 나온다.

16 번어(番語) : 중국 아닌 주변국 또는 변방[番]의 말. '율륵(矞芳)'은 여진어로 '큰 양'이라는 의미이다.

17 임조(臨洮) : 지금의 중국 감숙성(甘肅省) 민현(岷縣)에 해당하는 지역.

18 난주(蘭州) : 지금의 중국 감숙성의 성도(省都).

[1] 剪 : 《天工開物·乃服·褐氈》에는 "生".

[2] 牝牡 : 저본에는 "牡牝". 규장각본·오사카본·한국은행본에 근거하여 수정.

지르면서 씻고 털들이 엉겨 붙으면 널빤지로 원하는 물건의 형태를 만든 뒤 그 위에 융을 깔고서 굴대를 굴려서 만든다. 일반적으로 모전이나 융은 흰색과 검은색이 원래 색이고, 그 나머지 색은 모두 물들인 것이다.《천공개물》[19]

以木板定物式, 鋪毯其上, 運軸趕成. 凡氈、毯白黑爲本色, 其餘皆染色.《天工開物》

모전 만드는 법 : 봄털과 가을털을 반씩 섞어 쓴다. 가을털은 질기고 강하며 봄털은 부드럽고 약해, 어느 하나만 쓰면 너무 치우치므로 반드시 섞어서 써야 한다. 2월의 도화수(桃花水)[20]가 나올 때 만든 모전이 가장 좋다. 일반적으로 모전을 만들 때는 두껍고 커서는 안 되고 오직 고르게 팽팽하고 얇아야만 좋은 제품이다. 2년 동안 깔고서 누우면 때가 약간 타기 때문에 9월이나 10월에 화전(靴氈)[21]으로 만들어 팔고, 다음 해 4~5월에 모전이 나올 때 다시 새 모전을 산다. 이것이 모전을 오래 보존하면서도 구멍 나거나 낡지 않은 채로 쓰는 방법이다. 만약 모전을 자주 바꾸지 않으면 때가 타서 더러워질 뿐만 아니라 구멍이 난 뒤에는 바로 가치가 없어져 헛되이 재물만 낭비하게 된다. 이렇게 영구히 이어 갈 수 있는 방법을 어찌 다른 것과 대등한 수준으로 놓고 말할 수 있겠는가?《제민요술》[22]

作氈法 : 春毛、秋毛中半和用. 秋毛緊强, 春毛輭弱, 獨用大偏, 是以須雜. 二月桃花水氈第一. 凡作氈, 不須厚大, 唯緊薄均調, 乃佳耳. 二年敷臥, 小覺垢, 以九月、十月, 賣作靴氈, 明年四五月出氈時, 更買新者. 此爲長存, 不穿敗. 若不數換, 非直垢汚, 穿穴之後, 便無所直, 虛成麋費. 視此不朽之功, 豈可同年而語也?《齊民要術》

---

19 《天工開物》卷2 〈乃服〉 "褐氈", 106~108쪽.
20 도화수(桃花水) : 복숭아꽃이 필 무렵에 얼음이 녹아 불어난 물로, 봄철의 시냇물을 말한다.
21 화전(靴氈) : 모전을 요로 쓰다가 낡으면 해지기 전에 신발[靴]을 만드는 재료로 팔았던 것으로 보인다.
22 《齊民要術》卷6 〈養羊〉 第57 "作氈法"(《齊民要術校釋》, 428쪽).

연경에서 수입한 모전의 등급은 흰 융전(毧氈)을 상급으로 치고, 붉은 모전이 다음이며, 자주색이나 청색 등 여러 색으로 만든 모전을 하급으로 친다. 흰색이지만 어둡게 변하거나, 털이 거칠어 전체가 뻣뻣한 모전의 경우 중국인들은 기물을 싸는 데 쓸 뿐이고 요를 만들지는 않으니, 그 가격이 융전의 1/3이나 1/4도 되지 않는다.《금화경독기》

燕貿氈品, 白毧氈爲上, 紅氈次之, 紫、靑諸色氈爲下. 若白而渝黯, 毛麤體獷者, 彼人用裹包器物而已, 不以作臥褥, 其直不及毧氈三四分之一.《金華耕讀記》

6) 모전에 좀 쏠지 않게 하는 법

여름철에 자리 아래에 모전을 깔고 그 위에 누우면 '벌레가 생기지 않는다[不生蟲]'.【안 '不生蟲'의 '불(不)' 자는 '이(易)' 자로 써야 할 것 같다.[23]】 모전 위에 누울 일이 많지 않다면 미리 떡갈나무나 뽕나무 재를 거둬 두었다가 5월에 들어서면 재를 모전 한쪽면에 두께 0.5척[24]가량으로 깔고 말아 묶어서 바람 부는 서늘한 곳에다 놓아두어도 벌레가 생기지 않는다. 만일 그렇게 하지 않으면 벌레가 생기지 않을 수 없다.【안 〈복식 도구〉의 "전(氈) 제품을 보관할 때 좀 쏠지 않게 하는 법"과 함께 참조해 보아야 한다.】《제민요술》[25]

氈不蛀法

夏月敷席下[3]臥上, 則不生蟲.【案 "不生蟲"之不[4], 疑當作易.】若氈多無人臥上者, 豫收柞柴、桑灰[5], 入五月中, 羅灰徧著氈上, 厚五寸許, 卷束于風涼之處閣置, 蟲亦不生. 如其不爾, 無不生蟲.【案 當與《服飾之具·收氈物不蛀法》參看.】《齊民要術》

---

23 서유구의 안설대로 해석하면, "벌레가 쉽게 생긴다."가 되나, 이는 서유구의 오류로 보인다.

24 0.5척: 원문의 '五寸'은 《제민요술》을 인용한 《사시찬요(四時纂要)》〈사월(四月)〉에서는 '五分'으로 되어 있는데, '分'이 더 타당하다. 《齊民要術校釋》, 430쪽 주16 참조.

25 《齊民要術》 卷6 〈養羊〉 第57 "令氈不生蟲法"(《齊民要術校釋》, 428쪽).

3 下: 저본에는 "不". 《齊民要術·養羊·令氈不生蟲法》에 근거하여 수정.

4 不: 오사카본에는 "生".

5 柞柴桑灰: 저본에는 "權柴燥灰". 《齊民要術·養羊·令氈不生蟲法》에 근거하여 수정.

7) 몽고전(蒙古氈)[26]

두께는 몇 촌 정도이고, 모전 위에 사슬처럼 고리를 이어 누벼 꿰맨 문양이 있는 것이 여러 모전을 겹쳐서 포개 만든 것 같다. 추위와 냉기를 가장 잘 막아 몽고의 파오[穹廬, 이동식 천막집][27]를 만드는 데 쓰인다. 얼음이나 눈에 바로 깔아도 그 위에서 베개를 베고 누울 수 있다고 한다.《금화경독기》

蒙古氈

厚可數寸, 上有廻環縫縷之紋, 疑疊累衆氈而成也. 最禦寒冷, 爲彼中穹廬所用. 襯氷雪敷之, 亦可枕臥其上云.《金華耕讀記》

8) 등나무자리[28]

등나무 껍질을 물들여서 뇌문을 짠 것이 좋다. 또는 등나무 줄기를 가늘게 쪼갠 다음 하얀 자리를 엮기도 하는데, 부드러워서 쉽게 망가진다.《금화경독기》

籐簟

籐皮染色, 織成雷紋者佳. 或用籐骨細析, 織作白簟者, 柔輭易敗也.《金華耕讀記》

9) 왕골자리[龍鬚席][29]

왕골풀은 '현완(懸莞)'이라고도 하며, 곳곳에서 난다. 영남의 안동, 예안(禮安)[30] 사람들이 여러 가지 색의 왕골자리를 잘 만들어 공물로도 충당했다. 서울의 신분이 귀한 사람들이 재각(재실)[31]에서 쓰는 자리로 제사, 연회에 까는 자리는 해서의 배천,[32]

龍鬚席

龍鬚草一名"懸莞", 處處有之. 嶺南 安東、禮安人善作五彩龍紋席, 以充貢獻. 若京貴齋閣所用及祀讌鋪設, 以海西 白川、延安等邑

---

26 몽고전(蒙古氈) : 몽고족이 발명한 모전.
27 파오[穹廬, 이동식 천막집] : 중앙아시아 유목민이 거처하는 이동식 집으로, 게르(ger), 유르트(yurt 또는 yurta)라고도 한다.
28 등나무자리 : 등나무껍질을 쪼갠 다음 엮어 만든, 사람이 앉거나 누울 때 바닥에 까는 기물.
29 왕골자리[龍鬚席] : 왕골을 쪼개 엮어 만든 자리.
30 예안(禮安) : 경상북도 안동시 예안면 일대.
31 재각(재실) : 무덤이나 사당 옆에 제사를 지내기 위하여 지은 집.
32 배천 : 황해도 연백 지역의 옛 지명으로, 서쪽에 연안(延安)이 있다.

몽고전 제작하는 모습. 〈몽고의 하루 : 가을〉 부분(심연옥, 《한국직물 오천년》)

왕골을 엮어 만든 자리(국립민속박물관)

연안(延安) 등의 읍에서 생산한 것을 최고로 치고, 경기도 교동(喬桐)³³에서 생산한 것이 그다음이다. 여러 가지 색으로 꽃과 새 문양을 만들기도 하고, 검은색만으로 '수(壽)'·'복(福)'·'만(卍)'자 문양을 넣기도 한다. 부들자리를 아래에 깔고 위에 왕골자리를 올려 청색이나 흑색 칡베(갈포)로 네 가장자리에 가선 장식을 한 자리를 '등매석(登每席, 등메)'이라 한다. 여러 자리를 이어 붙여 대청마루에 두루 까는 자리를 '지의석(地衣席, 지의)'이라 하고, 폭에 꽃과 새 문양을 가득 채운 자리를 '만화석(滿花席)'이라 한다.

도종의(陶宗儀)³⁴의 《원씨액정기(元氏掖庭記)》를 살

産者爲最, 京畿喬桐次之. 或作五彩花鳥紋, 或單用黑色作壽、福、卍字紋. 其用香蒲席薦底, 靑、黑褐布緣飾四沿者曰"登每席", 聯綴衆席, 徧鋪廳軒曰"地衣席", 滿幅花鳥紋曰"滿花席".

案陶宗儀《元氏掖庭記》

---

33 교동(喬桐) : 지금의 인천광역시 강화군 교동면 일대.
34 도종의(陶宗儀) : 1316~?. 원나라 말기부터 명나라 초기까지의 문학가 겸 서화가.

펴보니 "황제(순제)가 총애하던 여인인 영영(英英)을 위해 경화도(瓊華島)[35]에 채방관(采芳館)을 세워 주고, 그 안에 당인(唐人)의 만화석을 깔았다. 당인은 고려의 섬 이름으로, 그곳에는 만화초(滿花草)가 난다. 만화초는 성질이 부드러워 잘 꺾이거나 휘면서도 광택이 줄지 않아 아름답기에 이를 그곳 토박이들이 엮어서 자리를 만든다."[36]고 했다. 아마도 우리나라의 만화석을 가리키는 것 같다. 그러나 당인도(唐人島)가 지금 어떤 이름으로 불리는지 자세하지 않고, 내용 중에 만화(滿花)를 풀이름이라 한 것은 잘못 전해 들은 것이다.《금화경독기》

云 : "帝爲英英, 起采芳館于瓊華島, 內設唐人滿花之席. 唐人, 高麗島名, 産滿花草. 性柔折屈, 不損光澤可佳, 土人編之爲席." 疑指我東滿花席. 唐人島未詳今作何名, 而其以滿花爲草名, 則傳聞之誤也.《金華耕讀記》

10) 부들자리[香蒲席] [37]

부들은 물풀로, 창포의 종류이다. 부들을 베어다가 햇볕에 말린 다음 엮어서 자리를 만들 수 있다. 그 방법은 다음과 같다. 먼저 칡덩굴을 가져다 껍질을 벗기고 덩굴의 흰 속을 잘게 쪼개 이를 꼬아서 가는 끈을 만든다. 5~6척 되는 나무막대로 자리틀[織機]을 만들고, 양 끝머리를 짧은 다리로 받친다. 모양은 저울대 같지만 높이가 1척 남짓을 넘지 않는다. 틀 위에 가로로 가지런하게 가는 홈을 새기고 홈마다 1가닥의 칡끈을 붙이며, 끈 끝

香蒲席

香蒲, 水草, 菖蒲之類也. 刈取曬曝, 可編爲席. 其法 : 先取葛蔓去皮, 細析白瓤, 絞作細繩. 用五六尺木條爲織機, 兩頭庋以矮足, 形如權衡之機, 而高不過尺餘, 機上排行. 橫刻細溝道, 每一道綴一條葛繩, 繩端懸石錘.【錘用膏石

---

35 경화도(瓊華島) : 북해(北海) 호수 안에 있는 섬으로, 전설에 나오는 선경(仙境)을 본떠서 만들었다. 섬 위에는 요대(遼代)의 요서행궁(瑤嶼行宮), 금대(金代)의 대녕리궁(大寧離宮)을 비롯해 원(元)과 명(明)의 광한전(廣寒殿) 등 북해의 주요 건축물들이 있다.

36 《說郛》 卷110 上 〈元氏掖庭記〉.

37 부들자리[香蒲席] : 창포의 일종인 부들의 줄기를 쪼개 엮어 만든 자리이다.

자리 짜는 틀(국립민속박물관)

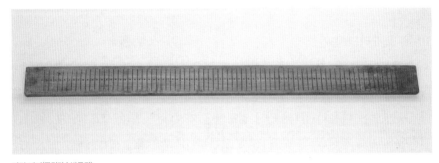

자리 바디(국립민속박물관)

조선시대 자리 짜는 모습(김홍도, 〈자리 짜기〉)

자리 짤 때 쓰는 추인 고드랫돌(국립민속박물관)

에는 돌로 만든 추인 고드랫돌[38]을 단다.【고드랫
돌은 고석(膏石), 즉 곱돌로 만든다. 곱돌의 모양은
허리 부분은 가늘고 양 머리 부분은 풍만하다. 돌
이 없으면 흙을 개어 빚어 만든 다음 종이를 발라
준다.】[39]

　부들을 틀에 끼울 때마다 좌우로 추를 넘겨 가
며 짠다. 비늘처럼 빽빽하게 짠 길이가 10척 남짓
되면 자리 1개가 만들어진다. 자리 1개에 50~60
줄을 배열한 것을 상급으로 치고, 30~40줄을 놓
은 것을 하급으로 친다. 요즘 농가에서는 집마다
틀을 1대씩 두고, 늙고 병들거나 또는 문약하여 노
동을 감당하지 못하는 사람들이 대부분 부들자리
짜기를 일거리로 삼는다. 강화와 교동 등의 지역에
서 나는 것이 좋다. 요즘에는 숭양(嵩陽)[40] 사람들
또한 잘 만든다. 연안 사람들은 창포를 가져다가
낮에는 햇볕에 말리고 밤에는 이슬을 맞혀 은처럼
희게 한 뒤 50~60줄의 자리를 엮어 만드는데, 하
얗고 깨끗해 사랑스럽다. 북관(北關, 함경도) 사람들
은 귀리짚으로 자리를 짜는데 색이 황금 같으니,
모두 좋은 제품이다. 매자기자리(형삼릉석) 같은 것
은 곳곳에 있는데, 부들에 비해 상당히 질기지만,
따뜻함과 부드러움은 부들보다 뒤떨어진다.《금화

곱돌[6]爲之. 其形, 腰纖而
兩頭豐. 無石, 則埏埴[7]
爲之而紙塗.】

每用蒲附機, 左右擲錘
而織之. 鱗次櫛比, 長
至丈餘, 則成一席矣. 一
席排五六十繩道者爲上,
三四十行爲下. 今農家, 家
置一機, 老病及文弱, 不
任力役者, 多以此爲業, 産
江華、喬桐等處者佳. 近
來嵩陽人亦善爲之. 延安
人取菖蒲, 日曬夜露, 令
白如銀, 編作五六十行席,
白淨可愛. 北關人用耳麥
稭織席, 色如黃金, 皆佳
品也. 若荊三稜席處處有
之, 較香蒲頗靭, 而溫柔遜
之.《金華耕讀記》

---

38 고드랫돌 : 발이나 돗자리 따위를 엮을 때에 날을 감아 매어 늘어뜨리는 조그마한 돌.
39 자리를 만드는 베틀과 부속품의 모습은 아래와 같다.
40 숭양(嵩陽) : 낙양(洛陽) 남쪽 숭양(嵩陽) 지역으로 보인다.
[6] 돌 : 저본·규장각본·한국은행본에는 "돍". 오사카본에 근거하여 수정.
[7] 埴 : 저본에는 "填". 규장각본·오사카본·한국은행본에 근거하여 수정.

경독기》

11) 비단자리[繭絲席] 41

성천 사람들은 고치실을 표백하고 염색하여 색
을 낸 다음 허리띠[腰帶] 짜는 법을 모방해 10척 남
짓한 자리를 짜는데, 너비는 3척 남짓 정도이다.
거친 모전을 아래에 깔고 그 위에 비단자리를 올려
검은 증(繒)으로 가선 장식을 하니, 따뜻하면서도
아름다워 자리 1개의 값이 5천 전 남짓 나간다. 비
단에 쓰는 자주색과 녹색의 농도는 뜻대로 하고,
또한 만(卍)자와 뇌문을 넣을 수도 있다.《금화경
독기》

繭絲席

成川人用繭絲, 涷染設色,
倣腰帶織法, 織作丈餘
席, 廣可三尺餘. 用麤氈薦
底, 黑繒緣飾, 溫煖華美,
一席直五千餘錢. 紫綠淡
濃隨意, 亦可作卍字及雷
紋.《金華耕讀記》

12) 수숫대자리[蜀稭簟]

관서(關西, 평안도) 사람들은 수숫대 껍질을 쪼개
자리를 만드는데, 길이와 너비는 뜻대로 한다. 자
리 1개로 2~3칸을 깔 수 있는 것도 있으니, 누각이
나 마룻널 위에는 이 수숫대자리를 깔아야 한다.《금
화경독기》

蜀稭簟

關西人析蜀黍稭皮爲簟,
長廣隨意. 或有一簟可鋪
二三楹者, 樓閣、廳板之上
宜鋪此.《金華耕讀記》

13) 오소리가죽요[土猪皮褥]

오소리는 북관(北關, 함경도)에서 난다. 그 털은 누
런색과 검은색이 섞여 있는데, 따뜻함은 양가죽이
나 개가죽보다 떨어지지만 바람이나 습기를 막을

土猪皮褥

産北關. 其毛黃黑相間, 溫
煖遜於羊、狗之皮, 而能祛
風驅濕. 四沿以黃鹿皮爲

---

41 비단자리[繭絲席] : 고치실로 짜서 만든 자리.

수 있다. 네 가장자리에는 누런 사슴가죽으로 가선을 대고, 청색 무명으로 뒷면을 대면 좋다.《금화경독기》

緣, 靑綿布裝背則佳.《金華耕讀記》

14) 산양가죽요[山羊皮褥]

산양은 북관에서 난다. 검자주색으로 털이 두껍고 따뜻하다. 청색 무명으로 뒷면을 대면 겨울철의 요를 만들 수 있다. 길이와 너비는 뜻대로 한다.《금화경독기》

山羊皮褥

産北關. 紫黑色, 毛厚而溫. 用靑綿布裝背, 可作冬月臥褥. 長廣隨意.《金華耕讀記》

15) 개가죽요

개가죽은 가장 따뜻하고 두껍지만 제대로 무두질하지 않으면 상당히 뻣뻣해진다. 게다가 새로 만든 것은 기름기가 있어 옷을 더럽히므로, 소의 골수를 뒷면에 발라 손으로 박박 문질러 주어야 한다. 매일 흙바닥에 닿게 펼쳐 놓고 햇볕에 말려 기름기가 땅으로 다 빠져나가게 한 뒤에 9장 또는 12장씩 잇대어 꿰매 요를 만들고 청색 무명으로 뒷면을 댄다. 가난한 사대부가 냉기를 막는 도구이다.《금화경독기》

狗皮褥

狗皮最溫厚, 而揉製無法, 則頗獷悍. 且新者有油汚衣, 宜用牛髓塗背, 以手痛揉之. 日日襯土布曬, 令油盡下地, 然後每九張或十二張, 聯縫爲褥, 靑綿布裝背. 寒士禦冷之具也.《金華耕讀記》

16) 등침(등베개)

등나무를 짜서 베개를 만드는데, 모양과 만드는 방법은 일정하지 않다. 안에다 나무를 넣고 겉은 능나무자리로 싸되 양 끝에 나무담[木墻]을 두어서 옻칠하기도 한다. 또 안에다 목화솜을 넣고 겉에는 등나무자리를 붙인 뒤 검은 칡베로 가장자리에 가선

籘枕

織籘爲枕, 形製不一. 或內有木架, 外包籘簟, 而兩頭有木墻, 鬃漆. 或內有絮胎, 而外付籘簟, 黑褐布緣邊, 皆華造也. 夏月不可

을 대기도 한다. 이것들은 모두 중국에서 만든 것이다. 여름철에는 이 등나무베개가 없어서는 안 된다.《금화경독기》

無此.《金華耕讀記》

17) 접베개[摺疊枕]

접베개는 중국에서 만든다. 양이나 말의 털로 베갯속을 만들고 검은 칡베로 싸서 꿰매되, 성글게 줄지어 누빈다. 6폭을 이어 붙이기도 하고 4폭을 이어 붙이기도 하는데, 접으면 베개가 되고 펼쳐 깔면 자리가 되니, 겨울철의 일상생활에 무엇보다도 편리하다.《금화경독기》

摺疊枕

華製也. 羊馬毛爲胎, 黑褐布裹縫, 疏行線縷. 或六幅連綴, 或四幅連綴, 摺疊則爲枕, 展鋪則爲席, 最便冬月起居.《金華耕讀記》

18) 완침(왕골베개)

왕골자리를 말아 베개를 만든다. 안에는 자른 볏짚을 넣고 양 끝에는 검은 사슴가죽을 둥글게 마름질해 왕골자리를 꿰매 고정시킨다. 꽃무늬로 채색하거나 '만(卍)'자 무늬를 새기거나 '수(壽)' 자나 '복(福)'자만 새기기도 한다. 왕골을 '현완(懸莞)'이라고도 하기 때문에 '완침(莞枕)'이라고 한다. 이는 《시경》에서 말한 "위에는 완(莞)으로 만든 자리 깔고, 아래에는 대자리 간다."[42]라 할 때의 완(莞)과 같다. 정현(鄭玄)의 전(箋)[43]에서는 완을 '작은 부들로 만든 자리'로 보았고,[44] 《이아》에서는 "완(莞)은 부리(苻䍠)이다."라

莞枕

卷龍鬚席爲枕. 內藏剉稿, 兩頭圜裁黑鹿皮, 縫住其席. 或彩花紋, 或作卍字紋, 或但作壽·福字. 龍鬚, 一名"懸莞", 故名"莞枕", 若《詩》所謂"上莞下簟"之莞. 箋以爲"小蒲之席", 《爾雅》云"莞, 苻䍠", 未知苻䍠在今蒲類居何也.《金華耕讀記》

---

42 《毛詩正義》卷11〈小雅〉"斯干"《十三經注疏整理本》11, 805쪽).

43 전(箋) : 후한의 학자 정현(鄭玄, 127~200)이 《시경》에 단 주. 《섬용지》 권3〈복식 도구〉"이부자리" '이불'의 각주와 함께 참조 바람.

44 《毛詩正義》, 위와 같은 곳.

했는데,[45] 부리(符蘺)가 요즘의 부들 종류 중 어디에
해당하는지는 모르겠다.《금화경독기》

19) 퇴침[46]

퇴침은 나무로 만든다. 직사각형의 작은 상자 모
양으로 만들어 옻칠을 하거나 황벽나무 껍질로 가
선을 두르기도 하고, 오동나무로 만든 뒤 달군 쇠로
지져 황흑색을 내기도 하는데, 어떤 퇴침이든 모두
황동으로 장식한다. 퇴침을 베갯머리에 놓는 까닭
은 베개가 뒤로 밀리는 것을 막기 위해서이다. 그 속
에는 문방(文房, 서재)의 자잘한 기물을 보관할 수 있
다. 중국에서 만든, 황동실로 널빤지를 씌우고 떨어
지는 꽃과 흐르는 물의 문양을 짜서 네 가장자리에

退枕

木造. 狹小長櫃[8], 或髤
漆, 或用黃蘗木皮鑲付, 或
用梧桐造, 而熨烙作沈香
色, 竝以黃銅裝飾. 所以置
諸枕畔, 禁枕流退者也.
可藏文房小小器用. 華造
黃銅絲套板, 織成落花、
流水紋, 四沿以羊革爲緣,
髤漆者佳.《金華耕讀記》

퇴침(국립민속박물관)

---

45 《爾雅注疏》卷8〈釋草〉(《十三經注疏整理本》24, 273쪽).
46 퇴침 : 서랍이 있는 목침(木枕)으로, 남성은 서랍에 구급약이나 방향성 약재를 넣었고, 여성은 빗이나 화장
용구를 넣어 사용했다.
⑧ 櫃 : 저본에는 "櫃". 오사카본에 근거하여 수정.

양가죽으로 가선을 댄 다음 옻칠한 것이 좋다.《금화
경독기》

20) 대자리베개[竹簟枕]

색칠한 대자리【민간에서는 '대껍질자리(피죽점)'라
부른다. 이것으로 옷상자를 만드는데, 호남의 담양
사람들이 잘 만든다.】를 말아 가늘고 긴 주머니를
만들고서 여기에다 자른 볏짚으로 속을 채워 여름
철에 사용한다. 다만 목에 바로 닿게 베서는 안 되
니 대나무가 사람의 피부를 찌를까 우려되기 때문이
다.《금화경독기》

竹簟枕

用彩竹簟,【俗呼"皮竹簟".
用以造衣箱者, 湖南 潭陽
人善爲之.】卷作纖長囊,
胎以剉稿爲夏月之用. 但
不可襯項枕之, 恐竹刺入
膚.《金華耕讀記》

21) 나전베개[螺鈿枕]

통영 사람들은 나무로 큰 침각(枕角)【민간에서는
베개의 양 끝이 수직 형태인 것을 '침각'이라 부른
다.】을 만들어 옻칠하고, 전복껍데기나 무늬 있는
조개[文貝][47]로 가선을 두르고서 두 마리의 뿔 없는
용 문양을 만든다. 큰 것은 둘레가 3척 정도 된다.
자주색 사슴가죽으로 가선을 두르고, 흰 무명으로
주머니를 만들어 그 안에 자른 볏짚을 가득 채운 뒤
푸른색 주(紬)로 싼다.[48] 이렇게 하면 평상에서 편안
하게 쉴 때 쓰는 도구가 될 수 있다.《금화경독기》

螺鈿枕

統營人木造大枕角,【俗呼
枕兩頭豎立者爲"枕角".】
髹漆, 鑲鰒殼, 文具, 作雙
螭文. 大者, 圍可三尺. 用
紫鹿皮爲緣, 白綿布爲囊,
滿盛剉稿, 被以碧秀紬[9],
可作牀榻上偃仰之具.《金
華耕讀記》

---

47 무늬 있는 조개[文貝] : 나전에 쓰는 조개껍데기는 전복껍데기나 야광패(夜光貝, 구슬우렁의 하나)나 현패
(蜆貝, 가막조개) 등 진줏빛이 나는 조개껍데기를 사용했으므로 이들을 아우르는 명칭이다.

48 자주색……싼다 : 현존하는 유물들은 나전으로 만든 베갯모만 남아 있다. 이로 유추해 보면 베갯모를 나전
으로 장식하고, 자른 볏짚을 넣는 속베개는 무명으로 만들어 그 겉은 주(紬)로 싸서 사람이 베고, 베개와
베갯모는 가죽으로 둘러 꿰맨 것으로 보인다.

⑨ 紬 : 저본에는 "細". 오사카본·한국은행본에 근거하여 수정.

나전으로 장식한 베갯모(국립민속박물관)

22) 소가죽베개[牛皮枕]

소가죽을 말아 베개를 만드는데, 크기와 길이는 일정하지 않다. 겨울에는 가죽[皮], 여름에는 무두질한 가죽[革]으로 만들고,[49] 무두질한 가죽을 쓸 때는 들기름을 먹인다.《금화경독기》

牛皮枕

卷牛皮爲枕, 大小長短不一. 冬用皮, 夏用革, 用革者油以荏油.《金華耕讀記》

---

49 겨울에는……만들고 : 《광재물보》에는 "날것을 피(皮), 털을 제거한 것을 혁(革)이라고 한다.(生曰皮, 去毛曰革.)"고 되어 있다.

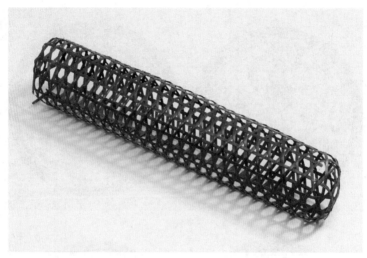
죽부인(국립민속박물관)

23) 죽부인[50]

죽부인은 대나무를 엮어서 만든다. 모양은 굴뚝과 같아 안은 텅 비어 있고, 겉은 둥글고 매끈하다. 여름에 이불 안에 두면 팔다리를 쉬게 할 수 있어서 '죽부인'이라 한다. '죽궤(竹几)'라고도 한다. 소식의 시에서 "듣자니 베갯머리에는 죽궤뿐이라 하는데, 그 죽부인은 그대[卿卿]라는 말을 모르겠지."[51]라 한 것이 이것이다.《금화경독기》

竹夫人

編竹爲之. 形如煙筒, 內空洞, 外圓滑. 夏月置諸被內, 可以憩臂休膝, 故名 "竹夫人", 亦名"竹几". 東坡詩"聞道枕頭惟竹几, 夫人應不解卿卿"是也.《金華耕讀記》

---

50 죽부인 : 대나무를 쪼개 길면서 둥글고 속이 비게 엮어 만든 기물로, 여름에 안고 자면 땀이 나지 않고 시원하다.
51 《東坡全集》卷3〈詩七十六首〉"地爐".

2. 앉을 때 필요한 도구

坐具

1) 의자

의자에는 네모난 의자, 둥근 의자, 접는 의자 등의 구별이 있다. 중국에서 자단으로 만든, 둥근 의자에 등나무로 앉는 판을 짠 것이 품평할 반열에 든다. 또 대나무 의자도 있는데, 여름철에 쓴다. 이런 의자들은 모두 문양 있는 단(緞)이나 구유(氍毹), 방로(氌氀)와 같은 각 종류의 모전으로 깔개를 만든다. 《금화경독기》

취옹의(醉翁椅)[1]는 등을 기대고 뒤로 누울 수 있어 누워서 쉬기에 편하다. 원래 이민족[胡]의 제도에서 나왔기에 이를 '호상(胡牀)'[2]이라고도 한다.《금화경독기》

椅

有方椅、圓椅、折疊椅之別. 華造花梨圓椅, 籐織坐板者入品. 又有竹椅, 爲夏月之用. 竝用文緞、氍毹、氌氀, 各色氈爲褥.《金華耕讀記》

醉翁椅靠背後偃, 便於偃息. 本出胡制, 故亦名"胡牀". 同上

---

1 취옹의(醉翁椅) : 취한 늙은이가 누워서 편히 쉴 수 있는 의자라는 뜻이다. 현재 중국에서는 일반적으로 흔들의자를 '취옹의'로 명명하고 있다.
2 호상(胡牀) : 중국식 의자의 하나로, 휴대용 접는 의자이다. '교상(交牀)', '교의(交椅)', '승상(繩牀)'이라고도 한다.

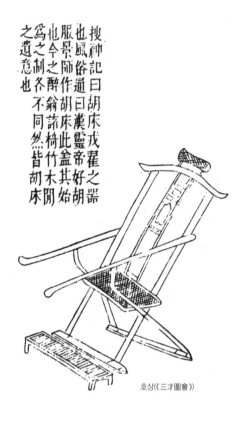

搜神記曰胡床戎翟之器

風俗通曰胡床漢靈帝好胡服景師作胡床此盎其始也

服之後制各不同翁詁椅竹木開然皆胡床之遺意也

호상(《三才圖會》)

2) 교의(交椅) 엮는 법3

15개의 구멍은 끈을 3부분으로 나누고, 끝의 한
부분은 그대로 둔다. 먼저 가운데 부분을 오른쪽에
서부터 끼우는데, 뒷면의 5번째 구멍에서 끼워 넣어
대각선으로 앞면의 1번째 구멍으로 나오게 한다. 다

穿交椅法

十五眼者, 繩分爲三停, 留
頭一停. 先以中停從右手穿
起, 自背後第五眼穿入, 對
穿出前面第一眼. 却第第①

---

3 이 기사에서 설명한 의자 엮는 법의 구체적인 내용을 잘 모르겠다. 《섬용지》 저술 당시에도 정확한 이해에
근거하여 이 기사를 수록한 것 같지 않다. 오사카본의 두주에 적혀 있는 다음과 같은 내용을 통해 이 같은
상황을 짐작해 볼 수 있다. "이 부분은 아마도 빠지거나 틀린 글자가 많은 것 같으니, 다시 다른 판본을 살
펴보라.(此段疑多脫誤, 更考他本)" 그러나 《居家必用》의 내용도 큰 차이가 없다.

① 第第 : 저본에는 "第". 규장각본·한국은행본·오사카본·《居家必用·戊集·磨補銅鐵石類》에 근거하여
수정.

시 차례차례 한 구멍씩 왼쪽으로 끼워 가서 맨끝에
이른 뒤에 1번째 구멍을 지나 다시 앞쪽의 왼쪽 5번
째 구멍에 넣는다. 그러고는 잠깐 내려놓고 원래 남
겨 두었던 끝 한 부분의 끈을 다시 원래 끼우기 시작
했던 곳의 2번째 구멍에서부터 차례차례 왼쪽으로
끼워 가다가, 다시 양쪽의 중간쯤에 이르러 끈이 다
하면 멈춘다. 다시 왼쪽으로 바꾸어서 앞서 오른쪽
에서 시작했던 방식과 비슷하게 한다. 왼쪽의 앞면
5번째 구멍에서 대각선으로 왼쪽 뒷면의 2번째 구멍
에 끼운다. 이어서 차례차례 오른쪽으로 끼워 간 다
음 다시 가운데 부분에 이르러 서로 만나면 그만둔
다. 끈이 1줄씩 지나가다가 완전히 지나갈 때면 기
둥을 따라 한 차례 두 차례 곱게 짜인다. 이렇게 되
면 15개의 구멍 중 왼쪽과 오른쪽의 앞뒤 면 1번째
구멍은 끈 2가닥이 지나가고 그 나머지인 몸통 부분
의 구멍구멍은 모두 4가닥이 지나가게 된다. 《거가
필용》4

3) 걸상5

대나무걸상이 있고 나무걸상이 있는데 모두 다
리가 4개이고 네모나며, 손님을 대접할 때 손님에게
앉게 하는 도구이다. 청흑색의 칡베로 장식하여 앉
을 자리를 만든다.《금화경독기》

一眼次一眼, 穿向左去, 到
盡頭後, 向第一眼, 却對着
前向左手第五眼. 且止瞥
下, 後以元留頭一停繩, 再
從元起處第二眼, 第第穿
向左去, 至兩酌中, 繩盡
止. 却翻轉左手, 如先右手
起相似, 却從左手前面第
五眼, 對左手後向第二眼
穿. 第第穿向右手去, 復②
至酌中處, 相接爲止. 繩以
單過, 透過時, 逐莖次一
次二細織去. 左右前後第
一眼, 繩二條過, 通身眼
眼, 都四條過.《居家必用》

机

有竹机, 有木机, 皆四足而
方, 賓筵坐客之具也. 用靑
黑褐布裝飾爲席.《金華耕
讀記》

---

4 《居家必用》戊集〈磨補銅鐵石類〉"穿交椅法"(《居家必用事類全集》, 208쪽).
5 걸상 : 걸터앉는 기물로, 등받이 없는 의자이다.
② 復 : 저본에는 "後". 《居家必用·戊集·磨補銅鐵石類》에 근거하여 수정.

4) 장의자(긴걸상)

제도는 걸상과 같지만 길이가 그보다 더 길다. 2~3인이 옆으로 나란히 앉을 수 있다.《금화경독기》

橙

制如杌而脩長. 二三人可聯袂而坐.《金華耕讀記》

5) 연궤(상)

좁고 길며, 다리 4개가 곧게 들려 있고 높이는 2~3척 정도이다. 의자에 앉는 사람은 반드시 앞에 이 책상을 놓고 붓과 벼루, 책 같은 종류를 늘어놓는다.《금화경독기》

燕几

夾長而四足矯擧, 高可數三尺. 坐椅者須置此几于前, 以陳設筆硏、書卷之類.《金華耕讀記》

6) 탁자

다리가 4개이고 네모나며, 높이는 2~3척 정도이다. 연회 때마다 앉을 의자와 장의자를 둘러놓고 그 가운데에는 반드시 이 탁자를 놓아 그 위에 잔이나 쟁반을 늘여 놓는다. 연궤와 탁자는 모두 자단으로 만든 것이 좋다. 탁자 가운데에 대리석을 박아 넣으면 더욱 좋다.《금화경독기》

檯

四足而方, 高可數三尺. 每讌會環坐椅、橙, 中必置此, 以設杯、槃. 燕几及檯俱以花梨造者爲佳. 中鑲大理石則尤佳.《金華耕讀記》

7) 탁자 씻는 법

뜨거운 사발의 굽이 밀리면서 옻칠한 탁자에 자국이 났을 때는 주석 잔에 끓는 물을 부어서 대 주면 그 자국이 저절로 없어진다.《물류상감지》[6]

洗檯法

熱碗足盪漆卓成跡者, 以錫注盛沸湯衝之, 其跡自去.《物類相感志》

금칠을 한 탁자 위에 뜨거운 차나 술병을 놓으면 대부분 누렇게 되는데, 이때는 다만 탁자를 밖에

金漆檯上, 放熱茶酒壺, 多致黃色, 只將檯扛至露天,

---

6 《說郛》卷22 下〈物類相感志〉"器用".

들어다 놓고 하룻밤만 서리를 맞히면 바로 예전처럼 반짝거리게 된다. 눈 속에 두면 더욱 효과가 빼어나다.《고금비원》[7]

經霜一夜便照舊. 雪中更妙《古今秘苑》

8) 방석[8]

연경에서 수입한 모전방석이 좋다. 둥글게 만들거나 네모나게 만들기도 하며, 또는 청색 바탕에 하얀 문양으로 절지화(折枝花)[9]를 그리기도 한다. 우리나라 사람들은 더러 종이노끈으로 사방 몇 척이 되는 자리를 짜서 쪽물을 들인다. 그런 다음 물에 헹궈 말린 뒤 솔솔로 수백 번 문지르면 종이보풀이 거

方席

燕貿氈方席佳. 或圓或方, 或靑質白紋畫折枝花. 東人或以紙繩, 編作方數尺席, 染靛汎澼, 俟乾, 以鍋刷擦刷數百遍, 則紙毛鬆然, 酷類氈席. 裁香蒲席

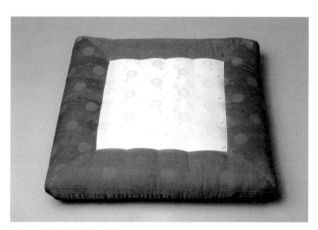

비단으로 만든 방석(국립민속박물관)

---

7 《古今秘苑》〈二集〉卷3 "金漆器易黃", 4~5쪽.

8 방석 : 앉을 때 밑에 까는 작은 깔개로, 겨울에는 솜을 넣어 따뜻하게 만들고 여름에는 왕골이나 대나무를 엮어 만들어 깐다.

9 절지화(折枝花) : 작은 화폭에 꽃이 피어 있는 가지의 일부를 그린 그림으로, 큰 줄기에서 잘린 가지와 꽃을 그린다. 큰 화폭에 꽃나무 전체를 그린 그림과 구별된다.

왕골로 만든 방석(국립민속박물관)

칠게 일어나 모전방석과 아주 비슷해진다. 부들자리를 마름질해 아래에 깔고, 검은 칡베로 가선을 장식하면 모전방석에 버금갈 수 있다. 또 겨울에는 꿩이나 닭의 솜털을 모아 문드러지도록 비비고 두드려 목화솜처럼 되면 이를 푸른 칡베로 싸서 사방 3척인 방석을 만드는데, 또한 겨울에 손님을 대접하는 도구가 될 수 있다.《금화경독기》

薦底, 黑褐布緣飾, 可亞於氈席. 又於冬月收雉鷄毳毛, 爛鞭揉打, 待如綿絮, 靑褐布包裹, 作方三尺席, 亦可作冬月對客之具.《金華耕讀記》

여름에는 흰 창포로 둥근 방석을 만들거나 교장(茭葦)[10]으로 짜서 팔각형의 방석을 만드는데, 푸른색과 붉은색으로 얼룩무늬를 만든 것이 매우 좋다.《금화경독기》

夏月用白菖蒲團席, 或用茭葦織成八稜席, 靑紅斑紋者佳甚. 同上

---

10 교장(茭葦) : 파도가 밀려와 닿는 곳과 물가에서 나는 물풀로 보이나 구체적인 모습은 잘 모르겠다.

3. 가리거나 막는 여러 도구

障護諸具

1) 병풍[1]

우리나라 병풍 제도는 처음에 일본에서 들어왔는데, 지금은 팔도에 두루 퍼졌다. 화려하게 만드는 사람들은 문양 없이 견(絹) 그대로를 바탕으로 하고 능(綾)이나 단(緞)으로 가선 마감[禪][2]하며 옛사람의 시문(詩文)을 쓰거나 산수(山水), 새나 짐승, 꽃과 나무, 누각 같은 종류를 그리기도 한다. 나이 드신

屏

我東屏制始來自倭, 今遍八域. 鬪靡者以絹素爲質, 綾緞爲禪, 或書古人詩文, 或畫山水、翎毛、花樹、樓閣之類. 壽親養老, 多畫王母蟠桃、十長生, 嫁女娶

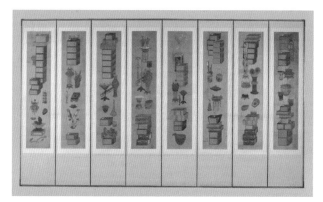

조선 책가도(册架圖) 8폭 병풍(국립민속박물관)

접은 병풍(국립민속박물관)

---

1 병풍 : 바람을 막거나 가리기 위해, 또는 장식용으로 방 안에 치는 물건. 직사각형으로 짠 나무틀에 종이를 바르고 그림이나 글씨를 붙이기도 하고 직물 그 자체만으로 꾸며, 접었다 폈다 할 수 있게 만든다.
2 가선 마감[禪] : 병풍이나 방장 등 기물의 가장자리를 깨끗하게 정리하기 위해 비단을 덧대서 마무리하는 것.

〈곽분양행락도〉 병풍(19세기, 국립민속박물관)

〈백자도〉 병풍(19~20세기 초, 국립고궁박물관)

부모나 어른을 모시면 대부분 서왕모(西王母)3의 반도
(蟠桃)4나 십장생(十長生)5을 그리고, 딸을 시집보내거
나 며느리를 들이면 대부분 곽자의(郭子儀)6의 행락도
(行樂圖)7나 백자도(百子圖)8를 그려 기원하는 마음을

婦, 多用汾陽行樂圖、百子
圖, 以寓祈祝之意. 大抵齋
中宜淡墨山水, 閨閣宜彩
畫人物. 倭屛金畫者亦可

---

3 서왕모(西王母) : 선녀들을 지배하는 전설상의 여제(女帝)이다. 곤륜산(崑崙山) 꼭대기에 있다는 서왕모의
궁전은 천계와 연결되어 있으므로 인간이 쉽게 길을 더듬어 오를 수 있는 곳은 아니라고 한다.
4 반도(蟠桃) : 서왕모의 곤륜산에 있다는, 3천 년에 한 번씩 열리는 복숭아.
5 십장생(十長生) : 오래 살고 죽지 않는다는 10가지 물건. 해·달·산·내·대나무·소나무·거북·학·사슴·불
로초이다.
6 곽자의(郭子儀) : 697~781. 당(唐)의 무장(武將)으로, 안녹산(安祿山)의 난을 평정하고, 그 공으로 분양왕
(汾陽王)에 봉해져 '곽분양'이라고도 한다. 토번(吐蕃, 티베트)이 당을 치려 하자 회흘(回紇, 위구르)을 회
유하고 토번을 쳐서 당을 구하기도 했다.
7 행락도(行樂圖) : 곽자의가 80명이 넘는 자손들과 한집에서 함께 살며 화평하고 즐겁게 지내는 모습을 그린
그림.
8 백자도(百子圖) : 많은 사내아이들이 노는 광경을 소재로 그린 그림.

담는다. 대체로 서재에는 엷은 먹으로 그린 산수화가 알맞고, 안방에는 채색한 인물화가 알맞다. 금으로 그린 일본 병풍은 또한 침실에 펼쳐 둘 만하니, 새벽에 해가 막 떠오를 때 네 벽을 환하게 할 수 있기 때문이다.《금화경독기》

張之寢室, 曉旭纔升, 能令四壁明晃.《金華耕讀記》

2) 방장[9]

청흑색 칡베에 얇은 솜을 쟁여 넣어 방장을 만든다.【더러는 솜을 쓰지 않고 단지 두꺼운 종이를 수없이 문지른 뒤 폭을 이어 틀을 만든다.】자주색 사슴가죽으로 단추를 만들고 무명실로 만든 끈으로 단추를 꿴다. 이렇게 만든 방장을 벽 위에 펼치고 쇠못을 박아 추위와 냉기를 막는다. 창이나 쪽문에 달아서 낮에는 말아 올렸다가 저녁에는 늘어뜨리려면, 한가운데에 있는 두 자락[襟]의 두 가장자리가 서로 겹쳐지게 하고, 구리 고리를 두어 끈을 묶어서 말아 걸 수 있게 한다. 만약 방 가운데에다 벽에 닿지 않게 방장을 설치하려면, 따로 7~8척의 나무막대【옻칠을 하거나 자단 또는 오목 등의 색을 뜻대로 물들인다.】를 좌우의 들보에 가로로 끼우고 나무막대 앞쪽에 구리고리 4~5개를 나란하게 박은 뒤 여기다 노끈을 끼우고 앞의 방법과 같이 방장을 건다.

일반적으로 방장에는 반드시 가선 마감이 있고,

帳

用青黑褐布, 裝薄綿爲帳.【或不用綿, 但用厚紙, 揉按百遍, 連幅爲胎.】紫鹿皮爲紐, 青綿絲繩貫紐. 張在壁上, 鐵釘以禦寒冷. 其當憁、閣[1]處, 欲晝捲夜垂, 則正中兩襟, 交掩兩邊, 有銅鉤繫繩, 令可捲挂. 若於房室中央, 欲不靠壁設幃, 則另用七八尺木條,【或髹漆, 或染作花梨、烏木等色隨意.】橫嵌左右梁, 木條前面排釘銅環四五, 以貫繩挂帳如前法.

凡帳必有賻, 其賻另用他

9　방장 : 방문이나 창문에 치거나 두르는 휘장. 주로 겨울철에 바람을 막기 위해 쳤다. 겨울에는 모직물과 견직물로 만들고, 벽에 의지해 천장과 가까운 부분에서부터 늘어지도록 단다.(국립민속박물관,《한민족역사문화도감 : 주생활》, 2006, 405쪽).
1　閣 : 저본에는 "閤". 규장각본·오사카본에 근거하여 수정.

견직물로 만든 방장(국립민속박물관)　　　　　송을 쟁여 넣어 누빈 방장(국립민속박물관)

그 가선 마감은 별도로 다른 색의 견직물【여기서 '다른 색'이란 방장과 다른 색을 뜻한다. 예를 들어, 검은 방장이면 푸른 견직물로 가선 마감을 하고, 자주색 방장이면 녹색 견직물로 가선 마감을 한다.】을 사용하여 방장의 윗머리에 가로로 붙인다.【가선 마감 중 아래쪽 가장자리는 늘어뜨리기만 하고 바느질은 하지 않는다.】이 가선 마감에 절지화(折枝花)나 나비를 넉넉하게 그리면 우아한 풍치가 있다. 칡베가 없을 때는 무명베에 쪽물을 들이거나 침향색, 금향색, 낙타색, 장색(醬色)[10]을 뜻대로 물들여도 칡베에 버금갈 수 있다.《금화경독기》

色絹帛,【他色謂與帳異色也. 如黑帳則用靑絹爲賵, 紫帳則用綠絹爲賵.】橫綴於帳之上頭,【賵之下邊垂而.】畫折枝花、蝴蝶饒, 有雅致. 無褐布者, 但用木綿布染靛, 或沈香、錦香、駝色、醬色, 隨意, 亦可亞於褐布.《金華耕讀記》

---

10 장색(醬色) : 짙은 자색(赭色)으로 검붉은 빛깔.

화려하게 만드는 사람들은 갖가지 색의 구유(氍毹)나 방로(氆氌) 등으로 방장을 만든다. 또 모전으로 방장을 만들기도 하는데, 이들은 무엇보다도 바람과 추위를 잘 막는다. 검은 칡베 가장자리에 가선을 장식하고 네 모서리에 '만(卍)'자 등의 문양을 이어 두르면 매우 좋다.《금화경독기》

방을 따뜻하게 하려면 짐승가죽으로 방장을 만든다. 금색·은색·구리색 세 종류의 동전 모양이 있는 표범가죽을 상급으로 치고, 누런 바탕에 흰 점이 어린 사슴가죽도 좋게 친다. 오소리가죽이 그다음이다. 산양은 털이 너무 부드럽고 죽은 개 냄새가 나서 모두 하급으로 친다.《금화경독기》

3) 모기장

일본에서 만든, 녹색 고치실로 효사(撬紗)[11]처럼 곱게 짠 것이 좋다. 이것이 없으면 모시베에 쪽물을 들여 만든다.《금화경독기》

4) 방장걸이[12]

방장걸이는 구리로 만들어야 한다. 더러는 뼈나 뿔로 만들기도 하는데, 뼈나 뿔은 물이나 불에 닿으

鬪靡者用諸色氍毹、氆氌等爲帳. 又有用氈爲帳者, 最禦風寒. 黑褐布緣飾邊沿, 而四隅作連環卍字等紋佳甚. 同上

取煖者, 用獸皮爲帳. 豹皮三錢文者爲上, 兒鹿皮黃質白點者亦佳. 土猪皮次之. 山羊毛太氄, 狗皮有臭, 俱爲下. 同上

辟蚊帳

倭造綠繭絲, 織成細眼如撬紗者佳. 無者用苧布染靛爲之.《金華耕讀記》

帳鉤

帳鉤須用銅造. 或以骨角造者, 骨角經水火, 炙灣性

---

11 효사(撬紗) : 사(紗)는 날실을 꼬아서 직조하기 때문에 빈 공간인 구멍이 생기는 비단의 일종이다. 효사는 정확히 어떤 직물인지 알 수 없지만 사(紗) 직물의 특징인 꼬임으로 인한 구멍이 생긴 직물일 것으로 보인다.

12 방장걸이 : 발이나 방장을 걷어 올릴 때 이용하는 걸이로, 발이나 방장의 길이를 조절할 수 있다. 걸이는 놋쇠 등으로 만든 갈고리와 색실로 만든 매듭과 술로 구성된다.(국립민속박물관, 위의 책, 2006, 407쪽)

방장걸이(국립민속박물관)

면 휘거나 성질이 물러져 쉽게 부러진다.《지세사》[13]	脆易折.《知世事》

5) 병풍이나 방장을 보관하는 법

여름에 병풍이나 방장을 보관할 때 조심하지 않으면 쥐가 갉아 먹거나 벌레가 망가뜨리기 쉽다. 병풍은 칡베를 겹으로 바느질해 싸개를 만든 뒤 전체를 씌워 싸고, 베 조각으로 좁고 긴 띠를 만들어 위아래를 그대로 둘러 묶는다. 다시 큰 널빤지【길이와 너비는 병풍에 비해 0.1~0.2척을 더한다.】2개를 모두 양 가장자리 위아래로 구멍을 뚫고 가죽끈을 여기에 연결해 놓는다. 이어서 두 널빤지 사이에 병풍을 놓고 가죽끈으로 단단히 묶은 뒤 높은 마루의 바람이 통하는 곳에다 높은 선반을 설치해 그 위에 가로로 올려놓는다. 방장은 접어 보자기로 싸서 궤짝에 보관해 두었다가 장마가 시작하거나 장마가 끝

藏屛、帳法

夏月收藏屛、帳, 不謹, 易致鼠齧蟲損. 屛宜用褐布, 袷縫爲衣, 套包全身, 仍以布條, 作狹長帶, 纏縛上下. 復用大木板【長廣, 比屛加一二寸.】二, 竝兩邊上下穿孔, 繫革條, 安屛兩板之中, 而革條固結, 高軒通風處, 設高架, 橫安其上. 帳宜摺疊袱裹櫃藏, 每於入梅出梅時, 曬曝如曬書畫法.【案 氈帳收法,

---

13 출전 확인 안 됨.

날 때마다 책이나 그림을 햇볕에 말리는 방법대로 햇볕에 말려야 한다.【안 모전으로 만든 방장을 보관하는 방법은《왕정농서》의 '전(氈) 제품을 보관할 때 좀 쏠지 않게 하는 법'을 써야 하는데, 이는 이미 위에 보인다.[14]《금화경독기》

當用《王氏農書》"收氈物不蛀法", 已見上.】《金華耕讀記》

6) 발[15]

대나무를 깎아 무명실로 엮은 것이 좋다. 갈대나 물억새로도 발을 만들 수 있다. 걸이는 굽은 나무뿌리에 물을 뿌려 가며 갈아서 만든다.《증보산림경제》[16]

簾

削竹, 用綿絲編成者佳. 蘆、荻亦可作簾. 鉤用木根之句者, 水磨爲之②.《增補山林經濟》

대발 만드는 법 : 대나무를 잘라서 물에 담가 물기를 완전히 스며들게 한 다음 꺼내어 땅 위에 놓고 나무몽치로 계속 세게 다지면 대나무 몸통이 풀려서 노끈처럼 갈라지는데, 칼을 대고 대나무를 끝에서부터 천천히 들어 긁어낸다. 따로 강철로 작고 얇은 판 1개를 만들어 작은 구멍을 뚫는다.【구멍의 둘레를 잘 갈아서 날카로운 칼날을 만든다.】대나무 가닥을 하나씩 구멍에 집어 넣고 손으로 잡아 빨리 빼내면 고루 둥글고 매끈해져 대나무 가닥 하나하나가 한 틀에서 나온 것 같다. 청색 무명실을 발틀에

作竹簾法 : 截竹水漚, 待濕透, 出置地上, 以木椎反覆痛碫之, 則竹身解析如繩, 用刀從頭次次揭起. 另用剛鐵, 作一小薄板, 窄細孔,【孔圍, 磨治, 作利刃.】每取竹條頭, 貫入孔中, 仍手執急抽之, 則圓勻淨滑, 箇箇如出一範矣. 用青綿絲附機, 織成如香蒲

---

14 앞의 〈복식 도구〉 "옷과 갖옷" '전(氈) 제품을 보관할 때 좀 쏠지 않게 하는 법'.

15 발 : 가늘고 긴 대를 줄로 엮거나, 줄 따위를 여러 개 나란히 늘어뜨려 만든 기물. 주로 무언가를 가리는 데 쓴다.

16 《增補山林經濟》卷14〈淸齋位置〉"簾"(《農書》5, 218쪽).

② 之 : 저본에는 없음. 규장각본·오사카본·한국은행본에 근거하여 보충.

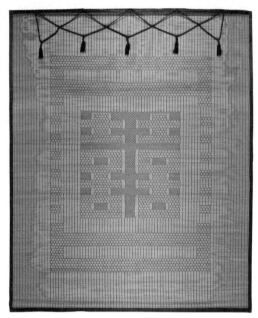

대나무로 만든 발(국립민속박물관)

붙여서 부들자리 짜는 법과 같이 짠다.

　다시 대나무를 깎아 0.04~0.05척 너비의 막대 2
개를 만든 뒤 이 막대들의 배 부분이 서로 마주보게
합쳐 1가닥으로 만들되, 발의 위아래 가장자리 각
각을 가지런히 하여 위와 아래에 각각 1가닥을 붙인
다. 이어서 작은 도끼로 그 좌우 양 가장자리의 가지
런하지 않은 곳을 깎아서 다듬는다. 다시 검은 칡베
로 네 가장자리에 가선을 장식한다. 혹시 발에 색을
내고 싶으면 먼저 가닥을 구멍에서 빼낸 다음에 뜻
대로 색을 낸다.【붉은색이든 녹색이든 다른 색이든

席織法.

　復削竹, 作四五分廣兩條,
合腹爲一條, 簾上下邊齊
各③, 綴一條, 以小斧斫
鍊其左右兩邊不齊處. 更
用黑褐布, 緣飾四沿. 或欲
設色, 則先於抽孔之後, 隨
意設色.【或朱或綠或他色,
隨意.】仍以法製油刷光.
或不設色, 但以黃漆漆之

---

③ 各 : 저본에는 "合". 오사카본에 근거하여 수정.

뜻대로 한다.】이 상태에서 법제들기름으로 문질러 광을 낸다. 혹시 색을 내지 않을 때는 황칠로만 칠하면 더욱 좋다.《금화경독기》

尤佳.《金華耕讀記》

7) 겹분합문[複閤]

문살을 성글게 만들고 종이를 바르는 공정은 병풍 제도와 거의 비슷하지만, 높이는 들보에 미치고, 너비는 기둥이 끝나는 곳까지이다. 그 창이나 문이 있는 곳에 밀어서 열고 닫는 미닫이창이나 문을 만들고, 또 들어 올려서 위에 고정하는 것이 천장널의 아래에 있다.[17] 겨울에 침실에 설치하여 바람과 추위를 막는다.《금화경독기》

複閤[4]

疏櫺塗紙, 彷髴屛制, 而其高及梁, 其廣竟[5]楹. 其當牕牖門戶處, 作推開推閉之牕戶. 又有仰格罩上, 在天板之下. 冬月設於寢室以禦風寒.《金華耕讀記》

---

17 그 창이……있다 : 이 문장의 뜻을 잘 모르겠다. 문장의 내용상으로는 등자쇠를 말하는 것으로 짐작되지만 본문에서 설명하는 문은 여닫이문이 아니라서 특정할 수 없다.

④ 閤 : 저본에는 "閣". 오사카본에 근거하여 수정.

⑤ 竟 : 저본에는 "及". 오사카본에 근거하여 수정.

4. 기타 도구 　　　　　　　　雜具

1) 구장(비둘기지팡이)[1] 　　　　鳩杖

《속한서(續漢書)》[2] 〈예의지(禮儀志)〉에 다음과 같은 기록이 있다. "매년 8월에 나이 80세가 된 백성에게 옥으로 만든 지팡이를 내리는데, 끝에 비둘기 모양을 장식했다. 비둘기는 목이 메지 않는 새이니, 노인이 목이 막히지 않기를 바란 것이다."[3] 그러나 내 친

《續漢·禮儀志》記 : "歲八月, 民年八十, 賜玉杖, 端以鳩爲飾. 鳩者, 不噎之鳥, 欲老人不噎." 然余親戚有爲先①州守, 得古銅鳩

낙랑의 새 모양의 지팡이 장식(국립중앙박물관)

---

1 구장(비둘기지팡이) : 지팡이의 손잡이 부분에 비둘기 모양을 장식해 걸을 때에 도움을 얻기 위하여 짚는 막대기.

2 《속한서(續漢書)》 : 진(晉)의 사마표(司馬彪, ?~306?)가 후한의 역사를 편찬한 책. 범엽(范曄, 398~445)이 완성하지 못한 《후한서(後漢書)》의 지(志) 30권은 이 책의 내용으로 보충한 것이다.

3 《後漢書》卷15 〈禮儀〉中.

① 先 :《避暑錄話》에는 "光".

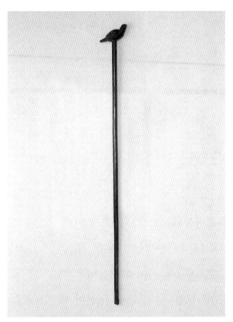

구장(국립민속박물관)

척 중에 선주(先州)⁴의 수령이 된 사람이 옛 구리로 만든 비둘기 1개를 얻었다. 그 크기는 손바닥 반만 하고 머리를 조아리고 깃을 모았으며, 꼬리와 발을 갖춘 것이 마치 쪼그려 앉은 듯했다. 속은 비어 있었고, 그 안에 둥근 구멍이 있어서 그 속으로 넣으면 바로 지팡이를 끼울 수 있다. 만듦새가 매우 정교해서 나에게 준 것인데, 이는 아마도 바로 한나라의 구장 장식인 것 같다. 그래서 이것으로 지팡이를 만들었더니 정말로 머리는 가벼우나 꼬리가 무거워

一, 大半掌許, 俯首斂翼, 具尾足, 若蹲伏, 腹虛, 其中有圈, 穿腹, 正可受杖. 制作甚工以遺余, 疑卽漢鳩杖之飾. 因以爲杖, 良是首輕而尾重, 擧之則探前僾後. 蓋如此乃可取力, 此所以佐老人也.【案】筇竹杖已見《怡雲志·名勝遊衍》

---

4 선주(先州) : 중국 광동성 중남부 연해의 주장강 하구의 주해(珠海) 지역에 위치한, 마카오와 연접한 도시였을 것으로 보인다.

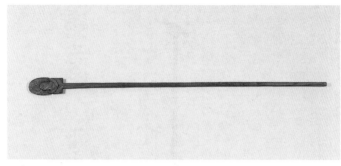

살포(국립민속박물관)

서 들면 앞쪽을 더듬으면서 뒤쪽으로 쏠리게 된다. 대개 이와 같아야 힘을 낼 수 있으니, 이것이 노인을 돕는 이유이다.【안 공죽장(筇竹杖)은 이미 《이운지》 '명승지 여행[名勝遊衍]'에 보인다.5 그러나 노인이 비록 정원 안에 있다고 해도 또한 지팡이를 짚어야 하니, 이 제도를 살펴 구장을 만들어 집 안에서 노인을 부축하는 채비로 삼아야 한다.】《피서록화》6

類, 而老人雖在庭院之內 亦須杖, 宜按此制, 造鳩 杖, 以爲家內扶老之資.】 《避暑錄話》

2) 전수장(논물지팡이)7

대나무든 나무든 관계없이 차라리 소박할지언정 화려해서는 안 되고, 짧을지언정 길어서는 안 된다. 아래쪽 끝에 사방 0.1척인 작은 쇠삽을 끼워 넣어 농사철마다 농사를 살피는데, 죽립(竹笠)에 나막신 차림으로 지팡이를 가지고서 논두렁 사이를 슬슬 돌

田水杖

不論是竹是木, 寧樸毋華, 寧短毋長. 下端嵌以方寸 小鐵鍤, 每農節省農, 竹 笠、木屐携此杖, 逍遙畦 塍之間, 遇水筞泥淤處,

5 《이운지》 권8 〈명승지 여행〉 "여행에 필요한 행장" '지팡이'에 나온다. 그러나 그곳에는 공죽장에 관한 언급이 없고 구조장(鳩鳥杖, 즉 구장)이 나온다. 본문의 '공죽장'은 문맥으로 볼 때도 '구장'의 오기로 보아야 한다.
6 《避暑錄話》卷上.
7 전수장(논물지팡이) : 논에 물꼬를 트거나 막을 때 쓰는 농기구로, 긴 자루 끝에 작은 삽이나 괭잇날을 달아 지팡이처럼 짚고 다닌다.

아다니다가 수방(水筹)[8]에 진흙이 막힌 곳을 만나면 삽으로 터 준다. 도잠(陶潛)[9]이 지팡이에 의지해 논물 소리[田水]를 들으면서 "이 물이 내 스승이나 어른 계신 곳도 지나가리라."[10]고 탄식했으므로 '전수장(田水杖)'이라 한다.《금화경독기》

用鍤疏決. 陶淵明倚杖聽田水, 歎"過吾師丈人", 故名"田水杖".《金華耕讀記》

3) 등긁개[麻姑手] [11]

뽕나무로 손가락 모양을 만들어 등을 긁는데, 민간에서는 '마고의 손[麻姑手]'이라 한다. 마고(麻姑)[12]는 선녀의 이름으로, 그 손톱 길이가 몇 촌이 되기 때문에 가려운 곳을 긁으면 시원해진다.《화한삼재도회》[13]

麻姑手

用桑木作手指形, 用以搔背, 俗謂"麻姑手". 麻姑, 仙女名, 爲其指爪長數寸, 爬痒快也.《和漢三才圖會》

우리나라 사람들은 '소양자(搔癢子)'라 부른다. 더러는 말갈기를 엮어 작은 추(錘)[14] 모양으로 만들기도 하고, 뿔을 갈아 큰 동전 모양으로 만든 뒤 가는 대나무를 자루에 끼우기도 한다. 일찍이 중국에서

東人呼爲"搔癢子". 或緝騣作小錘樣, 或磋角, 作大錢形, 以細竹爲柄. 曾見中州來者, 玉作小兒拳, 爪甲、

---

8 수방(水筹) : 대바구니처럼 만들어 논두렁에 설치한 배수 기구로, 오물을 거르는 역할을 한다. 자세한 내용은 《본리지》 권12 〈그림으로 보는 관개시설〉 '수방'을 참조 바람.

9 도잠(陶潛) : 365~427. 중국 동진(東晉)의 시인. 자는 연명(淵明)이다. 자연을 노래한 시가 많고, 시 외의 산문 작품에 〈오류선생전〉, 〈도화원기〉 등이 있다.

10 이 물이……지나가리라 :《연명별전(淵明別傳)》에 "도연명이 일찍이 논물 소리를 들었다. 지팡이에 기대어 한참을 듣더니, '벼 이미 자라 푸른빛이 사람을 물들이는구나. 때로 가슴을 터놓듯이 막힌 곳을 한번 치우니, 이 물이 내 스승이나 어른 계신 곳도 지나가리라.(禾稻已秀, 翠色染人. 時剖胸襟, 一洗荊棘, 此水過吾師丈人矣.)'고 했다."는 글이 있다.《雲山雜記》卷2 '田水聲過吾師丈人'.

11 등긁개[麻姑手] : 손이 미치지 않는 등 부위를 긁을 수 있도록 만든 도구.

12 마고(麻姑) : 중국의 신선의 이름으로 한(漢)나라 환제(桓帝) 때에 고여산(姑餘山)에 살았다고 한다. 새 발톱 같은 긴 손톱으로 가려운 데를 시원하게 긁어 준다고 했기에, 어려운 일을 해결해 준다는 뜻으로 쓰이기도 한다.

13 《和漢三才圖會》卷26 〈服玩具〉"爪杖"(《倭漢三才圖會》3, 437~438쪽).

14 추(錘) : 나무자루의 끝에 쇠공이 달려 있는 무기.

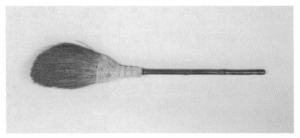

손잡이가 긴 비(국립민속박물관)

깃털로 만든 먼지 터는 비(국립민속박물관)

손잡이가 짧은 비(국립민속박물관)

온 것을 본 적이 있는데, 옥으로 아이의 주먹을 만
들어 손톱과 손금이 모두 갖춰져 있었고 오목(烏木)

掌紋皆俱, 用烏木爲柄, 製
極精妙《金華耕讀記》

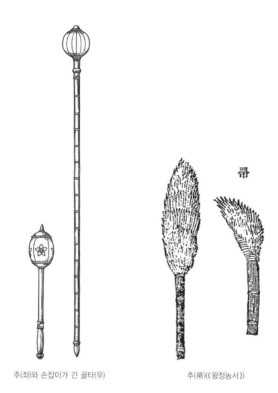

추(좌)와 손잡이가 긴 꼴타(우)　　　　　　추(帚)(《왕정농서》)

으로 자루를 만들었으며 제품이 몹시 정교하고 빼
어났다.《금화경독기》

4) 비[篲] [15]

추(帚)는 지금 '추(箒)'라 쓰고, 또 '수(篲)'라고도 한
다. 비의 쓰임에는 2가지가 있다. 하나는 풀을 엮어
서 만들어 방 안을 깨끗이 청소하는 것으로, 모양이
납작하면서 짧아 '조【조(條)는 초(苕)로 쓰기도 한다.】

篲

帚, 今作"箒", 又謂之"篲".
其用有二 : 一則編草爲之,
潔除室內, 制則匾短, 謂之
"條【亦作苕】帚". 一則束篠

15　비[篲] : 먼지나 쓰레기를 쓸어 내는 기구로, 용도에 따라 크기가 다르고 짚이나 싸리나 새의 깃털 등으로
　　만든다.

추(條帚)'라 한다. 다른 하나는 조릿대를 묶어서 만들어 마당을 쓰는 것으로, 모양이 더부룩하면서 길어 '소추(掃帚)'라 한다. 또 종생(種生)[16]으로 만든 소추가 있는데, 한 그릇 분량으로 비 1개를 만들 수 있으므로 '독소(獨埽)'라고도 한다. 농가에서는 이런 종자를 재배해 텃밭 주변에서 활용할 수 있도록 대비해야 한다.《왕정농서》[17]

爲之, 擁掃庭院, 制則叢長, 謂之"掃帚". 又有種生埽帚, 一科可作一帚, 謂之"獨埽". 農家尤宜種之, 以備場圃間用也.《王氏農書》

서재에서는 중국에서 만든 종려털비를 쓰고, 안방에서는 자루에 주칠을 한 돼지털비를 써야 한다. 높은 마루나 넓은 정자에서는 꿩꼬리비를 쓰고, 부엌에서는 볏짚비나 수수이삭비를 써야 한다. 수수 중에는 이삭은 무성하지만 알맹이가 제대로 영글지 않은 종자가 있는데, 그 모양이 말꼬리 같아서 '마미수수[馬尾薥黍]'라 한다. 이 수수로는 방 안에서 쓰는 자루가 긴 비를 엮을 수 있다.《금화경독기》

書齋宜用華造椶絲帚, 閨閤宜用猪鬃帚朱漆柄者, 高軒廣榭宜用雉尾篲, 廚竈之間宜用稻稭篲、薥黍穗篲. 薥黍有一種穗繁不實, 形如馬尾, 名曰"馬尾薥黍", 可編作長柄帚, 用之房室之內.《金華耕讀記》

물새의 깃을 모아 깃의 어깨 부분을 잇고 말린 다음 비를 만든다.《증보산림경제》[18]

水鳥翎連肩, 曬乾爲篲.《增補山林經濟》

---

16 종생(種生) : 녹두와 팥, 밀 등의 곡식을 물에 담가서 틔운 싹, 또는 그 싹으로 만든 비. 이는 칠석 때의 습속으로 녹두, 팥과 밀을 물에 담가서 싹이 몇 촌 나오면, 붉은색이나 남색으로 물들인 끈으로 묶는다. ("又以菉豆、小豆、小麥於磁器內以水浸之, 生芽數寸, 以紅藍綵縷束之, 謂之種生.")《東京夢華錄》卷8 "七夕".

17 《王禎農書》卷15〈農器圖譜〉8 "蓧蕢門" '帚', 272쪽 ;《農政全書》卷24〈農器〉"圖譜" '帚'(《農政全書校注》, 605쪽).

18 《增補山林經濟》卷16〈淸齊位置〉"篲"(《農書》卷5, 229쪽).

5) 쓰레받기

누렇게 기름 먹인 전후지의 사방 1척 정도를 좌·우·뒤 3면을 모두 0.1척가량 접어 담을 만들고, 오직 앞면만 터 청소할 때 비에 대고 먼지를 받을 수 있게 한다. 뒤쪽 담의 접은 곳 가운데 부분에 구멍을 2개 뚫고서 노끈으로 만든 끈을 꿰어 비와 함께 마루의 기둥에 걸어 둔다. 또는 소가죽에 기름을 먹여서 만들면 더욱 오래 견딘다.《금화경독기》

6) 먼지떨이[無塵子]

방용(方鏞)이라는 자가 천문산(天門山)에 은거하면서 종려 잎으로 책의 먼지를 떨면서 이를 '무진자(無塵子)'라 부르고, 달마다 술과 포로 제사를 지냈다고 하는데,[19] 이 '무진자'는 책의 먼지를 터는 도구일 뿐이다. 지금 사람들은 오목으로 자루를 만드는데, 길이는 겨우 0.8~0.9척이다. 그 끝부분을 꽃술 모양으로 만들고, 검은 비단[帛]과 누런 주(紬)를 각각 0.7척씩 서로 겹치게 접어 꽃술 끝부분에 씌운 다음 실로 묶는다. 이를 그대로 뒤집어서 털면 2폭의 주(紬)와 비단[帛]이 사방으로 늘어진다. 관이나 건 위의 먼지나 때를 떨어내는 데 쓰고 책상이나 책 등에 쌓인 먼지를 터는 도구로도 두루 쓸 수 있어서 무진자라 부른다.《금화경독기》

承塵

用油黃錢厚紙方尺許, 左右後三面, 皆屈摺一寸許爲墻, 惟開前面, 以備灑掃時, 承箒受塵. 後墻屈摺處, 當中穿兩孔, 以受繩縷, 伴箒掛在軒閣之柱. 或用牛革灌油爲之, 則尤耐久.《金華耕讀記》

無塵子

方鏞隱天門山, 以椶櫚葉拂書, 號曰"無塵子", 月以酒脯祭之, 此書卷拂塵之具耳. 今人用烏木爲柄, 長僅八九寸. 其端作花蘂形, 用皁帛黃紬, 各七寸, 相疊屈摺, 冒在花蘂頭, 而以絲約之. 仍倒拂之, 則兩幅紬帛四垂, 用以拂去冠巾上塵垢. 亦可通用於研几書帙等拂塵之具, 仍號無塵子.《金華耕讀記》

---

19 《雲仙雜記》에서 인용한 《高士春秋》에 나오는 고사이다. 《雲仙雜記》卷1 "無塵子".

놋쇠로 만든 요강(국립민속박물관)

백자로 만든 요강(국립민속박물관)

7) 요강[20]

요강은 놋쇠로 만들고 모양은 작은 사기 단지와 같지만 뚜껑이 있다. 요강 뚜껑은 꼭대기가 둥글게 솟고 꼭지가 있으며, 뚜껑의 사방 언저리에는 도랑처럼 파인 골이 있다. 방 안에서 오줌을 받는 도구

溺缸

鍮造, 形如小甕缸而有蓋. 其蓋, 頂隆而有鈕, 四沿起伏爲溝. 房闥內受溺之具也. 甕者爲繩牖卷樞,

---

20 요강 : 방에 두고 오줌을 누는 기물. 놋쇠나 사기 등으로 작은 단지처럼 만든다.

다. 사기로 만든 요강은 가난한 집안의 용품이니 가난하고 검소한 사람들의 쓰임에 알맞다. 오동나무를 갈이틀로 둥글게 깎아 옻칠을 해서 만든 요강은 여행할 때 휴대하기 편하다. 소가죽으로 만들어 기름을 먹인 것도 있다.《금화경독기》

中寒儉之用. 鏇桐木造髹漆者, 爲行役時, 便於持齋也. 亦有牛革造灌油者. 《金華耕讀記》

8) 호자(타구)[21]

옛 이름은 '타호(唾壺)'인데 호자(虎子)가 된 것은 아마도 호랑이 모양을 본떴기 때문일 듯하다. 지금의 제도는 허리가 가늘고 위아래가 넓으며, 윗면이 움푹 꺼지면서 가운데에 구멍이 있어서 가래나 침을 받는다. 연경에서 수입한, 사기로 만든 것과 유랍으로 만든 것, 우리나라의 놋쇠로 만든 것 모두 좋다. 그러나 광주의 관요에서 만든 호자는 품질이 상당히 떨어진다.《금화경독기》

虎子

古名"唾壺", 爲虎子, 疑象形也. 今制, 腰纖上下侈, 上面窪陷, 而中有竅以受涕唾. 燕貿甕造、鍮鑞造者、我東鍮造者皆佳. 若廣州官窰造者, 品殊劣.《金華耕讀記》

타구와 타구를 분리한 모습(국립민속박물관)

---

21 호자(타구) : 방에서 침이나 가래를 받아 놓는 기물. 호자는 일반적으로 방에서 쓰는 남성용 소변기로 알려져 있으나 서유구는 타구의 용도로만 설명하고 있어 차이가 난다.

호자(국립중앙박물관)

9) 담뱃대[22]

담배를 빠는 도구이다. 담배를 태우는 '담배통'과 입으로 물고 연기를 빨아들이는 '물부리'는 모두 구리로 만들어 은을 덧대고, 죽전(竹箭, 화살 만드는 데 쓰는 대)을 물들여 위아래의 구리통을 연결시킨다. 일본인은 담뱃대[煙杯]를 '키세루[希施婁]'라 부르는데, 이는 번어(番語)이다.[23]《화한삼재도회》에서는 "키세루의 제도에서 타바코[안 번어로 담배를 '타바코[佗波古]'라 부른다.]를 담는 곳은 놋쇠로 만드는데, 형태가 우취화(牛翠花)[24]의 모양과 같고, 바닥의 꼬리 모양에는 구멍이 있으며, 꼬리 모양이 비스듬히 굽

煙杯

吸煙草之具也. 其爇煙草處及口含吸煙處, 皆銅造銀鑲, 竹箭染色, 以承接上下銅箭. 倭人呼煙杯爲 "希施婁", 番語也.《和漢三才圖會》云 "希施婁之制, 其盛佗波古【案 番語呼煙草爲 "佗波古".】處以鍮爲之, 狀如牛翠花樣, 底尾有孔, 斜屈而連續, 至于煙箭

---

22 담뱃대 : 담배를 피우는 데 사용하는 도구. 길이가 긴 장죽(長竹)과 곰방대라 하는 길이가 짧은 단죽(短竹)이 있다.

23 '키세루[希施婁]'라……번어(番語)이다 : 키세루는 담뱃대를 뜻하는 캄보디아 말인 'khsier'의 일본식 발음이다.

24 우취화(牛翠花) : 나팔꽃의 일종으로 보인다.

어 이어져 연기통인 담배설대 위까지 이른다."[25]라
했으니, 바로 지금의 담뱃대 제도를 가리킨다.

대개 우리나라의 담배는 처음에 일본에서 왔기
때문에 담뱃대도 동래(東萊)[26] 것을 좋다고 치니, 그
이유는 동래가 일본과 가까워 그 방법을 전수받았
기 때문이다. 지금은 담뱃대 만드는 장인들이 거
의 팔도에 두루 퍼져 있다. 화려하게 만드는 사람
들은 더러 백동과 오동(烏銅)으로 만든 뒤 금이나 은
으로 덧대어 장식하는데, 담뱃대 하나의 값이 종종
200~300전까지 이르기도 한다. 쓸데없는 곳에 재

之上", 卽指今煙杯之制也.

蓋我東煙草始來自倭, 故
煙杯亦以東萊者爲佳, 以
其隣倭而傳其法也. 今煙
杯之匠, 殆遍八域. 鬪靡
者, 或用白銅、烏銅造, 以
金銀鑲飾, 一杯之直往往
至二三百錢. 糜財抛費於
無用之地, 可戒不可效者

조선시대 긴 담뱃대(국립민속박물관)

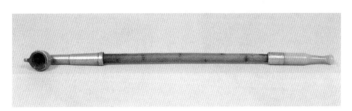

광복 이후 곰방대(국립민속박물관)

---

25 《和漢三才圖會》卷99 〈葷草類〉"煙草"(《倭漢三才圖會》12, 112쪽).
26 동래(東萊): 지금의 부산광역시 동래구 일대.

산을 낭비해 버리니, 이는 경계해야 할 일이지 본받
아서는 안 될 일이다.《금화경독기》

也.《金華耕讀記》

10) 담뱃갑[27]

조정의 관리들은 구리나 쇠로 작은 합을 만드는
데, 그 모양은 직사각형이나 원형이며, 0.3~0.4척
되는 죽통 같기도 하다. 여기에 모두 은으로 꽃과
새, 만(卍)자 등의 문양을 박아 넣었으며, 윗면에는
밀거나 당길 수 있는 혀가 있어서 이것으로 담뱃갑
을 열거나 닫는다. 그러므로 민간에서는 이를 '설합
(舌盒, 서랍)'이라 부른다.

일반 백성은 종이를 겹으로 꿰매어 주머니를 만
든 뒤 누렇게 기름 먹여 햇볕에 말렸다가 법제들기
름으로 솔질하여 광을 낸다. 네모난 것도 있고, 둥

煙草匣

朝士用銅或鐵作小盒, 其
形或墮方或正圓, 或如
三四寸竹筒, 皆銀鑲花鳥、
卍字等紋, 上面有抽舌以
開閉, 故俗呼"舌盒".

士庶用紙袂縫爲囊, 油黃
曬乾, 以法製油刷光. 有
方者, 有圓者. 方者囊在

서랍 형태의 담뱃갑(국립민속박물관)

---

27 담뱃갑 : 담배를 담아 두는 작은 통이나 담뱃잎을 넣고 다닐 수 있는 담배쌈지.

둥근 담배쌈지(국립민속박물관)

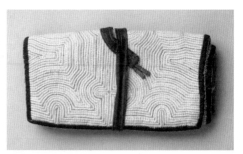
네모난 담배쌈지(국립민속박물관)

근 것도 있다. 네모난 것은 주머니가 한쪽에 있어 담 뱃잎을 주머니에 넣고 남은 폭으로 돌돌 만다. 둥근 것은 청자색[28] 실로 끈을 만들어 옷에 차는데, 노비 들이 쓰는 것이다.《금화경독기》

一邊, 貯草于囊, 用餘幅 捲之;圓者用靑紫絲爲纓, 佩在衣襟間, 皂隷之用 也.《金華耕讀記》

11) 재떨이[29]

나무로 만든 재떨이는 사방 0.6~0.7척 정도이며 모양은 작고 네모난 궤짝 같다. 궤짝 안의 위쪽 근 처에 판 하나를 가로로 설치하고 그 한가운데에 구 멍을 만든다. 담배를 피울 때마다 이 판으로 담뱃대 를 받쳤다가 탄 담뱃재를 받아 구멍에 넣기 때문에 재의 불씨가 구멍 안에 숨어 있어 마침내 기물을 다 태울까 우려된다. 근래에는 놋쇠로 만든 재떨이가 있는데, 모양은 왜사발과 같으며, 나무재떨이의 제 도처럼 가운데 칸막이 판에 구멍이 뚫려 있어 이곳

煙灰槃

木造者, 方可六七寸, 形如 小方櫃. 櫃內近上, 橫設一 板, 正中有竅. 每吸煙時, 以盤承煙杯, 受爐灰, 納 之竅中, 慮有火爐隱伏竅 內, 遂致燔燒器物. 近有 鍮造者, 形如倭碗, 中有隔 板穿竅受灰, 如木槃之制. 槃內板底, 貯水厚一二寸,

---

28 청자색 : 푸른빛을 띤 자색
29 재떨이 : 담뱃재를 떨어 놓는 기물.

조선시대 나무 재떨이(국립민속박물관)　　　　　　광복 이후 놋쇠 재떨이(국립민속박물관)

에 재를 받는다. 재떨이를 구획 짓는 판 바닥에 물
을 두께 0.1~0.2척 정도 담아 놓으면 담뱃재가 구멍
으로 들어가면서 바로 꺼진다.《금화경독기》

則火燼入竅卽滅.《金華耕
讀記》

- Ⅳ -

색을 내는 도구

設色之具

1. 채색

彩色

1) 분[胡粉] [1]

분은 금릉(金陵), [2] 항주(杭州), [3] 소주(韶州), [4] 진주(辰州) [5]에서 모두 만들지만, 진주에서 만든 분이 더욱 진품이며, 그 색은 푸른빛을 띤다. 저들이 말하는 제조법은 다음과 같다. 납을 100근 단위로 녹여 얇

胡粉

粉, 金陵、杭州、韶州、辰州皆造之, 而辰粉尤眞, 其色帶靑. 彼人言造法 : 每鉛百斤鎔化, 削成薄片, 卷作

분을 바르는 분첩과 이를 담아 두는 분통(국립민속박물관)

---

1 분[胡粉] : 얼굴이나 목 등의 피부를 하얗게 표현하는 데 사용하는 화장품의 하나. 쌀[米]을 분쇄한 후에 향료를 넣어서 만든 '미분(米粉)'과 납[鉛]을 화학처리해 부착력과 퍼짐성을 증가시킨 '호분(胡粉)'과 꽃의 수술가루를 추출해 색을 내는 '색분(色粉)'이 있다.(柳知孝, 《韓國 女性의 傳統 化粧文化에 關한 硏究》, 전남대학교 박사학위논문, 2003, 71~72쪽.)

2 금릉(金陵) : 현재 중국 강소성(江蘇省)의 남경(南京) 지역.

3 항주(杭州) : 중국 저장성(浙江省)의 전당강(錢塘江) 연변에 위치한 무역도시로, 특산품으로 차와 직물이 있다.

4 소주(韶州) : 소관(韶關)으로, 현재 중국 광동성(廣東省) 북부에 있는 도시. 무강[武水]과 정강([滇水])의 합류 지점에 위치하고 있어 교통의 요지이자 중계무역항이며 직물 생산지이다.

5 진주(辰州) : 중국 호남성(湖南省)의 진주(辰州) 지역으로, 호남성 및 귀주성(貴州省)과 광서자치구(廣西自治區)의 경계 지역에 있다.

근대의 분(국립민속박물관)

풍로(국립민속박물관)

은 조각으로 깎아 만든 다음 말아서 통 모양으로 만
들어 나무 시루에 넣는다. 시루 아래와 시루 가운데
에 식초를 1병씩 넣고, 겉을 염니(鹽泥, 염분이 많은 진
흙)로 단단히 막고 시루의 연결 부위를 종이로 밀봉

筒, 安木甑內. 甑下甑中各
安醋一瓶, 外以鹽泥固濟,
紙封甑縫. 風爐安火四兩,
養一七, 便掃入水缸內. 依

한다. 풍로(風爐)6에 숯불 4냥을 놓고 7일을 가열했다가 물항아리 속에 바로 쓸어 넣는다. 그러고는 다시 전처럼 밀봉하고 가열한다. 차츰차츰 이렇게 해서 납이 다 없어질 때까지 한다.

【안 《천공개물》에서는 "7일 동안 가열한다. 7일이 되어 열어서 납 조각이 모두 서리처럼 흰 가루가 되었으면 물항아리 안에 쓸어 넣는다. 아직 서리처럼 흰 가루가 되지 않은 것은 시루에 넣어 전처럼 다시 7일을 가열한 다음 다시 물항아리에 쓸어 넣는다. 납재질이 다 없어질 때까지 이렇게 한다."7라고 했다. 이 글에 비하여 내용이 더욱 자세하다.】

납재질이 다 없어지지 않은 것은 남겨 두었다가 볶아서 황단(黃丹)8을 만든다. 황단가루 1근에 콩가루 2냥, 조갯가루 4냥을 넣고, 이를 물속에서 골고루 섞은 뒤 맑게 가라앉혀 맑은 물은 버린다. 고운 재로 도랑을 만든 다음 그 위에 종이로 여러 겹을 깔고서 가루반죽을 그 위에 놓는다. 반죽이 다 마를 때쯤 이를 기와 모양으로 잘랐다가 마르면 거둬들인다.

범성대(范成大)9는 《계해우형지(桂海虞衡志)》에서

舊封養, 次次如此, 鉛盡
爲度.

【案 《天工開物》云 : "養之七日. 期足啓開, 鉛片皆生霜粉, 掃入水缸內. 未生霜者, 入甑依舊再養七日, 再掃, 以質盡爲度." 比此加詳.】

不盡者, 留炒作黃丹. 每粉一斤, 入豆粉二兩、蛤粉四兩, 水內攪勻, 澄去清水. 用細灰按成溝, 紙隔數層, 置粉于上, 將乾, 截成瓦定形, 待乾收起.

范成大《虞衡志》云 : "桂

---

6 풍로(風爐) : 화로(火爐)의 한 종류로, 흙으로 구워 만들거나 쇠로 만들며 아래에 구멍이 있어 바람이 통하게 한다.

7 《天工開物》卷14 〈五金〉"鉛"'附', 373쪽.

8 황단(黃丹) : 납을 가공하여 얻은 산화연(酸化鉛)으로, 열독(熱毒)을 없애고 새살을 돋게 하는 작용이 있어 화농성 피부 질환과 화상 치료에 쓴다.

9 범성대(范成大) : 1126~1193. 중국 남송의 정치가이자 문인으로, 남송 4대가의 한 사람이다.

"계림(桂林)[10]에서 만든 납가루가 가장 유명한데, 이를 '계분(桂粉)'이라 한다. 흑연을 술지게미 항아리 안에 넣고 덮어서 계분으로 변하게 한다."[11]라 했다. 또 하맹춘(何孟春)[12]은 《여동록(餘冬錄)》에서 "숭양(嵩陽)에서 납이 나는데, 거주민들 대부분이 분을 만든다. 그 방법은 다음과 같다. 납덩어리를 술항아리 안에 매달아 49일을 밀봉했다가 열면 가루로 변한다. 희게 변하지 않은 것은 볶아 황단(黃丹)을 만든다. 황단 찌꺼기는 밀타승(蜜陀僧)[13]이 된다. 이 세 물질에서 얻는 이익이 매우 많지만, 그 납의 기운에는 독이 있어 장인들은 반드시 살찐 돼지나 개고기를 먹고 술을 마시거나 쇳물[鐵漿][14]을 마셔 중독을 막는다. 굶주린 상태에서 중독되면 바로 병들어 죽기도 한다. 어른이든 아이든 독을 쐬면 대부분 얼굴이 누렇게 뜨다가 마비와 경련을 일으켜 죽게 된다."[15]라 했다. 분 만드는 방법이 대체로 같지 않은데, 그 이유는 아마도 머리 좋은 자들이 수시로 새로운 방법을 고안하여 빨리 만들어 내는 것이 이익이라고

林所作鉛粉最有名, 謂之'桂粉', 以黑鉛着糟甕中罨化之." 何孟春《餘冬錄》云: "嵩陽産鉛, 居民多造胡粉. 其法: 鉛塊懸酒缸內, 封閉四十九日, 開之則化爲粉矣. 化不白者, 炒爲黃丹, 黃丹滓爲蜜陀僧. 三物收利甚博, 其鉛氣有毒, 工人必食肥猪犬肉、飮酒及鐵漿以厭之. 枵腹中其毒, 輒病至死. 長幼爲毒薰蒸, 多痿黃癱攣而斃." 其法大抵不同, 蓋巧者時出新意, 以速化爲利故爾.

---

10 계림(桂林) : 중국 광서장족자치구(廣西壯族自治區) 북동부의 도시. '계수나무꽃이 흐드러지게 피는 곳'이라는 뜻으로, 풍치가 빼어나 예부터 시인과 화가들의 글과 그림의 소재가 되었다.

11 《桂海虞衡志》〈志·金石〉.

12 하맹춘(何孟春) : 1474~1536. 명나라의 시인. 명나라 중기 태평성대와 군왕의 공덕을 칭송하는 문체의 폐해가 심해지자 이에 반기를 들고 일어나 이백과 두보를 숭상해 기백 있고 창작적인 문장을 쓴 다릉시파(茶陵詩派)의 한 사람이다.

13 밀타승(蜜陀僧) : 납을 녹일 때 가라앉는 일산화연(PbO)으로, 어떤 화합물도 양성을 나타내고 물에 녹시 않는다.

14 쇳물[鐵漿] : 무쇠를 우려낸 물. 《산림경제》에서 "철(鐵)을 물에 오래 담가 두어 빛깔이 푸르게 되고 거품이 나오면 이것으로 염색할 수 있는데, 이를 철장이라 한다. 배 속에 들어간 모든 독기를 해독할 수 있다.(取鐵浸水經久, 色青沫出, 卽堪染皁者, 爲鐵漿. 能解諸毒入腹.)"고 했다.《山林經濟》卷4〈治藥〉下 "鐵漿"(《農書》2, 545쪽).

15 《通雅》卷48〈金石〉에서 인용문이 확인된다.

여기기 때문일 것이다.

【안】요새 연경에서 수입한 분은 종이로 갑을 만들어 5~6냥씩 담는데, 큰 것은 밤톨만 하고 작은 것은 바둑알만 하다. 하지만 어떤 것이 진주산인지, 소주산인지, 계림산인지, 숭양산인지 모른다. 이들은 대체로 값이 비싸서 화가들이 색을 내는 도구가 될 뿐, 부녀자들이 분과 연지로 쓰는 화장품은 모두 우리나라산이다.

분은 서울 사람들이 잘 만드는데, 그 방법이 진주분 만드는 법과 대략 비슷하다. 납이 다 마를 때쯤 눌러서 얇은 판 모양을 만들고 칼로 가늘고 작은 조각으로 나누는데, 1조각은 사방이 2~3분이고 두께는 1~2분 정도로, 1조각으로 한 사람이 1회 쓸 분을 만들 수 있다. 근세에는 송도, 평양, 전주 등의 지역에서 모두 만든다. 그 색은 푸른빛을 띠는데, 품질이 떨어지는 것은 잿빛을 띠기도 해 눈처럼 하얀 중국분만 못하다. 그러나 요즈음에는 중국분도 가끔 잿가루로 속을 채워 가짜를 팔기도 하기 때문에, 단청하는 사람들도 때때로 우리나라분을 쓴다. 일반적으로 기름에 개어 종이나 널빤지에 발라 글씨를 연습하는 사람들의 분판(粉板)을 만들 때나 법제들기름에 개어 옻칠을 대신할 때에는 모두 우리나라분을 쓴다. 이는 품질이 좋아서가 아니라 다만 값이 싸고 쉽게 살 수 있기 때문이다.

중국분에 또 한 종류가 있다. 모양이 작은 꽃술처럼 생겼고, 안에 연지를 섞으면 꽃술 끝이 예쁜 붉은색이 되므로 민간에서 '도화분(桃花粉)'이라 부른

【案】今燕貿胡粉, 每五六兩, 用紙爲匣貯之, 大者如栗, 小者如茮, 未知是辰、是韶、是桂、是崇陽産, 而大抵價高, 僅爲畫家設色之具而已, 婦女粉脂之用皆東産也.

京都人善爲之, 其法與辰粉造法略相似. 將乾按作薄板樣, 用刀劃作細小片, 一片方可二三分, 厚可一二分, 一片可供一人一時之用. 近世松都、平壤、全州等地皆能爲之. 其色帶靑, 劣者或帶灰色, 不能如華粉之雪白. 然近來華粉往往有以灰粉爲胎以售僞, 故丹靑家亦有時取用東粉也. 凡和油塗紙或木板, 爲書家粉板, 和煉荏油以代漆者, 皆用東粉, 非爲品好, 特以其價賤易購耳.

華粉又有一種, 形如小花藥, 內和燕脂, 藥頭嫣紅, 俗呼"桃花粉", 專爲閨閣中

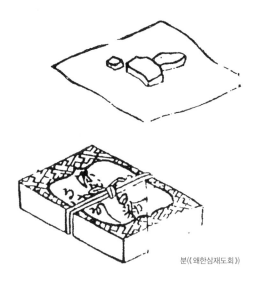

분(《왜한삼재도회》)

다. 부녀들이 화장하는 도구로만 쓴다.】

【우안 《화한삼재도회》에서 다음과 같이 말했다. "분을 만드는 방법은 납을 녹여 얇은 조각을 만든 뒤 통 모양으로 말아서 나무 시루 안에 놓는다. 그 아래의 솥 안에는 식초를 담고 겉은 진흙으로 단단히 막으며, 네 귀퉁이에는 각각 작은 구멍을 1개씩 뚫는다. 납이 빨리 마르면 구멍을 막고 느리게 마르면 구멍을 열되, 솥 안을 들여다보면서 구멍의 개폐를 조절한다. 풍로에 불을 놓고 찌다가 하얀 서리가 시루 천장에 가득 올라오면 천천히 쓸어 담는데, 납이 다 없어질 때까지 한다. 이렇게 얻은 흰 가루를 2~3번 수비(水飛)[16]한 뒤 따로 질그릇에 종이를 여러

装飾之具.】

【又案 《和漢三才圖會》云:"造粉法, 鎔鉛成薄片, 卷作筒, 安木甑內. 其下釜內盛醋, 外以土泥固濟, 四隅各穿一小孔. 如乾速則塞孔, 乾遲則開孔, 每窺見釜內而消息之. 風爐安火蒸之, 白霜升滿甑天, 次次掃取, 鉛盡爲度. 其白粉, 水飛再三. 別用瓦器, 紙布隔數層, 置粉於上, 待

---

16 수비(水飛) : 가루나 흙 등을 물에 넣고 휘저어서 잡물을 제거하는 일.

겹으로 펴고, 그 위에 가루를 놓았다가 마르면 거둔다. 여기에 콩가루나 조갯가루 종류는 넣지 말아야 한다. 더러 벌꿀을 넣기도 하는데, 역시 좋지 않다. 근세에는 중국인들도 많이 수입해 간다."[17] 이 말은 일본분이 중국분보다 낫다는 뜻이다. 대개 그 분을 만드는 법이 진주분 만드는 법과 비슷한데, 다만 콩가루나 조갯가루를 섞지 않을 뿐이다. 대마도에서 사 와야 하고, 또 그 방법을 본받아 만드는 사람을 길러야 한다.】

《물류상감지》에서 "소분(韶粉, 소주에서 만든 분)은 쪄서 하얘지지 않을 경우, 무를 담은 항아리에서 찌면 하얘진다."[18]라 했다.《본초강목》[19]

분은 예전에 진주와 소주의 여러 마을에서만 만들었기 때문에 소분(韶粉)【민간에서는 '조분(朝粉)'이라 잘못 부른다.】이라 하는데, 지금은 각 성마다 직접 넉넉히 만든다. 그러나 이런 분들은 단청에 들어가면 하얀색이 바래지 않지만, 부인들 뺨에 바르면 납중독으로 피부색이 퍼렇게 변할 수 있다.[20]《천공

乾收取. 更勿入豆粉、蛤粉之類. 或有入蜂蜜, 亦不佳也. 近世華人亦多買去." 謂勝於華粉云. 蓋其造法, 與辰粉造法相似, 特不雜豆、蛤粉耳. 宜從對馬島購之, 且倣其法, 升造.】

《物類相感志》云 : "韶粉蒸之不白, 以蘿葍甕子蒸之則白."《本草綱目》

胡粉古因辰、韶諸郡專造, 故曰"韶粉",【俗誤[1] "朝粉"】今則各省直饒爲之矣. 其質入丹靑, 則白不減 ; 揸[2]婦人頰, 能本色轉靑.《天工開物》

---

17 《和漢三才圖會》卷25〈容飾具〉"白粉"(《倭漢三才圖會》3, 420쪽). 이 책에 실린 분 그림은 앞쪽 페이지의 그림과 같다.

18 《物理小識》卷7〈金石類〉.

19 《本草綱目》卷8〈金石部〉"粉錫", 474쪽.

20 부인들······있다 : 분은 피부에 납독을 일으켜 얼굴이 푸르스름해지고 심하면 피부가 썩고 임부의 경우 태아에게까지 나쁜 영향을 미친다. 화장품 납중독은 기녀들에게 자주 나타났고, 분을 사용한 일반 여인들도 얼굴에 손상을 입었다고 한다. 조선시대 말기 분의 일종인 진주분(眞珠粉)을 발랐던 명성황후(1851~1895) 의 얼굴이 창백했던 이유 또한 호분의 성분인 납에 의한 중독으로 추정하기도 한다.(柳知孝, 앞의 논문, 2003, 72쪽).

[1] 誤 : 저본에는 "呼". 오사카본·《天工開物·五金·鉛》에 근거하여 수정.

[2] 揸 : 저본에는 "査".《天工開物·五金·鉛》에 근거하여 수정.

2) 백악(백토)[22]

일명 '백토분(白土粉)'이고, '화분(畫粉)'이라고도 하는데, 지금 백자를 만들 때 쓰는 흙이 이것이다. 물에 넣어 맑게 가라앉힌 뒤 찌꺼기를 버리고 햇볕에 말리면 화가들의 색칠 도구가 되는데, 민간에서는 이를 '정분(貞粉)'이라 부른다. 쪽물에 개어 옅은 청색을 만들거나 동록(銅綠, 동청)에 개어 연한 녹색을 만들면 모두 천장널 및 일체의 상자나 농에 바를 수 있다. 또 법제들기름에 개어 화단의 울타리에 바를 수도 있다.《금화경독기》

白堊

一名"白土粉", 一曰"畫粉", 今作白瓷坯者是也. 入水澄濾, 去滓曬乾, 爲畫家設色用, 俗呼"貞粉". 和靛花作淡靑色, 和銅綠作輭綠色, 皆可塗天板及一切箱籠. 又可和法製油, 塗花階護欄.《金華耕讀記》

3) 주사[23]

주사, 수은, 은주(銀朱)[24]는 원래 같은 물건이다. 이름이 다른 이유는 이것들의 곱고 거침이나 오래되었는지 새것인지를 기준으로 나누기 때문이다. 가장 좋은 주사는 진주(辰州)와 금주(錦州)[25]【지금은 마양(麻陽)이라 한다.】와 서천(西川)[26]에서 나는데, 안에 수은[澒][27]을 함유하고 있지만 승화[28]시키지 않는다. 대

硃砂

硃砂、水銀、銀朱, 原同一物. 所以異名者, 由精粗、老嫩而分也. 上好硃砂, 出辰、錦【今名麻陽】與西川者, 中卽孕澒, 然不以升煉. 蓋光明、箭鏃、鏡面等

---

21 《天工開物》卷14〈五金〉"鉛"'附胡粉', 373쪽.

22 백악(백토) : 백색이나 담황색의 부드러운 석회질 암석으로, 유공충(有孔蟲, 단세포동물의 하나)이나 조개 껍데기의 부스러기가 쌓여서 만들어지며 주요 성분은 탄산칼슘이다.

23 주사 : 진사(辰砂)라고도 하고, 주성분은 황화수은(HgS)이다. 석회암에서 나고, 수홍색이다. 공기 중에서 가열하면 원소 상태의 수은을 얻을 수 있다.

24 은주(銀朱) : 수은과 유황을 합성한 '황화수은'으로, 연금술사들은 수은으로 황화수은을 만들었다고 한다.

25 진주(辰州)와 금주(錦州) : 지금의 호남성 마양(麻陽)과 진계(辰溪) 일대.《天工開物》, 409쪽 주4)

26 서천(西川) : 사천성(四川省)의 옛 익주(益州) 지구로, 지금 성도(成都) 동쪽 일대.

27 수은[澒] : 금속원소 수은(Hg)으로, 상온에서는 액체이다.《天工開物》, 409쪽 주6).

28 승화 : 고체가 액체 상태를 거치지 않고 직접 기체로 변하거나, 기체가 직접 고체로 변하는 현상.

개 광명사(光明砂), 전촉사(箭鏃砂), 경면사(鏡面砂) 등
의 주사는 그 값이 수은보다 3배나 비싸기 때문에
가려내어 주사로 판다. 만약 수은을 승화시키면 오
히려 값이 떨어진다. 오직 품질이 떨어지는 다음 등
급의 주사만 승화시켜 수은을 만들고, 수은을 또
승화시켜 은주로 만든다.

일반적으로 상등급의 주사는 흙을 10장 남짓은
파야 얻는다. 그 노두(露頭)가 처음 나타날 때는 흰
돌무더기인데, 이를 '주사상(朱砂牀)'이라 한다. 주사
상 가까이에 있는 주사는 크기가 달걀만 한 것도 있
다. 그다음 등급의 주사는 약으로 쓰지 않고, 다만
갈아서 그림 재료로 쓰거나 수은으로 승화시킨다.
그 노두는 반드시 흰 돌일 필요는 없고, 노두의 깊
이도 몇 장만 파면 얻는다. 주사상 바깥에는 청황색
돌이나 모래가 섞여 있기도 하다. 흙 안에 품은 수
은이 꽉 차면 그 바깥쪽에 있던 주사석은 대부분 저
절로 갈라진다. 이런 종류의 주사는 귀주(貴州)의 사
남(思南),[29] 인강(印江),[30] 동인(銅仁)[31] 등의 지역에서
가장 많이 나고 상주(商州),[32] 진주(秦州)[33]에서도 널리
난다.

일반적으로 다음 등급의 주사를 채굴할 때 그
전체 갱도가 엷은 흰색을 띠면 갈아서 주사를 만

砂, 其價重于水銀三倍, 故
擇出爲朱砂貨鬻. 若以升
水, 反降賤値. 惟粗次朱
砂, 方以升煉水銀, 而水
銀[3]又升銀朱也.

凡朱砂上品者, 穴土十餘
丈乃得之. 始見其苗, 磊然
白石, 謂之"朱砂牀". 近牀
之砂, 有如鷄子大者. 其次
砂不入藥, 只爲硏供畫用
與升煉水銀者. 其苗不必
白石, 其深數丈卽得. 外牀
或雜靑黃石, 或間沙土, 土
中孕滿, 則其外砂石多自折
裂. 此種砂貴州思、印、銅
仁等地最繁, 而商州、秦州
出亦廣也.

凡次砂取采, 其通坑色帶
白嫩者, 則不以硏硃, 盡以

---

29 사남(思南) : 중국 귀주성(貴州省) 동인(銅仁)의 북동쪽 오강(烏江)에 있는 현.
30 인강(印江) : 중국 귀주성 동인에 있는 토가족(土家族)과 묘족(苗族)이 스스로 다스리는 현.
31 동인(銅仁) : 중국 귀주성에 있던 현.
32 상주(商州) : 지금 섬서성(陝西省) 동남부의 상현(商縣) 일대.《天工開物》, 410쪽 주3).
33 진주(秦州) : 지금 감숙성(甘肅省) 동부 천수현(天水縣) 일대.《天工開物》, 410쪽 주4).
③ 銀 : 저본에는 없음.《天工開物·五金·鉛》에 근거하여 보충.

들지 않고 모두 수은으로 승화시킨다. 만약 주사의 재질이 엷으면서 빛나 붉은빛을 띠면 채굴할 때 큰 쇠맷돌홈통[鐵碾槽]에 넣고 작은 먼지처럼 잘게 부순다. 그런 다음 이를 항아리에 넣고, 맑은 물을 부어 맑게 가라앉힌다. 3일 후에 이 물을 휘저어서 그 위에 뜨는 것을 다른 항아리에 붓는데, 이를 '이주(二硃)'라 한다. 그 아래에 가라앉은 앙금은 햇볕에 말리는데, 이를 '두주(頭硃)'라 한다. 일반적으로 수은으로 승화시킬 때는 엷은 흰색 주사의 다음 등급의 주사나 휘저은 뒤 항아리 표면으로 떠올라 거둔 이주(二朱)를 쓴다. 이를 물에 개고 비벼 엿가락 모양의 큰 가락으로 만든 뒤 30근씩 한 솥 안에 넣어 수은으로 승화시키는데, 그 아래에 넣는 숯도 30근을 쓴다.

일반적으로 수은으로 승화시킬 때는, 가마 위에 솥 1개를 덮는다. 솥 한가운데에 작은 구멍을 1개 내고, 가마와 겹치는 솥 둘레를 염니로 단단히 막는다. 솥 위에는 쇠를 재료로 하여 굽은 활 모양의 관 1개를 두드려 만든다. 그 관은 삼끈으로 끝까지 단단하게 감고 여기에 그대로 염니를 발라 막는다. 불을 지필 때 굽은 관의 한쪽 끝을 솥 가운데에 꽂아 공기를 통하게 하고,【꽂는 곳은 실로 단단히 밀봉한다.】 다른 쪽 끝은 물 2병을 부은, 중간 크기의 도가니를 준비하여 굽은 관 꼬리 부분을 그 안에 꽂는다. 솥 안의 공기가 도가니 안의 물에 도달하면 멈추게 된다. 불을 모두 10시간 정도 때면 그 안의 주사 가루가 모두 수은으로 변해 한 솥 가득

升凕. 若砂質卽嫩而爍視欲丹者, 則取采時, 入巨鐵碾槽中, 軋碎如微塵, 然後入缸, 注淸水澄浸. 過三日夜, 跌取其上浮者, 傾入別缸, 名曰"二硃". 其下沈結者曬乾, 卽名"頭硃"也. 凡升水銀, 或用嫩白次砂, 或用缸中跌出浮面二朱, 水和搓成大盤條, 每三十斤, 入一釜內升凕, 其下炭質亦用三十斤.

凡升凕, 上蓋一釜. 釜當中留一小孔, 釜傍鹽泥緊固. 釜上用鐵打成一曲弓溜管, 其管用麻繩密纏通梢, 仍用鹽泥塗固. 煆火之時, 曲溜一頭揷入釜中通氣,【揷處以絲固密.】一頭以中罐注水兩瓶, 揷曲溜尾于內, 釜中之氣達于罐中之水而止. 共煆五介時辰, 其中砂末盡化成凕, 布于滿釜. 冷定一日, 取出掃下. 此最妙玄, 化全部天

주사 만들기(《천공개물》)   승화시켜 수은 만들기(《천공개물》)

퍼진다. 하루를 그대로 식힌 다음 꺼내서 쓸어 내린
다. 이것이 가장 현묘한데, 만드는 법은 모두 중대한
기밀이다.34

　　【본초서의 터무니없는 주석에 "땅에 구멍을 1개
파고 사발 1개에 물을 담아 놓는다."라 되어 있다.】

　　【안 이시진의 《본초강목》에서는 호연(胡演)의 《단
약비결(丹藥秘訣)》을 인용해 "주사에서 수은을 빼내
는 방법은 다음과 같다. 사기병에 주사를 담되 양
은 구애받지 않는다. 종이로 아가리를 봉한 뒤 향탕
(香湯)에 하루 동안 끓인 다음 주사가 든 병을 수화정

機也.

　　【本草胡亂注 : "鑿地一孔,
放盌一介盛水."】

　　【案 李時珍《本草綱目》引
胡演《丹藥秘訣》云 : "取砂
汞法 : 用瓷瓶盛朱砂, 不拘
多少, 以紙封口, 香湯煮一
伏時, 取入水火鼎內, 炭塞

---

34 이상에서 설명한 주사 가는 법과 수은으로 승화시키는 법을 보여 주는 《천공개물》의 그림은 위와 같다.

(水火鼎)[35]이라는 솥 안에 넣는다. 숯으로 솥 아가리를 막고 쇠쟁반으로 덮어 고정한다. 땅에 구멍을 1개 파고 사발 1개에 물을 담아 놓는다. 쇠쟁반과 마주하도록 솥을 사발 위에 뒤집어엎고, 염니로 단단하게 틈을 메운 뒤 주위에 불을 지핀다. 식기를 기다려 꺼내면 수은이 저절로 사발로 흘러 들어가 있다."[36]라 했다. 여기서 설명한 방법을 자세히 보면, 대개 주사를 병에 담고 그 병을 솥에 안치하고서 이 솥을 사발 위에 놓은 뒤 주위를 불로 지필 뿐이다. 이렇게 하면 비록 10년 동안 불을 지핀다 해도 결코 수은이 저절로 병을 통과하고 솥을 통과해 사발 안으로 흘러 들어갈 리가 없으니, 《천공개물》의 저자

口, 鐵盤蓋定. 鑿地一孔, 放盌一个盛水, 連盤覆鼎於盌上, 鹽泥固縫, 周圍加火煅之, 待冷取出, 汞自流入盌矣."詳其法, 蓋以砂盛瓶, 以瓶安鼎, 以鼎置盌上, 而圍火煅之耳. 如此則雖十年火煅, 必無汞自透瓶透鼎, 以流入盌內之理, 宋氏之譏以胡亂者是矣.】

기제식수화정 1

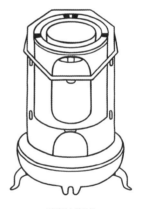

기제식수화정 2

35　수화정(水火鼎) : 수화정과 관련하여 참고할 만한 그림은 기제식수화정(旣濟式水火鼎)이다. 趙匡華, 《中國古代化學》, 商務印書館, 1996. 이 책 제3장 〈중국 연단술과 제약학 중의 화학 성취(中國煉丹術和制藥學中的化學成就)〉에 이 그림이 나온다. 이 책에서는《중국연단술(中國煉丹術)》, 송대 단경(丹經, 도교 경전)인《금화충벽단경비지(金華沖碧丹經秘旨)》,《치천진인교정술(稚川眞人校正術)》,《단방수지(丹房須知)》등의 책에서 단(丹)을 제련하는 각종 화로 도형을 취했다.

36　《本草綱目》卷9〈金石部〉"水銀", 524쪽.

송응성(宋應星)37이 터무니없는 주석이라 비난한 이
유가 이 때문이다.】

【우안 수은은 색을 내는 도구가 아니지만 수은
을 승화시키면 은주가 되니, 은주는 본래 색을 내는
도구이다. 게다가 유리거울에 수은을 입히는 등의
방법으로 말하자면, 일반적으로 공업 제도에 유념
해야 하는 사람들이 수은을 승화시키는 방법을 모
르면 안 되기 때문에 자세하게 실었다.】

　일반적으로 수은을 다시 승화시켜 주사로 쓸 수
있기 때문에 '은주(銀朱)'라 한다. 그 방법은 다음과
같다. 아가리가 비어 있는38 진흙 도가니를 쓰거나
위아래 2단으로 된 솥을 쓴다. 수은 1근에 석정지(石
亭脂)39【유황으로 만든 것이다.】【안 본초서에서 "유
황 중에 붉은빛이 많은 것을 '석정지'라 한다."40라
했으며, 일명 '석류적(石琉赤)'이고 '석류단(石流丹)'이다.
이는 대개 유황의 일종이지만 유황으로 만든 것은
아니다.】2근을 넣고 반짝이는 것이 보이지 않을 때
까지 간 뒤에 볶아 청색의 주사 알갱이[靑砂頭]【안 호
연(胡演)의 《단약비결》에는 청사두(靑砂頭)가 청사(靑
砂)와 두사(頭砂)로 되어 있다.】가 되면 도가니 안에
쟁여 넣는다. 그 위를 쇠잔으로 덮어 고정하고 잔 위
를 쇠자[鐵尺] 1개로 누른다. 이어서 철사로 바닥에

【又案 汞非設色之具, 而
用汞升煉爲銀朱, 則銀朱
固設色之具也. 且以琉璃
鏡鍍汞等法言之, 凡留意
工制者, 不可不知升汞之
法, 故詳載之.】

凡將水銀再升硃用, 故名
曰"銀朱". 其法：或用磬口
泥罐, 或用上下釜. 每水
銀一斤, 入石亭脂【卽硫黃
製造者.】【案 本草"以硫黃
之多赤者爲'石亭脂'", 一名
"石琉赤", 一名"石流丹".
蓋硫黃之類, 非用硫黃製
造者也.】二斤, 同研不見
星, 炒作靑砂頭,【案 胡演
《丹藥秘訣》作靑砂、頭砂.】
裝于罐內. 上用鐵盞蓋定,
盞上壓一鐵尺. 鐵線兜底
捆4縛, 鹽泥固濟口縫. 下

---

37 송응성(宋應星)：1587~1648. 명나라 말기의 지방관으로, 농촌 대책을 담당했다. 농업과 공업에 필요한 기
　술개발에 관심을 가져 《천공개물》을 지었다.

38 비어 있는：원문의 '罄'을 옮긴 것이다. '罄'은 '磬'과 같은 의미이다. 《天工開物》, 411쪽 주2 참조.

39 석정지(石亭脂)：묽은 유황으로, 수은과 더불어 동양의 연금술(鍊金術)에서 가장 중요한 성분의 하나
　이다.

40 《本草綱目》卷11〈金石部〉"石硫赤", 668쪽.

서부터 동여매 묶고, 염니로 아가리 봉한 곳을 단단히 막는다. 그 아래에는 쇠막대 3개를 땅에 꽂아 솥다리를 만들고서 도가니를 그 위에 올린다. 향 3개가 타는 동안 불을 때면서, 못 쓰는 붓을 물에 담갔다가 잔 표면을 자주 쓸어 주면 수은이 저절로 가루가 되어서 도가니 위에 붙는다. 그중 아가리에 붙은 것은 은주의 색이 더욱 선명하고 화려하다. 은주를 그대로 식힌 뒤 쇠잔을 들고 긁어내 쓸어 모은다. 남은 석정지는 도가니 바닥에 가라앉아 있기에 다시 쓸 수 있다.

수은 1근을 승화시키면 주사 14냥과 다음 등급의 주사 3.5냥을 얻는데, 얻는 양은 유황의 질에 영향을 받는다. 일반적으로 승화시켜 만든 주사와 갈아 만든 주사는 효용 또한 서로 비슷하다. 황실이나 권문세가의 물감은 모두 진주(辰州)와 금주(錦州)의 단사(丹砂)를 갈아서 만든 것이라 이 은주를 쓰지 않는다.

일반적으로 은주는 서재에서 아교로 길쭉한 덩어리를 만들어 돌벼루에 갈면 본래의 선홍색이 나타나는데, 만약 주석벼루에 갈면 곧바로 진회색 즙이 만들어진다. 칠장이들이 물건의 채색을 선명하게 할 때 오직 동유(桐油)만 넣어 섞으면 선홍색이 드러나고, 옻을 넣으면 또한 색이 어두워진다.

用三釘挿地, 作鼎足盛罐. 打火三炷香久, 頻以廢筆蘸水擦盞面, 則銀自成粉, 貼于罐上, 其貼口者硃更鮮華. 冷定揭出, 刮掃取用. 其石亭脂沈下罐底, 可取再用也.

每升水銀一斤, 得硃十四兩, 次硃三兩五錢, 出數藉硫質而生. 凡升硃與研硃, 功用亦相彷彿. 若皇家, 貴家畫彩, 則用辰, 錦丹砂研成者, 不用此硃也.

凡硃, 文房膠成條塊, 石硯則顯, 若⑤磨于錫硯之上, 則立成皁汁. 卽漆工以鮮物彩, 惟入桐油調則顯, 入漆亦晦也.

---

④ 捆 : 저본에는 "綑". 《天工開物·丹青·朱》에 근거하여 수정.
⑤ 若 : 저본에는 "者". 《天工開物·五金·鉛》에 근거하여 수정.

【안】 본초서의 여러 전문가들의 설에 의거하면, 화공(畫工)이 쓰는 주홍(朱紅)은 다만 단사 하나의 재료 외에는 다시 다른 재료가 없다고 한다. 그러나 지금 연경에서 수입한 주홍은, 민간에서는 '당주홍(唐朱紅)'이라 하는데, 약에 쓰는 단사와는 색과 질이 상당히 다르니, 단사 외에 따로 주홍 종류가 있는 것이 아니겠는가?《고금비원》에 '주정자(朱挺子) 만드는 법'[41]이 나오는데, 여기에서는 또한 주사 한 재료만을 쓴다고 하니, 주사와 주홍은 또 원래 두 종류는 아닌 듯하다. 이에 대해서는 연경 가는 사람을 쫓아가 다시 연구해 보아야 할 것이다.】《천공개물》[42]

【案】 據本草諸家說, 畫工所用朱紅, 只丹砂一料外, 更無他料. 然今燕貿朱紅, 俗呼"唐朱紅", 與藥用丹砂, 色質頗不同, 豈丹砂之外別有朱紅一種耶?《古今秘苑》有朱挺子造法, 亦但用朱砂一料, 則朱砂、朱紅又似本非二類矣. 當從赴燕人更究.】《天工開物》

4) 왜주(일본주사)

민간에서는 연경에서 수입한 것을 '당주(唐朱)'라 부르고, 일본에서 들어오는 것을 '왜주(倭朱)'라 해 구별한다. 왜주는 색이 더욱 선명하고 화려하며, 값도 당주보다 배가 되는데, 일본 사람들이 어떤 재료로 주색(朱色)을 만드는지는 모른다. 주사를 옻에 넣으면 색이 어두워져 주색을 잘 내지 못하는데, 민간에서 말하는 '당주'도 그렇다. 오직 왜주만 옻과 섞을 수 있고, 물건에 칠하면, 처음에는 비록 어두운 자주색이지만 오래될수록 붉은색이 선명해진다. 또 《화한삼재도회》에서는 동유(桐油)로 물감을 만드는

倭朱

俗呼燕貿者爲"唐朱", 日本來者爲"倭朱"以別之. 倭朱色益鮮華, 價亦倍於唐朱, 未知彼人用何料爲朱也. 朱砂入漆則晦, 不顯朱色, 俗所謂"唐朱"亦然. 惟倭朱可和漆, 漆物始雖紫黯, 愈久愈益鮮紅. 且《和漢三才圖會》言桐油調彩法, 竝擧朱與丹砂, 則倭朱之不出

---

41 《古今秘苑》〈一集〉卷3 "造朱挺子", 1~2쪽.
42 《天工開物》卷16〈丹青〉"朱", 409~413쪽.

방법을 말하면서[43] 주사와 단사를 아울러 거론하고 있으니, 왜주가 단사에서 나온 것이 아님을 알 수 있다.【안 《성호사설》에서는 왜주가 바로 단사라 하고, 당주는 바로 성성이(오랑우탄) 피로 만든 것이라 했는데,[44] 이는 잘못이다.】《금화경독기》

5) 연지[45]

연지에는 네 종류가 있다. 잇꽃[紅藍花]즙으로 분을 물들여 만든 것이 바로 《소악연의(蘇鶚演義)》[46]에서 말하는 연지인데, 잎은 삽주 같고 꽃은 부들 같으며, 서방에서 난다. 중국에서는 이것을 홍람(紅藍)이라 하는데, 분을 물들여 부인들의 얼굴에 바르는 것이다.【안 제조법은 《만학지》에 상세히 보인다.[47]】

다른 종류는 산에서 나는 연지꽃의 즙으로 분을 물들여 만든다. 이는 바로 단공로(段公路)[48]가 《북호록(北戶錄)》에서 말한 "단주(端州) 산간에 꽃이 떨기로 나는데, 잎은 쪽과 같다. 정월에 꽃이 피며, 꽃은 여뀌와 비슷하다. 그 지역 사람들이 꽃봉오리째 따서

於丹砂可知矣.【案 《星湖僿說》謂倭朱卽是丹砂, 唐朱卽猩血所造, 誤矣.】《金華耕讀記》

燕脂

燕脂有四種：以紅藍花汁染胡粉而成, 乃《蘇鶚演義》所謂燕脂, 葉似薊, 花似蒲, 出西方, 中國[6]謂之紅藍, 以染粉爲婦人面色者也.【案 造法詳見《晩學志》】一種以山燕脂花汁染粉而成, 乃段公路《北戶錄》所謂"端州山間有花叢生, 葉類藍. 正月開花似蓼, 土人采含苞者爲燕脂粉, 亦可染

---

43 《和漢三才圖會》卷83〈喬木〉"油桐"'造桐油漆法'(《倭漢三才圖會》10, 175~176쪽). 여기에서 붉은색을 내는 재료가 "朱或辰砂(주사나 진사)"라고 적었다.

44 《星湖僿說》卷12〈人事門〉"紅衣".

45 연지 : 여자가 화장할 때 입술이나 뺨에 찍는 붉은 염료.

46 《소악연의(蘇鶚演義)》: 당(唐)의 소악(蘇鶚)이 지은 책으로, 모두 10권이다. 최표(崔豹)가 명물(名物)을 고증하여 엮은 책인 《고금주(古今注)》와 성격이 비슷하다.

47 《만학지》권5〈기타 초목류〉"잇꽃(홍화)"'제조'.

48 단공로(段公路) : ?~?. 당대(唐代)의 학자로, 《북호록(北戶錄)》을 지었다. 《신당서》〈예문지〉에서는 단공로가 단문창(段文昌, ?~?)의 손자이자 단성식(段成式, ?~863)의 아들이며, 단안절(段安節)의 동생이라고 했다.

6 國 : 저본에는 "圓". 규장각본·오사카본·한국은행본·《本草綱目·草部·燕脂》에 근거하여 수정.

연지(국립민속박물관)

연지분을 만드는데, 잇꽃처럼 비단을 물들일 수도 帛如紅藍"者也.
있다."49라 한 것이다.

　또 다른 한 종류는 산유화(山榴花)의 즙으로 만든 一種以山榴花汁作成者,
것이다. 정건(鄭虔)50의 《호본초(胡本草)》에 실려 있다. 鄭虔《胡本草》中載之.

　나머지 한 종류는 자광(紫鑛)【안 광(鑛)은 광(鑛) 一種以紫鑛【案 鑛, 古鑛
의 옛 글자이다. 본초서에서 자광은 일명 '석린지(錫 字. 本草紫鑛, 一名"錫悋
悋脂)'라 했고, 이시진은 "이것은 페르시아의 은광(銀 脂", 李時珍曰 : "此乃波斯

---

49 《北户錄》卷3〈山花燕支〉.

50 정건(鄭虔) : 705~764. 중국 당대의 문인으로, 두보와 이백의 벗이다. 종이 대신 자은사(慈恩寺) 감잎에 글
　씨 연습을 했으며, 산수를 잘 그렸다.

鑛[51]이다.”[52]라 했으며, 자서(字書)에서는 “단사가 청양(靑陽)한 기운을 받아 비로소 광석(鉒石, 자광)이 생기고 200년 동안 단사를 이루어 청녀(靑女)[53]를 낳는다.”[54]고 했다.]으로 솜을 물들여 만드는 것으로, ‘호연지(胡燕脂)’라 한다. 이순(李珣)[55]의 《남해약보(南海藥譜)》에 실려 있다. 지금 남쪽 사람들은 대부분 자광연지를 사용하는데, 민간에서 ‘자경(紫梗)’이라 부르는 것이 이것이다.【안 지금 연경에서 수입한 솜연지[綿燕脂]는 단청하는 사람들이 매번 조금씩 물에 담가 즙을 내 선홍색으로 만드는데, 아마도 자광연지인 것 같다.】《본초강목》[56]

6) 대자석[57]

곳곳의 산속에 있다. 갈아서 주색을 만들면 책에 권점(圈點)[58]을 찍을 수 있고, 또 엄금법(罨金法)[59]으로 색을 더욱 붉게 할 수 있다.《본초강목》[60]

國銀鑛也.” 字書云 : “丹砂受靑陽之氣，始生鉒石，二百年成丹砂，而靑女孕.”】染綿而成者，謂之“胡燕脂”，李珣《南海藥譜》載之.今南人多用紫鉒燕脂，俗呼“紫梗”是也.【案 今燕貿綿燕脂，丹靑家每用小許漬水取汁，作鮮紅色，疑卽紫鉒燕脂也.】《本草綱目》

代赭石

處處山中有之. 研之作朱色，可點書，又可罨金益色赤.《本草綱目》

---

51 은광(銀鑛) : 은을 함유한 광석.
52 《本草綱目》卷8〈金石部〉“錫吝脂”, 464쪽.
53 청녀(靑女) : 서리[霜]를 맡아 다스린다는 신으로, 중국 신화에 따르면 청녀가 출현해야 서리나 눈이 내린다고 한다. ‘청소옥녀(靑霄玉女)’의 줄임말이다.
54 《本草綱目》卷8〈金石部〉“硃砂銀”, 465쪽.
55 이순(李珣) : 855?~930?. 오대(五代) 전촉(前蜀)의 사인(詞人, 시문을 짓는 사람)으로, 천거되어 왕연의 조정에서 관직을 지내다가 전촉이 망한 뒤에는 더 이상 벼슬하지 않고 은거했다. 저서에 시집 《경요집(瓊瑤集)》과 의학서인 《해약본초(解藥本草)》가 있다. 《해약본초》는 송나라 당신미(唐愼微)의 《증류본초(證類本草)》와 명나라 이시진(李時珍)의 《본초강목》 편찬에 기여했다.
56 《本草綱目》卷15〈草部〉“燕脂”, 968~969쪽.
57 대자석 : 산화광물 적철석(赤鐵石)으로 주로 삼산화제이철(Fe₂O₃·nH₂O)을 함유한다. 광택이 없고 어두운 붉은빛이다. 중국 산서성의 대현(代顯)에서 많이 나므로 대자석(代赭石)이라 한다.
58 권점(圈點) : 글이 잘된 곳이나 중요한 곳 또는 글의 끝맺음에 찍는 둥근 모양의 점이다. 조선시대에 관원을 뽑을 때 후보자 이름 아래에 찍은 둥근 점도 같은 종류이다.
59 엄금법(罨金法) : 금을 덮어씌워 색을 더 밝게 만드는 방법.
60 《本草綱目》卷10〈金石部〉“代赭石”, 587쪽.

대자석은 지금의 '주토(朱土)'이다. 《도경본초(圖經本草)》에서는 "《서산경(西山經)》에서 '석취산(石脆山)에서 관수(灌水)가 흘러나온다. 그 속에 자(赭)가 떠 있다. 이를 소나 말에 바르면 병이 없다.'라 했다. 곽박(郭璞)이 주를 달기를 '자(赭)는 적토(赤土)이다. 지금 사람들은 소뿔에 바르니, 나쁜 기운을 몰아낸다.'라 했다."고 했다.61 《당본초(唐本草)》62에서는 "색은 붉은 자주색이면서 어두운데, 사람들이 많이 캐다가 기둥을 붉게 칠한다."63라 했다. 여기서 말하는 모양이나 색과 쓰임이 지금 민간에서 말하는 주토(朱土)와 하나하나 맞아떨어지니, 대자가 지금의 주토임은 의심할 여지가 없다. 지금 궁궐에서 붉은 칠을 할 때는 모두 이 재료를 쓴다. 또한 법제들기름과 섞어 일체의 기물에 칠할 수도 있는데, 민간에서는 이를 '번주(番朱)'라 한다.《금화경독기》

代赭石卽今"朱土"也.《圖經本草》云:"《西山經》云 '石脆之山, 灌水出焉. 中有流赭, 以塗牛馬, 無病.' 郭璞注云:'赭, 赤土也. 今人以塗牛角, 云辟惡.'"《唐本草》云:"色赤紫而暗, 人多采以丹楹." 其言形色功用, 與今俗所謂朱土一一勿合, 則代赭之爲今朱土無疑矣. 今宮室丹艧皆用此料, 亦可調法製荏油, 漆一切器用, 俗稱"番朱".《金華耕讀記》

7) 석간주64

붉은 산화철을 화로에 넣고 단련하면 석간주가 된다. 색이 선명하고 화려해 대자석보다 낫다. 산골 백성이 갈이틀로 나무를 둥글게 깎아 합(盒)을 만들 때 이것을 법제들기름에 개어 칠하는데, 광이 당주나 왜주에 버금간다.《금화경독기》

石間朱

用黔金入爐煅煉, 則爲石間朱. 色鮮華, 勝於代赭石. 峽民鏃木作盒, 用此和法製荏油漆之, 光潤亞於唐朱、倭朱.《金華耕讀記》

---

61 《本草綱目》, 위와 같은 곳.
62 《당본초(唐本草)》: 당대의 소공(蘇恭, ?~?) 등이 황제의 명령으로 659년에 완성한 의서. 《신수본초(新修本草)》라고도 한다.
63 《本草綱目》, 위와 같은 곳.
64 석간주 : 산화철을 많이 포함한 붉은 흙에서 산출한 검붉은 안료.

석간주를 칠한 병(국립민속박물관)　　　　석간주를 칠한 항아리(국립민속박물관)

8) 자분

자분은 진홍색(緋絶)이다. 귀중한 것은 분과 은주를 서로 섞어 만들고, 안 좋은 것은 물집(염색집)에서 나오는 홍화(紅花)[65] 찌꺼기로 즙을 내어 만든다.《천공개물》[66]

紫粉

緋絶. 貴重者用胡粉、銀硃相和, 粗者用染家紅花滓汁爲之.《天工開物》

9) 황단[67]

독고도(獨孤滔)는 《단방감원(丹房鑑源)》에서 "연단(鉛丹)[68]을 볶는 법은【안 황단이 원래 납에서 나왔기 때문에 '연단'이라고도 한다.】납 1근, 토유황(土硫黃)[69] 10냥, 소석(消石)[70] 1냥을 쓴다. 납을 녹여 액

黃丹

獨孤滔《丹房鑑[7]源》云 : "炒鉛丹法.【案 黃丹本出於鉛, 故一名"鉛丹".】用鉛一斤[8]、土硫黃十兩、消

65　홍화(紅花) : 잇꽃의 꽃과 씨.

66　《天工開物》卷16〈丹靑〉"墨""附", 418쪽.

67　황단 : 납과 석류황(石硫黃)을 끓여 얻은 산화연(酸化鉛).

68　연단(鉛丹) : 인공적으로 제조하는 황색을 띤 적색 안료로, 납의 산화물(4산화3연, Ph₃O₄)이다.

69　토유황(土硫黃) : 유황의 하품(下品)으로, 흙의 성분이 혼합된 것.

70　소석(消石) : 초석(硝石)이라고도 하며, 질산칼륨(KNO₃)을 주성분으로 하는 광물성 한약.

⑦　鑑 : 《本草綱目·金石部·鉛丹》에는 "鏡".

⑧　斤 : 저본에는 "升". 《本草綱目·金石部·鉛丹》에 근거하여 수정.

화시키고 아래에 식초를 떨어뜨려 끓어오를 때 유황 1덩어리를 넣고 잠시 뒤에 소석 약간을 넣는다. 끓는 것이 안정되면 다시 식초를 떨어뜨리고 앞과 같이 약간의 소석과 유황을 넣어 가루가 되기를 기다리면 단(丹)이 만들어진다."라 했다.[71] 지금 사람들은 연분(鉛粉, 분)을 만들다 남은 것을 소석과 백반으로 볶아 단(丹)을 만든다.《본초강목》[72]

石一兩. 鎔鉛成汁, 下醋點之, 滾沸時下硫一塊, 少頃⑨下消少許, 沸定再點醋, 依前下少許消、黃, 待爲末, 則成丹矣." 今人以作鉛粉不盡者, 用消石、礬石炒成丹.《本草綱目》

10) 자황[73]

무도(武都)[74]의 구지(仇池)에서 나온 것을 '무도구지황(武都仇池黃)'이라 하는데, 색이 약간 붉다. 부남(扶南)[75]의 임읍(林邑)에서 나는 것은 '곤륜황(崑崙黃)'이라 하는데, 색은 금빛과 같으면서도 껍데기가 얇은 층으로 벗겨지는 것이 운모(雲母)[76]와 비슷하다. 화가들이 소중히 여긴다.《도씨본초주[77]》[78]

雌黃

出武都 仇池者, 謂之"武都仇池黃", 色少赤. 出扶南 林邑者, 謂之"崑崙黃", 色如金而似雲母甲錯, 畫家所重.《陶氏本草註》

---

71 《本草綱目》卷8〈金石部〉"鉛丹", 477쪽.

72 《本草綱目》, 위와 같은 곳.

73 자황 : 비소(砒素)와 유황(硫黃)의 화합물.

74 무도(武都) : 중국 감숙성(肅省省) 농남(隴南)에 있는 구(區)로, 부근에 금광이 있다.

75 부남(扶南) : 인도차이나반도 남동부 메콩강 하류에 있던 나라로, 고대 해상 실크로드의 동쪽 요지였다.

76 운모(雲母) : 규산염(珪酸鹽) 광물로, 측면의 가장자리를 따라 층층이 쉽게 벗겨져 아주 얇은 조각을 이룬다.

77 《도씨본초주(陶氏本草註)》: 남북조(南北朝)시대 송(宋)나라와 양(梁)나라 사이의 이름난 의약학자인 도홍경(陶弘景, 456~536)이 저자 미상의《신농본초경(神農本草經)》을 주석한 책이다.《신농본초경》과《명의별록(名醫別錄)》의 약물 730종을 분류하여 합쳐서 엮고 주석(注釋)을 달아《본초경집주(本草經集注)》를 써, 남북조시대 이전의 약물학 성과를 총결하였다.

78 《本草綱目》卷9〈金石部〉"雌黃", 541쪽.

⑨ 頃 : 저본에는 "頓".《本草綱目·金石部·鉛丹》에 근거하여 수정.

백운모(태백석탄박물관)

웅황(태백석탄박물관)

11) 석중황(석황)[79]

석황(石黃)은 안은 황색이고, 겉은 자주색이다. 돌 껍데기 속이 황색이라 '석중황자(石中黃子)'라고도 한다.《천공개물》[80]

石中黃

石黃, 中黃色, 外紫色, 石皮內黃, 一名"石中黃子".《天工開物》

---

79 석중황(석황) : 천연으로 나는 비소(砒素)의 화합물로, 등황색 또는 누런색을 띠며 염료 또는 화약을 만드는 데 쓰인다. 석웅황(石雄黃)이라고도 한다.
80 《天工開物》卷16〈丹靑〉"墨""附", 418쪽.

우여량(禹餘糧), 태일여량(太一餘糧), 석중황(石中黃) 셋은 같은 광물이다. 못에서 나는 것이 우여량이고, 산골짜기에서 나는 것이 태일여량이며, 그중 누렇고 탁한 물이 석중황수(石中黃水)인데, 그 속에 가루처럼 엉겨 뭉친 것이 여량, 돌처럼 엉겨 마른 것이 석중황이다.【안 지금 연경에서 수입한 석황은 모두 본초서에서 말하는 '석중황'이다. 돌처럼 단단하여 화공들이 갈아서 즙을 내 색칠하는 것이 먹을 사용하는 방법과 같다. 민간에서는 '석자황(石子黃)'이라 부른다.】《본초강목》[81]

禹餘糧、太一餘糧、石中黃三者卽一物也. 生池澤者爲禹餘糧, 生山谷者爲太一餘糧, 其中水黃濁者爲石中黃水, 其凝結如粉者爲餘糧, 凝乾如石者爲石中黃.【案 今燕貿石黃, 皆本草所謂石中黃也. 堅硬如石, 畫工磨研取汁以設色, 如用墨法. 俗呼"石子黃".】《本草綱目》

12) 등황[82]

등황은 악주(岳州)[83]와 악주(鄂州)[84] 등에 있는 여러 산벼랑에서 난다. 꽃에 있는 꽃술이 돌 위로 흩어져 떨어지면 그곳 사람들이 거두는데, 이를 '사황(沙黃)'이라 한다. 나무에서 채취한 것이 가볍고 빼어난데, 이를 '납황(臘黃)'이라 한다. 화가들이 쓴다. 《광지》[85]

藤黃

藤黃出岳、鄂等州諸山崖. 花有蘂, 散落石上, 彼人收之, 謂之"沙黃". 就樹采者輕妙, 謂之"臘黃". 畫家用之.《廣志》

지금 화가들이 쓰는 등황은 모두 달여 정제해서 만든 것인데, 핥으면 사람을 마비시킨다. 주달

今畫家所用藤黃, 皆經煎煉成者, 舐之麻人. 按周

---

81 《本草綱目》卷10〈金石部〉"太一餘粮", 592쪽.

82 등황 : 식물에서 채취하는 황적색 덩어리의 천연수지로, 단단하지만 부스러지기 쉽다.

83 악주(岳州) : 중극 호남성(湖南省) 동정호(洞庭湖)와 양자강의 합류점에 있는 항구도시 악양(岳陽)의 옛 이름.

84 악주(鄂州) : 중국 호남성 무한시(武漢市)의 양자강 남쪽에 있는 도시.

85 《本草綱目》卷18〈草部〉"藤黃", 1344쪽.

관(周達觀)[86]의 《진랍기(眞臘記)》[87]를 보면, "나라에는 황색 물감이 있으니 이는 나무의 진이다. 그곳 사람들이 칼로 나뭇가지를 베어 수액을 흘러내리게 한 다음 이듬해에 거둔다."라 했다. 이는 곽씨의 설【안 《광지》는 곽의공(郭義恭)[88]의 저술이다.】과 약간 다른 듯하니, 같은 물건인지 아닌지 모르겠다.《본초강목》[89]

達觀《眞臘記》云 : "國有畵黃, 乃樹脂. 番人以刀砍[10]樹枝滴下, 次年收之." 似與郭氏說【案《廣志》卽郭義恭著.】微不同, 不知卽一物否也.《本草綱目》

13) 도황

도황은 중국에서 왔는데, 둥글고 크기는 탄알만 하다. 도황의 색은 선명한 황색이지만 분[胡粉]의 색을 상당히 띠고 있으니, 아마도 분과 섞어 환으로 만든 것 같다. 그러나 그 황색을 어떤 광물로 만들었는지 자세하지 않다.《금화경독기》

桃黃

來自中華, 團如彈子大. 其色鮮黃, 而頗帶胡粉之色, 疑和胡粉爲丸, 而其黃色則未詳用何物也.《金華耕讀記》

14) 석청[90]

지금 화가들이 쓰는 연경에서 수입한 청색 물감에는 이청(二靑)이니 삼청(三靑)이니 하는 명칭이 있다. 이청은 짙은 벽색(碧色)으로 샛별처럼 찬란하고, 삼청은 이청에 비해 조금 옅다. 본초서를 보면, 일반

石靑

今畵家所用燕貿靑彩, 有二靑、三靑之稱. 二靑深碧而金星璀燦, 三靑較二靑稍淡. 按本草, 凡靑之産於銅

---

86 주달관(周達觀) : 1266~1346. 원 성종(成宗, 1265~1307) 때의 관료. 1296년 원나라 사신으로 앙코르에 도착해 앙코르 왕국을 통치하고 있던 인드라바르만 3세의 곁에서 1년간 머물면서 여행기인 《진랍풍토기(眞臘風土記)》를 남겼다.

87 《진랍기(眞臘記)》 : 《진랍풍토기》이다. 주달관이 13세기 말의 캄보디아와 앙코르 사원을 둘러보고 지은 여행기로, 수도의 성곽과 궁실에 관해 기술했는데 오늘날의 앙코르 유적과 부합하는 점이 많다.

88 곽의공(郭義恭) : 200?~300?. 서진(西晋) 사람으로, 저서에 중국 역사서인 《광지(廣志)》가 있다.

89 《本草綱目》, 위와 같은 곳.

90 석청 : 푸른색 안료로, 염기성 탄산구리이고 적동광(赤銅鑛)에서 나온다. 탄산구리와 수산화구리로 이루어진 석록(石綠)과 거의 비슷하나 석록보다 탄산구리를 좀 더 많이 함유하고 있다.

10 砍 : 《本草綱目·草部·藤黃》에는 "斫".

적으로 구리광산에서 나는 청(靑)은 그 종류가 하나가 아니어서 공청(空靑), 층청(層靑), 석청(石靑), 백청(白靑)과 같은 여러 종류가 있다. 그러나 우리나라 사람들이 말하는 이청이나 삼청은 이 중 어디에 해당하는지 모르겠다. 이시진은 "색이 진한 것이 석청, 옅은 것이 벽청이다."[91]【안 백청이 일명 '벽청'이다.】라 했으니, 아마도 이청은 석청이고, 삼청은 벽청이 아니겠는가?

또 이시진의 말을 살펴보니 "지금 팔리는 석청에는 천청(天靑), 대청(大靑), 서이회회청(西夷回回靑), 불두청(佛頭靑) 등이 있어 여러 가지로 다르지만 회청(回靑)이 더욱 귀하다."[92]라 했다. 대개 대청이 바로 석청의 다른 이름이고, 불두청이 바로 회청 가운데 가장 품질이 뛰어난 것이다. 회청은 사기에 그림을 그릴 때 쓰는 물감으로, 우리나라 사람들 또한 많이 수입해 오는 것이다. 그러나 《천공개물》에 따르면, 일반적으로 사기에 그리는 청색 물감은 모두 무명이(無名異)를 달구어 만드는데[93] 회청이라는 이름을 빌렸을 뿐이다. 서역의 좋은 제품인 대청 같은 물감은 일찍이 우리나라에 들어온 적이 없다.《금화경독기》

15) 쪽물[靛花] [94]

남전(藍澱, 쪽앙금)을 또한 '정(淀)'이라 쓰고, 민간에

鑛者, 其類不一, 有空靑、層靑、石靑、白靑諸種, 未知東人所謂二、三靑居何也. 李時珍曰"色深者爲石靑, 淡者爲碧靑".【案 白靑, 一名"碧靑".】豈二靑爲石靑, 三靑爲碧靑耶?

又按李時珍云："今貨石靑者有天靑、大靑、西夷回回靑、佛頭靑, 種種不同, 而回靑尤貴." 蓋大靑卽石靑之一名也, 佛頭靑卽回靑中最佳品也. 回靑爲畫瓷所需, 東人亦多買來者. 然據《天工開物》, 凡畫瓷靑彩皆用無名異煅成, 假名回靑耳. 若西域眞品大靑, 未曾東來也.《金華耕讀記》

靛花

藍澱亦作淀, 俗作靛. 南

91 《本草綱目》卷10〈金石部〉"白靑", 599쪽.
92 《本草綱目》卷10〈金石部〉"扁靑", 598쪽.
93 《天工開物》卷7〈陶埏〉"白瓷", 200쪽；"回靑", 206쪽에 관련 내용이 나온다.
94 쪽물[靛花]：남색(藍色, 쪽색)을 내는 가장 좋은 재료인 쪽풀에서 얻은 물감으로, 한여름에 수확해 색소를 분리 추출한 다음 염료로 쓴다. 청대라고도 한다.

쪽물로 염색한 직물(문화재청)

염색 재료(왼쪽 위부터 쪽풀, 쪽염료, 잿물, 석회 가루)(문화재청)   쪽물로 염색하기(문화재청)

서는 '전(靛)'이라 쓴다. 남쪽 사람들은 땅을 파서 구
덩이를 만들고 여기에 쪽을 하룻밤 물에 담갔다 석
회를 넣고 1천 번 정도 저은 다음 가라앉혀서 물을
걸러 내는데, 이렇게 하면 청흑색이 된다. 또한 말
려 거두었다가 청벽색으로 물들이는 데도 쓴다. 쪽
을 저을 때 물거품이 일어나면 이것을 건져 그늘에
서 말리는데, 이를 '전화'라 한다.【안】 지금 사람들은
전화를 가져다 둥근 환(丸)을 만들고 이를 '청화(靑
花)'라 하는데, 이는 아마도 전화라는 음(音)이 바뀐
것일 터이다. 다시 둥근 환으로 만든 청화를 분에
개고 아교와 섞어 절굿공이로 찧은 뒤 이를 모형틀
에 넣고 굳힌 다음 빼낸 것을 '청화묵(靑花墨)'이라 하
는데, 화가들이 쓴다.】

　【우안】 쪽앙금 만드는 방법은 《만학지》에 자세히

人掘地作坑, 以藍浸水一
宿, 入石灰攪至千下, 澄去
水, 則靑黑色. 亦可乾收,
用染靑碧. 其攪起浮沫, 掠
出陰乾, 謂之"靛花".【案
今人取靛花, 作團丸, 謂之
"靑花", 蓋靛花之轉音也.
更以靑花和胡粉, 配膠杵
擣, 印模脫出者, 曰"靑花
墨", 爲畫家所用.】

　【又案】 作澱法, 詳見《晚學

보인다.[95]】《본초강목》[96]

志》.】《本草綱目》

16) 압척청(닭의장풀 물감)

닭의장풀[鴨跖草]은 꽃이 나방 모양과 같고 벽색(碧色)으로 사랑스럽다. 솜씨 좋은 장인은 그 꽃을 따다가 즙을 내서 물감을 만들거나 양가죽 등잔에 칠하는데, 이 청벽색이 눈썹 색과 같다.《본초강목》[97]

닭의장풀은 그 꽃즙이 진한 것으로 종이를 담가서 물들이는데, 이를 '청화(靑花)'라 부른다.《화한삼재도회》[98]

17) 석록[99]

석록은 구리 광산에서 나온다. 구리가 자양(紫陽)의 기운을 받으면 녹이 생기고, 녹이 오래되면 돌이 되기 때문에 이를 '석록(石綠)'이라 하는데, 공청(空靑)[100]·증청(曾靑)[101]과 근원이 같다. '대록(大綠)'이라 부르기도 한다.

鴨跖靑

鴨跖草, 花如蛾形, 碧色可愛. 巧匠採其花, 取汁作畫色及彩羊皮燈, 靑碧如黛《本草綱目》

鴨跖草, 其花汁濃者浸染紙, 呼曰"靑花".《和漢三才圖會》

石綠

石綠生銅坑中, 銅得紫陽之氣而生綠, 綠久則成石, 謂之"石綠", 與空靑、曾靑同一根源也. 或呼爲"大綠".

95 《만학지》권5 〈기타 초목류〉 "쪽(청대)" '제조'.
96 《本草綱目》卷16 〈草部〉 "藍澱", 1088쪽.
97 《本草綱目》卷16 〈草部〉 "鴨跖草", 1037쪽.
98 《和漢三才圖會》卷94 〈濕草類〉 "鴨跖草"(《倭漢三才圖會》11, 271쪽).
99 석록 : 녹색 보석의 하나인 공작석(孔雀石)으로, 아교에 공작석 가루를 섞어 색을 만들어 쓴다.
100 공청(空靑) : 아연과 알루미늄을 함유한 산화광물로, 짙은 녹색이나 회색을 띤다. 양매청(楊梅靑)이라고도 한다.
101 증청(曾靑) : 석고와 같은 결정 형태인 남동석(藍銅石)이 층으로 된 것으로, 결정은 유리광택이 나고 남청색을 띠며 반투명 혹은 불투명이다.

공작석(태백석탄박물관)

【안】소송(蘇頌)¹⁰²은《도경본초(圖經本草)》에서 "석록은 소주(韶州)와 신주(信州)¹⁰³에서 난다. 화공이 녹색을 내기 위해 쓰는 것은 덩어리가 아주 크며, 그중 푸른색과 흰색이 섞인 문양이 있는 것이 사랑스럽다. 신주 사람들은 석록을 쪼개 허리띠나 기물 및 부인의 의복을 치장하는 장신구를 만든다."¹⁰⁴라 했다. 범성대의《계해우형지》에서는 "생석(生石, 가공하지 않은 돌) 가운데 성질이 돌처럼 단단한 것을 '석록(石綠)'이라 한다. 다른 종류로 부서진 흙처럼 약하고 무른 것은 '니록(泥綠)'이라 하는데, 품질이 가장 안 좋다."¹⁰⁵라 했다. 지금 우리나라 사람들이 연경의 시

【案】蘇頌⑪《圖經本草》云: "石綠出韶州、信州. 畫工用爲綠色者, 極有大塊, 其中靑白花文可愛. 信州人琢爲腰帶、器物及婦人服飾." 范成大《桂海虞衡志》云: "生石中質如石者, 名'石綠'. 一種脆爛如碎土者, 名'泥綠', 品最下." 今東人之貿來於燕市者, 皆作砂屑如碎土, 未見有石塊可作

---

102 소송(蘇頌) : 1020~1101. 북송(北宋) 때 관리이자 천문학자이자 약물학자로, 저서로《도경본초(圖經本草)》,《신의상법요(新儀象法要)》등이 있다.
103 신주(信州) : 중국 강서성(江西省) 상요(上饒)에 있는 도시.
104《本草圖經》卷1〈玉石上品〉"綠靑", 7쪽.
105《桂海虞衡志》〈志金石〉.
⑪ 頌 : 저본에는 "訟". 오사카본에 근거하여 수정.

장에서 수입하는 것은 모두 부서진 흙처럼 모래가루
가 되니, 돌덩어리를 쪼개 기물을 만든 것은 본 적
이 없다. 소송의 설과 같다면 우리나라에 들어오는
것은 모두 니록이지 석록이 아님을 비로소 알겠다.】

【우안 《대명회전(大明會典)》에 "요사(硇砂) 1근을
태워 요사록(硇砂綠) 15.5냥을 만든다."[106]는 말이 있
으니, 석록과 니록 외에 또 요사록도 있는 것이다.】
《본초강목》[107]

器物. 如蘇說者, 始知東來
者都是泥綠, 非石綠也.】

【又案《大明會典》有"硇砂
一斤, 燒造硇砂綠一十五兩
五錢"之語, 則石綠、泥綠之
外, 又有硇砂綠矣.】《本草
綱目》

18) 동청[108]

동청은 구리 그릇 위의 녹색이 나는 것이다. 이를
긁어낸 뒤 씻어서 쓴다.《본초습유》[109]

요즘 사람들은 식초를 구리에 부어 푸른 녹이
생기면 이를 모아서 햇볕에 말렸다가 거둔다.《본초
강목》[110]

우리나라 사람들은 동라(銅鑼, 징)와 동반(銅槃, 구
리대야) 등을 술독이나 식초항아리 속에 매달아 서리
처럼 앉은 녹색이 생기면 긁어모아 햇볕에 말렸다가

銅靑

銅靑卽銅器上綠色者, 淘
洗用之.《本草拾遺》

近時人以醋制銅生綠, 取
收曬乾收之.《本草綱目》

東人用銅鑼、銅槃等, 懸
胎于酒甕、醋缸中, 以生霜
綠, 刮取曬乾, 作丹臒之

106《大明會典》卷195〈顏料〉, 341쪽.
107《本草綱目》卷10〈金石部〉"綠靑", 597쪽.
108 동청 : 구리 표면에 슨 녹으로 만든 물감으로, 구리 표면의 녹이 대기 중의 습기를 흡수해 덩어리져서 만들
어진다.
109《本草綱目》卷8〈金石部〉"銅靑", 468쪽.
110《本草綱目》, 위와 같은 곳.

단확(丹雘, 단청)111할 때 쓰는데, 이를 '삼록(三綠)'이라 한다. 그러나 색이 어둡고 선명하지 않아 연경에서 수입한 삼록의 좋은 제품에는 한참 미치지 못한다. 아마도 수비(水飛)하여 햇볕에 말리는 적절한 방법을 얻지 못해서 그런 듯하다.《금화경독기》

用, 謂之"三綠". 然色黯不鮮, 遠不及燕貿三綠之佳. 疑水飛曬乾之, 不得其法而然也.《金華耕讀記》

19) 하엽록

연경에서 수입한 녹색 물감 중에 짙은 녹색이면서 눈썹 색을 띤 것이 있다. 화가들이 '하엽(荷葉, 연잎)'이라 부르는데, 그 색이 연잎과 비슷하기 때문이다. 본초서에는 그에 대한 설명이 없어서 어느 지역의 무슨 재료로 만드는지는 모르겠다.《금화경독기》

荷葉綠

燕貿綠彩中有色深綠帶黛色者, 畫家呼爲"荷葉", 以其色類荷葉也. 本草無其說, 未知何地何料也.《金華耕讀記》

20) 송연112

일반적으로 멸옥(篾屋)113을 짓고 그곳에서 송연을 받는다. 불 때는 데와 멀리 떨어진 곳에서 거둔 그을음이 청연(淸煙)이고, 그다음으로 가까운 곳에서 받은 그을음이 혼연(混煙)인데, 모두 먹의 재료이다. 아궁이 가까이에서 거둔 그을음은 너무 거칠어 먹 재료에 들어가지 않고, 다만 서적 인쇄 및 칠장이와 악공(堊工, 도장공)의 도료가 된다.114 시장에서 파는 것 중에는 더러 아궁이 아래의 그을음을 섞은 것도 있으니, 색이 상당히 엷을 때는 잘 분별해야 한

松煙

凡爲篾屋受松煙, 其遠燃火處所受爲淸煙, 其次爲混煙, 皆爲墨料. 其近火門處所受者最粗, 不入墨料, 但爲刷印書籍及漆工、堊工之塗料. 市賣者或用竈下煤雜之, 則色殊淡, 宜辨之.《金華耕讀記》

---

111 단확(丹雘, 단청) : 집의 벽이나 기둥이나 천장에 여러 가지 색으로 그림이나 무늬를 그리는 일.
112 송연 : 소나무를 태워 만든 그을음으로, 먹이나 검은 안료를 만드는 원료이다.
113 멸옥(篾屋) : 대껍질로 만든 작은 집. 배 위에 만드는 뜸과 모양이 비슷하다.
114 송연 만드는 법과 관련된 그림이《천공개물》에 나오는데, 그림은 위와 같다.

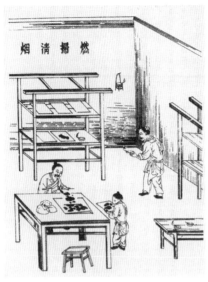

청연 모으기(《천공개물》)

송연 만들기. 불 때는 곳에서는 질이 안 좋은 송연이 나고, 멀리
떨어질수록 질 좋은 송연이 난다.(《천공개물》)

다.《금화경독기》

21) 유금(가루금)

화가들이 쓰는 유금을 우리나라 사람들은 '가루
금[泥金]'이라 부른다. 우리나라는 원래 금이 나는데
도 유금을 반드시 연경의 시장에서 사야 하니, 대개
금을 가루 내는 방법을 모르기 때문일 뿐이다. 본초
서를 살펴보면, "금은 납을 만나면 부숴진다."[115]라
했고, 또 구양수(歐陽脩)의 《귀전록(歸田錄)》에는 비취
로 금을 가루 낸 일[116]이 실려 있는데, 중국 사람들
이 가루금을 만들 때에도 납과 비취를 쓴 것이 아니

乳金

畫家所用乳金, 東人呼爲
"泥金". 東國自産金, 而乳
金必購諸燕市, 蓋不知屑
金之法故耳. 按本草, "金
遇鉛則碎", 又歐陽公《歸田
錄》, 載翡翠屑金事, 豈彼
中作泥金, 亦用鉛與翡翠
耶? 凡用泥金作書畫, 毌

---

115 《本草綱目》 卷8 〈金石部〉 "金", 460쪽.
116 《歸田錄》 卷下.

겠는가? 일반적으로 가루금으로 글씨를 쓰거나 그림을 그릴 때는 종이든 비단이든 칠기든 관계없이 반드시 산호(瓔瑚)로 문질러서 광을 내는데, 그러면 색이 더욱 선명해진다.《금화경독기》

論紙帛及漆器, 必以瓔瑚硏光, 則色益鮮明.《金華耕讀記》

22) 유은(가루은)

은을 가루 내는 법 : 은을 녹인 물에 연잎재를 넣고 골고루 저어서 볶으면 가루가 된다.《고금비원》[117]

乳銀

粉銀法 : 鎔汁, 用荷葉灰摻攪炒之, 卽成粉.《古今秘苑》

23) 가짜 금색

일반적으로 가짜 금색을 쓴 것 중에 항선(杭扇)[118]은 은박을 바탕으로 하고 홍화씨기름을 그 위에 바

假金色

凡假借金色者, 杭扇以銀箔爲質, 紅花子油刷蓋, 向

항선

---

117 《古今秘苑》〈一集〉 卷4 "粉銀法", 1쪽.
118 항선(杭扇) : 절강성(浙江省) 항주(杭州) 지역에서 만든 부채로, 섬세하고 아름다워 공물로 바치던 공예품이다.

른 뒤 불에 쬐어 만든다. 광남(廣南)[119]에서 나는 물건은 매미 허물을 갈고 물에 개어 그림을 그린 뒤 불에 살짝 구워 만든다. 이런 색깔들은 진짜 금색은 아니다.《천공개물》[120]

일본의 병풍이나 부채는 대부분 금색을 입혔는데, 아마도 진짜 금은 아닐 듯하지만 무엇으로 비슷하게 만드는지 연구해 봐도 모르겠다. 어떤 이는 황금(黃芩)[121]을 쓴다고 하지만 정말 그런지는 모르겠다.《금화경독기》

火燻成. 廣南貨物, 以蟬蛻殼調水描畫, 向火一微炙而就, 非眞金色也.《天工開物》

倭屛、倭扇多用金設色, 疑非眞金, 而其用何物售僞, 究不可知. 或云用黃芩, 未知其果然也.《金華耕讀記》

---

119 광남(廣南) : 중국 윈남성(雲南省) 문산장족(文山壯族)과 묘족자치주(苗族自治州)에 있는 현(縣).

120 《天工開物》 卷14 〈五金〉 "黃金", 340쪽.

121 황금(黃芩) : 꿀풀과의 여러해살이풀로, 자른 면은 노란색이고 중심부는 적갈색이다. 한방에서 뿌리를 해열·이뇨·지사·이담 및 소염제로 쓰고, 약용식물로 재배한다.

2. 기름과 옻

油、漆

1) 옻[1]

옻나무 껍질에 흠을 내어 받은 즙을 '생칠(生漆)'이
라 하고, 가지를 베어다가 불 가까이에 대어 얻은 즙
을 '숙칠'이라 한다. 생칠은 상급으로 치고 숙칠은 저
급으로 친다. 곳곳에 있지만 남쪽 지방에서 나는 것
이 더욱 좋다.

칠장이들이 번번이 들기름 등의 가짜 약재를 섞

漆

斫皮承汁曰"生漆", 伐枝火
逼取汁曰"熟漆". 生漆爲
上, 熟漆爲劣. 處處有之,
南方産者尤佳.

漆工每以荏油等僞藥雜

옻칠한 안경집(국립민속박물관)

---

1 옻 : 옻나무에서 나는 진으로, 옻나무를 심은 후 4년부터 10년까지 채취할 수 있다. 옻은 오래 저장하거나
70℃ 이상의 열에 닿아도 변하지 않아 나무 제품 위에 발라서 보호하고 광택을 내는 데 쓴다.

는데, 그것을 확인하는 방법에는 다음과 같은 3가지가 있다. 구종석(寇宗奭)[2]의 《본초연의(本草衍義)》[3]에서는, "일반적으로 칠을 확인할 때 희귀한 옻은 물건을 담갔다가 들어 보면 옻이 가늘게 떨어지되 끊어지지 않다가 순식간에 깔끔하게 끊어진다. 또 마른 대나무 위에 발라 그늘에 두었을 때 빨리 마르는 옻이 좋다."[4]라 했다. 장세남(張世南)[5]의 《유환기문(游宦紀聞)》[6]에는 칠을 시험하는 비결이 다음과 같이 실려 있는데, "좋은 칠은 거울처럼 밝게 비추고, 물건을 담갔다가 들었을 때 떨어지는 옻이 낚싯바늘처럼 가늘다. 옻을 뒤흔들면 호박색이 되고, 표면을 치면 거품이 생긴다."[7]라 했다. 또 왕상진(王象晉)[8]의 《군방보(群芳譜)》[9]에서는 "서리가 내린 이후에 채취하면 더 좋다. 옻을 채취할 때 반드시 들기름을 써서 액을 채취하기 때문에 순수한 옻은 얻기 어려우니, 거듭하여 별도로 옻을 씻어 보면

之, 驗法有三：寇宗奭《本草衍義》云："凡驗漆, 惟稀者以物蘸起, 細而不斷, 斷而急收; 又[1]塗于乾竹上, 蔭之速乾者佳." 張世南《游宦紀聞》有試漆訣, 云："好漆明如鏡, 懸絲似鉤鉤. 撼動琥珀色, 打着有浮漚." 王象晉《群芳譜》云："取於霜降後者更良. 取時須荏油點[2]破, 故淳者難得, 可重別拭之. 上等清漆, 黑如瑿. 若鐵石者好, 黃嫩若蜂窠者不佳". 以此三說, 參互歷試, 而漆之眞僞暸如矣.《金華耕讀

---

2 구종석(寇宗奭)：?~?. 송대의 약물학자.

3 《본초연의(本草衍義)》：1116년에 펴낸 구종석이 지은 책으로 20권이다. 약재 감별과 약물 응용 방면에서 오랫동안 실천, 경험한 것을 근거로 하여 진짜 약물과 가짜 약물, 병이 낫고 낫지 않음을 감별하는 방법을 알려 주고 실제 사례를 통해 약물 응용의 범위를 넓혀 주었다.

4 《本草綱目》卷35〈木部〉 "漆", 1991~1992쪽.

5 장세남(張世南)：?~?. 송나라 이종(理宗, 1205~1264) 때 영복(永福) 지역의 관리로,《유환기문》10권을 지었다.

6 《유환기문(遊宦紀聞)》：장세남이 송나라의 관례[掌故], 기록에서 빠뜨린 소문과 사건, 선비들의 인정(人情), 예문과 역법, 술수, 의약 등의 문물 감상을 기록한 책이다.

7 《遊宦紀聞》卷2.

8 왕상진(王象晉)：1561~1653. 명대의 문인이자 관리이며 농학가로 의학에 통달했다. 17세기 초《군방보》를 지었다.

9 《군방보(群芳譜)》：명(明)나라 때 왕상진이 편찬한 책으로, 원래 이름은《이여당군방보(二如堂群芳譜)》이다. 여러 가지 곡물(穀物)·소과(蔬菓)·화훼(花卉) 등의 종류와 재배법 및 효능 등을 설명했다.

[1] 又：저본에는 "之". 오사카본·《本草綱目·木部·漆》에 근거하여 수정.

[2] 點：《本草綱目·木部·漆》에는 "解".

유비철석(태백석탄박물관)

황철석(태백석탄박물관)

높은 등급의 깨끗한 옻은 검기가 흑호박 같다. 또 記》
철석(鐵石)[10]처럼 까만 것이 좋고, 벌집처럼 옅은 누
런색은 좋지 않다."[11]라 했다. 이 세 가지 말을 가지
고 서로 비교하여 일일이 시험해 보면 옻의 진위 여
부가 분명해질 것이다.《금화경독기》

---

10 철석(鐵石) : 검은빛이 도는 광물로, 타이타늄철석($FeTiO_3$)이다.
11 《御定佩文齋廣群芳譜》卷72〈木譜〉"漆". 앞의 《본초연의》와 《유환기문》의 인용문도 여기에 나온다. 《군
방보》의 인용문은 본래 한보승(韓保昇)의 《촉본초》에 있던 내용이다.(《본초강목》, 1991쪽)

일본 사람들은 물건에 옻칠을 잘하기로 천하에 유명하다. 일반적으로 물건에 옻칠할 때 티끌을 가장 꺼리는데, 티끌만큼의 미세한 먼지도 칠을 뭉치게 할 수 있기 때문이다. 그러므로 왜인들은 칠을 하려 하면 반드시 칠할 도구를 가지고 배를 타고 바다에 나가 먼지가 미치지 않는 곳에서 고치솜이나 초(綃)나 견(絹)으로 수없이 옻을 거른다. 그런 다음 비로소 옻칠을 하고서 그대로 선봉(船蓬)[12] 안쪽 그늘에서 말린다고 한다. 지금 비록 그 방법을 전부 모방할 수는 없지만, 구석진 조용한 방을 골라 깨끗하게 바른 다음 다시 무명으로 휘장을 만들어 주변에 둘러치고, 옻칠을 할 때는 먼저 휘장과 칠장이의 옷에 물을 뿜어 약간 축축하게 한【먼지가 들러붙어 날리지 못하게 하기 위함이다.】 다음, 비로소 칠통을 열어 작업하되, 다른 사람들이 드나들지 못하게 해야 한다.《금화경독기》

日本人善髹物, 名於天下. 凡髹物最忌塵坌, 一塵之微能令漆疹瘀. 故倭人將髹物, 必携具乘船, 在海洋塵埃不及處, 用繭絮、綃、絹, 漉漆百度, 然後始髹物, 仍於船蓬內蔭乾云. 今雖不能悉倣其法, 宜擇僻靜室屋, 塗墍潔淨, 更用綿布, 作幔幬, 周圍障護. 臨當髹物, 先噴水于幔幬及漆工衣服上, 令微濕,【欲令塵坌粘著不起.】然後始開漆箘奏工, 勿令他人出入可也.《金華耕讀記》

2) 옻칠 위에 금가루 뿌리는 법

칠이 7~8할 정도 마르면 금가루를 체로 쳐서 뿌리는데 그 밀도는 뜻대로 한다. 금가루를 뿌리고 잠깐만 기다렸다가 기름종이로 눌러 평평하게 한다.《금화경독기》

髹漆上灑金法

待漆七八分乾, 篩飛金, 疏密隨意, 候片刻, 用油紙壓平.《金華耕讀記》

---

12 선봉(船蓬) : 비바람을 막기 위해 띠 등으로 엮어 배 위를 덮는 구조물.

3) 옻칠 위에 색칠하는 법

석산(石蒜)[13] 뿌리를 갈아서 물감과 섞어 칠기에 그리면 그림이 마모되지 않는다.《화한삼재도회》[14]

4) 칠기 광내는 법

해석류(海石榴)는 산다화(山茶花, 동백꽃)의 일종인데,【안 우리나라 남쪽 지방에도 이 꽃이 나는데 민간에서는 '동백'이라 부른다.】씨로 기름을 짜 칠기에 문지르면 광이 난다.《화한삼재도회》[15]

5) 가짜 옻칠 방법

먼저 메주콩을 진하게 달인 즙을 바르고 마르면 다시 바르기를 이처럼 5~6번 한다. 송연이나 갈회(칡을 태운 재)를 수비한 다음 아교에 갠 물을 두껍게 발라 햇볕에 말리고 새끼줄로 문지른다. 또 앞의 방법처럼 메주콩즙을 바른 뒤 역청을 녹여 여기에 천천히 손을 담가 점점이 바르고 손바닥으로 주위를 수십 번 문지른다. 또 송연을 바른 뒤에 황갈목(荒罗木)[16]【때갈】껍질을 달인 즙으로 위에 2번 칠하고, 또

髹漆上設彩法

石蒜根擂和繪具, 畫③於漆器, 則不繪滅.《和漢三才圖會》

光漆器法

海石榴卽山茶花一種也,【案 我東南方亦産此花, 俗名"冬柏".】取子搾油, 以拭漆器則出艶.《和漢三才圖會》

假漆方

先以黃豆濃煎汁塗之, 俟乾更塗, 如此五六度, 松煙或葛灰水飛和膠水, 厚塗曝乾, 用稻稭索摩之. 又如前塗黃豆汁, 後瀝靑熔化, 次次手蘸塗點, 以掌按摩, 周廻數十度. 又塗松煙後, 荒罗木【씨갈】皮

---

13 석산(石蒜) : 수선화과의 여러해살이풀로, 이별초(離別草)나 환금화(換金花)라 한다. 주로 절에서 재배했는데 비늘 같은 줄기의 녹말은 불교 경전을 제본하고, 탱화를 표구하며, 고승들의 진영(眞影)을 붙이는 데 사용했다.

14 《和漢三才圖會》卷92〈山草類〉"石蒜"(《倭漢三才圖會》11, 93쪽).

15 《和漢三才圖會》卷84〈灌木類〉"海石榴"(《倭漢三才圖會》10, 274쪽).

16 황갈목(荒罗木) : 무슨 나무인지 모르겠다.

③ 畫 : 저본에는 "書". 문맥에 근거하여 수정.

역청을 여러 번 발라 문지르면 광택이 진짜 옻보다 나아 사람 머리카락도 비출 수 있다.《산림경제보》[17]

6) 시칠(감물칠)

시칠 만드는 법은 다음과 같다. 땡감 1두의 꼭지를 떼고 여기에 물 2.5승을 섞어 방아로 찧고 통에 담았다가 하룻밤이 지나서 짠다. 남은 찌꺼기도 물을 섞어 이틀을 묵혔다가 다시 짠다. 그 용도가 매우 많아 종이에 물들여 옷을 만들거나, 여행용 보자기를 만들거나, 베에 물들여 술 짜는 포대를 만들거나, 먹에 개어 대 홈통을 칠하기도 하는데, 이렇게 하면 모두 물에 쉽게 썩지 않는다. 또는 옻칠하기에 앞서 먼저 시칠을 쓰기도 한다. 일반적으로 시칠은 여름에는 말라서 저장이 어려우므로 가지 조각을 넣어 준다.

【안 지금 영호남의 둥글부채나 접부채의 검은 칠은 모두 시칠이다. 동북의 산골백성은 나무를 갈이틀로 둥글게 깎아 대야나 합 따위를 만들 때 먼저 시칠로 바탕을 칠한 뒤 그 위에 옻을 문지르는데, 이렇게 하면 전부 옻으로 칠한 것과 다름이 없다. 또 방의 천장널 위에 종이를 바른 뒤에 송연으로 바탕을 칠하고 다시 그 위에 2~3번 시칠을 하면 광이 나서 사람을 비출 수 있다.】《화한삼재도회》[18]

煎汁, 上漆再度, 又用瀝靑塗刷數度, 光澤勝於眞漆, 可鑑人髮.《山林經濟補》

柹漆

柹漆造法: 椑柹一斗去蒂, 和水二升五合, 碓擣盛桶, 經宿搾之. 渣亦和水, 經二日, 再搾之. 其用甚多, 染紙爲衣, 爲行李裹, 染布爲酒搾袋, 或和墨塗筧, 皆爲水不易朽. 或漆塗之下, 先用柹漆. 凡柹漆, 夏月焦枯難貯, 茄子切片投入.

【案 今嶺、湖南團扇、摺疊扇之黑漆者, 皆柹漆也. 東北峽民鏃木作槃盒之類, 先用柹漆作底, 然後以漆刷其上, 則與全漆無異. 又房室天板上旣塗紙, 後用松煙爲底, 復上柹漆數三度, 則光潤可鑑人.】《和漢

---

17 출전 확인 안 됨.
18 《和漢三才圖會》卷87〈山果類〉"椑柹"(《倭漢三才圖會》10, 388쪽).

7) 황칠

붉나무[19]는 일명 '천금목(千金木)'이다. 그 기름은 수안식향(水安息香)[20]이 되고, 그 진액은 황칠(黃漆)이 된다. 옛날에는 탐라(제주)에서 났는데, 지금은 남쪽에 가까운 주(州)나 군(郡)에 모두 있다. 《군방보(群芳譜)》에서 "지금 광동성(廣東省)[21]과 절강성(浙江省)[22]에 한 종류의 칠이 나는데, 칠한 물건을 보면 황금처럼 누런 광택이 있으니, 바로 《당서(唐書)》에서 말한 황칠이다."[23]라 했으니, 여기에서 중국의 강소성(江蘇省)[24]과 절강성(浙江省) 지역에서도 이 칠이 난다는 사실을 알 수 있다. 오직 일본만 그 종류가 없어서 다만 등황(藤黃)을 옻에 섞어 황칠을 대신한다고 한다.《금화경독기》

일반적으로 황칠로 물건을 칠할 때 먼저 치자(巵子)[25]즙을 밑에 바르면 색이 더욱 선명하다.《금화경독기》

黃漆

膚木, 一名"千金木". 其脂爲水安息香, 其液爲黃漆. 舊產耽羅, 今近南州郡皆有之.《群芳譜》云 : "今廣、浙中出一種漆, 取漆物, 黃澤如金, 卽《唐書》所謂黃漆", 是知中國江、浙之間亦產此漆. 惟日本無其種, 但用藤黃和漆, 以代黃漆云.《金華耕讀記》

凡黃漆漆物, 先用巵子汁爲底, 則色益鮮明. 同上

---

19 붉나무 : 옻나뭇과의 낙엽 활엽 소교목이다.
20 수안식향(水安息香) : 안식향은 붉나무의 진액으로, 물 같으면 '수안식향'이라 하고 말려서 덩어리로 만들면 '건안식향'이라 한다.
21 광동성(廣東省) : 중국 남부 해안 지역에 있는 성으로, 남령(南嶺)산맥 남쪽 지역.
22 절강성(浙江省) : 중국 남동부 동해(東海) 연안의 성.
23 《御定佩文齋廣群芳譜》卷72〈木譜〉"漆"."今廣浙中出一種取漆物黃澤如金卽唐書所謂黃漆也入藥當用黑漆."
24 강소성(江蘇省) : 중국의 동부 양자강(揚子江) 하류에 있는 성.
25 치자(巵子) : 치자나무의 열매.

8) 야생 쇠귀나물[慈菇]²⁶로 칠하는 법

쇠귀나물【말무릇】을 많이 캐서 사기단지 속에 넣고 쟁첩(반찬접시)을 그 아가리에 놓아 기운이 새나가지 않게 한다. 땅을 몇 척 파서 이를 묻되, 습기가 많은 곳은 피해야 한다. 이듬해 1년이 되면 여는데, 열 때 독기가 매우 심하므로 가까이 가서는 안 되고 반드시 장대로 그 아가리의 쟁첩을 치워야 한다. 3~4일이 지난 뒤에 이를 가져다 쓰면 진짜 옻과 다름이 없다.《잡방》²⁷

9) 동유²⁸

임동(荏桐)²⁹을 짠 기름을 정제해 옻칠을 대신하는데, 이를 '동유칠(桐油漆)'이라 한다. 여러 가지 색으로 만들어 바를 수 있다. 그러나 보통의 칠로는 흰색을 바를 수 없다.

동유칠을 만드는 법은 다음과 같다. 동유【1홉】·밀타승【2전】·활석【5분】·백반【3분】을 약한 불에서 정제하되, 등잔 심지를 세워서 쓰러지지 않을 정도로 불을 조절한다.

이를 물감과 섞는 법은 다음과 같다. 청색을 낼 때는 녹청을 쓰고, 황색을 낼 때는 등황을 쓰고, 적색을 낼 때는 주사나 진사를 쓰고, 흰색을 낼 때는

野慈菇漆法

慈菇【말무릇】多采, 貯於磁缸中, 以楪安其口, 勿令泄氣. 掘地數尺埋之, 愼避水濕. 至明年一朞而開, 開時毒氣甚盛, 不可近之, 須取長竿去其缸口之楪, 至三四日後取用, 與眞漆無異.《雜方》

桐油

荏桐搾取油, 煉成, 代漆用, 名"桐油漆", 可以塗五色. 常漆不能塗白色也.

造桐油漆法：桐油【一合】、蜜陀僧【二錢】、滑石【五分】、白礬【三分】, 以文火煉之, 豎起燈心不仆爲度. 其和彩法：靑用綠靑, 黃用藤黃, 赤用朱或辰砂, 白用白粉, 黑用油煙煤, 加所好

---

26 쇠귀나물[慈菇] : 물속에서 자라는 택사과의 여러해살이풀로, 소귀나물, 자고(慈姑)라고도 한다. 넝이줄기를 식용이나 약용, 관상용으로도 심는다.
27 출전 확인 안 됨.
28 동유 : 유동(油桐)의 열매에서 짠 기름. 점성이 높고 빨리 마르며 탄력이 있어 예부터 장판지 및 우산지의 도장유, 등유(燈油), 해충 퇴치, 설사제 등으로 많이 사용했다.
29 임동(荏桐) : 유동(油桐)을 가리킨다.

백분을 쓰며, 검은색을 낼 때는 유연(油煙)[30]의 그을음을 쓰되, 좋아하는 색깔을 더하여 바른다.【물감을 죽통에 채워 물속에 넣어 두면 마르지 않는다.】《화한삼재도회》[31]

者塗之.【盛竹筒安水中, 則不凅乾.】《和漢三才圖會》

동유 졸이는 법은 다음과 같다. 동유 10근에 토자(土子, 토란아), 밀타승을 섞어 솥에 넣고 졸이면서 끓인다. 1번 끓을 때 작은 대나무 가지로 쉬지 않고 저으며 졸기를 기다렸다가 4~5번 끓이되 불기운이 수그러들거나 세지 않게 한다. 그런 다음 질사발 안에 들이붓고 또 쉬지 말고 부지런히 젓다가 완전히 식었을 때 젓기를 비로소 멈춘다. 그러지 않으면 표면이 굳어져서 쓰기에 좋지 않다. 토자를 쓰는 이유는 동유가 쉽게 마르도록 하기 위함이고, 밀타승을 쓰는 이유는 색이 밝게 잘 나오도록 하기 위함이다.《다능집》[32]

熬桐油法：桐油每十觔, 入土子、密陀僧, 下鍋熬滾, 一滾時, 用小竹木條不住手攪, 俟熬至四五滾, 全要火候不老不嫩, 傾入瓦鉢內, 又不住手勤攪, 只至冷透纔止. 不然則結面不好用. 用土子者, 取其易乾；用蜜陀僧者, 取其發亮.《多能集》

진짜 동유인지 확인하는 방법은 다음과 같다. 가는 대껍질 한 끝으로 동그라미를 만들어 기름에 넣어 담그는데, 진짜 동유이면 북에 가죽면을 씌운 것처럼 동그라미 위에 씌워지는 게 조금 있고, 가짜라면 동그라미 위로 씌워지는 게 없다.《유환기문》[33]

驗眞桐油法：以細篾④一頭, 作圈子, 入油蘸, 若眞者, 則如鼓面鞔⑤, 圈子上纏有, 僞則不著圈子上.《游宦紀聞》

---

30 유연(油煙) : 기름이나 관솔 따위를 불완전연소시킬 때 생기는 검은 가루.
31 《和漢三才圖會》 卷83 〈喬木類〉 "油桐"(《倭漢三才圖會》 10, 176쪽).
32 《傳家寶》 卷8 〈多能集〉 "熬桐油法", 258쪽.
33 《遊宦紀聞》 卷2.
④ 篾 : 저본에는 "筏".《遊宦紀聞》에 근거하여 수정.
⑤ 鞔 : 저본에는 "鞍".《遊宦紀聞》에 근거하여 수정.

10) 법제들기름

들기름을 정제하면 옻칠을 대신할 수 있다. 만드는 방법은 다음과 같다. 밀타승,【많은 양】활석,【조금 줄인 양】고반(枯礬)[34]【적은 양】을 들기름에 넣고 약한 불에서 정제하는데, 등잔 심지 0.1척쯤을 세워 넘어지지 않을 정도로 불을 조절한다. 물건에 칠할 때는 백분, 진사, 녹청 등을 섞어 조제하면 그 색이 선명해진다.

【안】우리나라에는 동유가 없기 때문에 일체의 칠할 물건에 대부분 들기름을 쓴다. 법제한 들기름을 민간에서는 '동유'라 부르는데, 효과가 서로 비슷하다는 이유로 그 이름을 덮어씌웠을 뿐이다. 들기름을 정제할 때 더러 분이나 황랍 등의 재료를 쓰기도 하지만 품질이 동유에는 훨씬 미치지 못한다. 일반적으로 칠기나 사기 위에 색을 낼 때는 동유가 아니면 안 된다. 만약 중국의 물감을 본받고자 한다면 먼저 임동(荏桐) 종자를 구입해서 전파하여 번식시켜 동유를 얻어야 한다. 그러지 않고 들기름을 대신 쓰면 끝내 일을 이룰 수 없을 것이다.】《화한삼재도회》[35]

들기름 2승에 백초상(百草霜, 앉은검정)[36] 2홉, 무명석(無名石, 무명이) 1홉, 백빈(白礬) 1홉을 넣고 충분히

法煉荏油

荏子油煉之, 則可代漆. 造法 : 蜜陀僧【多用】、滑石【差減】、枯礬【少用】入油, 以文火煉之, 以燈心寸許植之不倒爲度. 髹物, 白粉、辰砂、綠靑等和調, 其色鮮明.

【案】我國無桐油, 故一切漆物多用荏油. 製煉者, 俗呼"桐油", 以其功用之相似而冒其名也. 其煉法, 或用胡粉、黃蠟等料, 然遠不及桐[6]油. 凡漆器、瓷器上設色, 非桐油莫可. 苟欲依倣中華物采, 宜先購荏桐之種, 傳殖取油. 不然而以荏油代用, 終不濟事也.】《和漢三才圖會》

荏油二升, 入百草霜二合、無名石一合、白礬一合, 漫

---

34 고반(枯礬) : 백반을 갈고 달구어 희게 만든 것.
35 《和漢三才圖會》卷93〈芳草類〉"荏"(《倭漢三才圖會》11, 198쪽).
36 백초상(百草霜, 앉은검정) : 솥 밑에 붙은 검은 그을음.
[6] 桐 : 저본에는 "相". 규장각본·한국은행본·오사카본에 근거하여 수정.

달인다. 무명석과 백반이 모두 녹아 거품이 없어진 다음에 쓴다. 물을 떨어뜨려도 기름이 흩어지지 않을 때까지 달여야 하지만, 지나치게 많이 달이면 너무 진해서 쓸 수가 없다.

또 다른 방법 : 들기름 1승, 송진 2홉, 쇳가루【무 쇳가루】1.5냥, 백초상 3전, 소금 0.5전을 급하게 반나절을 달여 나무나 돌 위에 발라 본 다음 광택이 있으면 쓴다.【안 이 두 방법으로는 다만 검은 칠을 만들 수 있을 뿐 다른 물감과 섞을 수는 없다.】《산림경제보》[37]

煎. 無名石、白礬皆消融沸泡盡, 後入用. 要以點水油不散爲度, 過煎則太濃不堪用.

又法 : 荏油一升、松脂二合、鐵屑【무쇠가로】一兩半、百草霜三錢、鹽半錢, 急煎半日, 試木石上, 有光澤則用之.【案 此兩法只可作黑漆, 不可和他彩.】《山林經濟補》

11) 나무그릇에 기름칠하는 법

일반적으로 나무그릇은 호두기름으로 문질러주면 매우 광택이 난다.《화한삼재도회》[38]

油木器法

凡木器用胡桃油磨之, 甚光澤.《和漢三才圖會》

12) 집 지은 재목에 기름칠하는 법

집짓기가 다 되었으면, 일반적으로 문짝과 기둥, 들보에 모두 관솔기름을 발라 문지르면 광이 나고 비바람에도 잘 견딘다.《금화경독기》

油屋材法

造屋旣成, 凡門扇、柱、梁, 并用松油塗擦, 則光潤耐風雨.《金華耕讀記》

집을 지은 뒤에 보름이나 1개월 정도 지나 기름칠해야 좋다. 그러지 않으면 목재의 눅눅한 기운이 안에 갇힌 채 밖으로 나가지 못해 반드시 쉽게 망가

造屋後, 遲半月、一月[7] 油漆纔好. 不然, 恐潮濕之氣封在內, 不能外出, 必易

---

38 《和漢三才圖會》卷87〈山果類〉"胡桃"(《倭漢三才圖會》10, 416쪽).
[7] 月 : 저본에는 "日". 규장각본·한국은행본·오사카본·《傳家寶·多能集·油門柱法》에 근거하여 수정.

질까 우려된다.《다능집》[39]

損壞.《多能集》

13) 종이 바른 기물에 칠하는 법

漆紙糊器法

우뭇가사리를 깨끗이 씻어 햇볕에 말렸다가 다시 물을 부어 준 뒤 햇볕에 10일을 말리면 하얘진다. 이를 물에 삶았다가 그대로 식히면 칡으로 쑨 풀처럼 엉기지만 끈끈하지는 않다. 이렇게 만든 진한 즙을 종이에 바르고 햇볕에 말리면 반교지(礬膠紙)와 같아서 오래도록 손상되지 않기 때문에 이것으로 둥글부채를 장식한다.

石花菜洗淨曬乾, 復注水, 曬乾十日, 成白色. 水煮冷定, 則凝凍如葛糊而不粘. 用其濃汁塗紙曬乾, 則如礬膠紙而久不損傷, 以飾團扇.

【안】 둥글부채만이 아니라 일반적으로 상자나 농 등 일체의 종이를 바른 기물들은 모두 먼저 이 즙을 발라 말린 뒤에 법제들기름을 그 위에 칠하면 광이 나게 할 수 있다. 또 색을 들인 종이 위에 이 즙을 바르면 원래의 색을 더욱 윤기 있게 하고 오래 견딜 수 있게 하는 것이 기름칠한 효과와 다름이 없다.】 《화한삼재도회》[40]

【案】 不止團扇, 凡箱、籠等一切紙塗之器, 皆可先用此汁塗乾, 然後以法煉油漆其上, 則越發光潤. 且於色紙上塗此汁, 則能令本色光滑而耐久, 與油漆無異.】《和漢三才圖會》

---

39 《傳家寶》卷8〈多能集〉"油門柱法", 258쪽.
40 《和漢三才圖會》卷97〈水草類〉"石花菜"(《倭漢三才圖會》12, 28쪽).

3. 훈염(스며들게 하여 물들이기) 熏染

1) 목기 물들이는 법

가짜 오목색 만드는 법 : 기름기 있는 호두껍질을 모아 태워 목기에 훈증한다. 그런 다음 호두 속살로 목기를 문지르면 속까지 검게 스며든다.【안《물류상감지(物類相感志)》에서 "산뽕나무에 주초(酒醋)[1]와 광회(礦灰)를 섞어 바른 뒤 하룻밤이 지나면 빠르게 오목색이 된다."[2]라 했다.】《고금비원》[3]

가짜 자단나무색 만드는 법 : 일반적으로 목기는 석회수로 솔질해 주었다가 홍화와 자초(紫草, 지치)[4]를 물에 섞어 달인 즙을 칠한 뒤 문지르면 나무색이 자단과 비슷해진다.

【안 지금 사람들은 가래나무나 느릅나무로 궤안(几案)[5]과 상자나 시렁 따위를 만들고, 자단색

染木器法

假烏木法 : 收油胡桃殼, 燒煙熏之. 次以胡桃肉擦之, 透心黑.【案《物類相感志》云 : "柘木以酒醋調礦灰塗之, 一宿則作間道烏木."】《古今秘苑》

假花梨木法 : 凡[1]木器用以石灰水刷[2]過, 將紅花、紫草和水煎汁, 搽磨, 木色似花梨.

【案 今人用楸木、黃榆木造几案、廚架之類, 欲作花

---

1 주초(酒醋) : 식초의 일종으로 보인다.
2 《說郛》卷22 下〈物類相感志〉"器用".
3 《古今秘苑》〈一集〉卷4 "假烏木法", 4쪽.
4 자초(紫草, 지치) : 말린 지치의 뿌리로, 자지(紫芝), 지초(芝草)라고도 한다.
5 궤안(几案) : 의자, 나무베개, 안석 따위를 통틀어 이르는 말.
[1] 凡 : 저본에는 "欛".《古今秘苑·一集·假花梨木》에 근거하여 수정.
[2] 刷 : 저본에는 "制".《古今秘苑·一集·假花梨木》에 근거하여 수정.

을 내려고 하면 소방목[6]을 달이고 여기에 붉은 산화철 약간을 넣어 진한 즙을 낸 뒤 이를 기물 위에 2~3번 바른다. 여기에 그대로 석회반죽을 여러 날 덮어 두었다가 석회를 씻어 낸다. 만약 색이 옅으면 다시 진한 즙을 바르고 석회반죽을 덮어 두었다가 목기의 색이 검은 자주색이 되기를 기다려 석회를 씻어 내고, 다 마르면 백랍(白蠟)[7]으로 문질러 광을 낸다. 다시 거친 베로 쉬지 않고 목기를 문지르면, 자주색에 광이 반질반질해져 진짜 자단색과 다름없어진다.》《고금비원》[8]

梨色, 煎蘇方木, 入黔金少許, 取濃汁塗上再三, 仍以石灰泥, 罨之數日, 洗去石灰. 如色淡, 更塗更罨, 待木色紫黯, 洗去石灰, 待乾, 以白蠟研光. 更用麤布, 不住手擦磨, 則紫潤光滑, 與眞花梨無異矣.》同上

자단나무색으로 물들이는 법 : 소목(蘇木)을 달인 진한 즙으로 목기를 3번 솔질해 준다. 그 뒤에 1번은 목기가 젖은 상태에서 좋은 석회를 뿌리고 한참 동안 비벼 주면 자단색이 된다. 매화나무로 만든 목기는 다만 물로 □한 뒤 석회를 뿌린다.《속사방》[9]

染花梨木色法 : 蘇木濃汁, 刷三次. 其後一次趁濕, 糝上石灰, 良久拭去色成. 若梅木, 只用水□石[3]灰糝之.《俗事方》

강진향[10]색으로 물들이는 법 : 대황(大黃)[11]을 진하게 달인 즙으로 목기를 솔질해 준 다음 햇볕에 말렸

染降眞香色法 : 大黃濃煎汁, 刷上曬乾, 又刷凡五六

---

6 소방목 : 콩과의 작은 상록교목. 적황색 목재 부분은 홍색 계열의 염료로 쓰고 뿌리는 황색 염료로 쓴다. 다못, 소목(蘇木)이라고도 한다.
7 백랍(白蠟) : 나뭇가지에 솜처럼 엉긴 백랍벌레의 집을 끓여 굳히거나 수컷 백랍벌레의 분비물을 흰 가루로 만든 것.
8 《古今秘苑》〈一集〉卷4 "假花梨木", 2쪽.
9 출전 확인 안 됨.
10 강진향 : 꼭두서닛과 식물인 강진향나무로, 강향(降香)이라고도 한다.
11 대황(大黃) : 마디풀과의 여러해살이풀. 높이는 1m가량으로, 줄기는 속이 비어 있다. 여름에 황백색 꽃이 핀다.
③ 石 : 저본에는 결자임. 출처가 같은 다음 기사에 근거하여 보충.

다가 또 5~6번 솔질해 준 뒤에 석회를 뿌린다. 마르면 물로 석회를 고르게 펴 주었다가 강진향색이 되면 뿌린 석회는 문질러서 제거한다.《속사방》[12]

次, 用石灰糝之. 乾則用水調勻, 色成, 擦去其灰. 同上

2) 오동나무 지지는 법

늙은 오동나무에 반문(盤紋, 나이테)이 있는 것은 기물을 만든 뒤에 인두를 벌겋게 달구고 이것으로 기물을 두루 지져 전체를 태워 검게 만든다. 그런 뒤에 볏짚 1줌으로 목기를 빡빡 문지르고 다시 백랍으로 문질러 광을 내면 색이 침향색과 비슷해져서 사랑스럽다.《증보산림경제》[13]

烙桐法

老桐木有盤紋者, 造器後, 用熨刀燒紅, 徧烙之, 渾身焦黑, 然後取稻稈一握, 痛擦之, 更用白蠟研光, 則色類沈香可愛.《增補山林經濟》

3) 대나무에 점 찍는 법[點竹法]

반죽(斑竹)처럼 점 찍는 법 : 노사(礦砂)[14] 5전을 곱게 갈아 녹반(綠礬, 황산철) 3전, 석회 5전과 한곳에 넣고 다시 곱게 간다. 여기에 진한 잿물즙을 넣고 골고루 섞은 뒤 대나무에 뜻대로 점을 찍었다가 마른 뒤에 닦아 내고 씻으면 대나무의 얼룩이 원래 그랬던 것같이 자연스럽다. 이 방법은 사기그릇이나 대나무에 모두 쓸 수 있다.《고금비원》[15]

點竹法

點斑竹法 : 礦砂五錢硏細, 綠礬三錢[4]、石灰五錢, 一處再硏細. 入濃灰汁調勻, 隨意[5]文點, 候乾揩洗, 其斑如自然者. 磁器、竹木皆可用.《古今秘苑》

또 다른 방법 : 노사 5전과 석회를 쌀식초에 개어

又法 : 礦砂五錢、石灰共米

---

12 출전 확인 안 됨.
13 《增補山林經濟》卷14〈淸齊位置〉"硯匣"(《農書》5, 219~220쪽).
14 노사(礦砂) : 염화암모늄. 불규칙적인 입상결정을 이루며 크기가 고르지 않고 유리광택을 띤다.
15 《古今秘苑》〈一集〉卷4 "點斑竹", 2쪽.
④ 綠……錢 :《古今秘苑·點斑竹》에는 "綠礬三錢, 膽礬三錢".
⑤ 意 : 저본에는 "奇".《古今秘苑·點斑竹》에 근거하여 수정.

대나무 위에 점 찍는다.《고금비원》[16]

반죽처럼 점 찍는 법 : 노사 0.5냥, 반묘(班貓)[17] 1전, 석회 1전을 쌀식초에 개어 대나무 위에 점을 찍은 뒤 불기운을 쐬어 색을 낸다.《거가필용》[18]

대나무를 자주색으로 물들이는 법 : 먼저 소목과 백반의 즙을 뜨겁게 데운 다음 조반(皁礬, 녹반)으로 처리하여 대나무를 물들이면 자연스럽게 자주색이 된다.《거가필용》[19]

대나무를 반점 있게 바꾸는 법 :《신선교법(神仙巧法)》에서는 "노사【1전】, 청염(靑鹽)[20]【5분】, 오배자(五倍子)[21]【3분】를 각각 곱게 가루 낸 뒤 묵은 식초로 섞어 뜻대로 대나무 위에 점을 찍고, 이를 불에 구웠다 말리면 즉시 검은 반점이 나타난다. 그 효과가 바로 나타나므로 관음죽[棕竹][22]에 점을 찍을 때에도 이 약을 쓴다."라 했다.《화한삼재도회》[23]

자주색 반죽(斑竹)처럼 솔질해 주는 법 : 소목 2냥

醋調, 點畫[6]竹上. 同上

點斑竹法 : 磠砂半兩、班貓一錢、石灰一錢, 用米醋調, 點竹上, 火燔之成色.《居家必用》

染紫竹法 : 先以蘇木、白礬汁熱澆, 後用皁礬句之, 自然成紫色. 同上

竹變斑點法 :《神仙巧法》云 : "磠砂【一錢】、靑鹽【五分】、五倍子【三分】各細末, 用陳醋調, 隨意點在竹子上, 用火炙乾, 卽現黑斑. 其效立見, 點假棕竹, 亦用此藥."《和漢三才圖會》

刷紫斑竹法 : 蘇木二兩剉

---

16 《古今秘苑》, 위와 같은 곳.
17 반묘(班貓) : '가뢰'를 약새로 이르는 말. 가뢰는 딱정벌레목 가룃과 곤충류의 총칭이다.
18 《居家必用》戊集〈竹木類〉"點斑竹"(《居家必用事類全集》, 198쪽).
19 《居家必用》, 위와 같은 곳.
20 청염(靑鹽) : 염소와 암모니아의 화합물.
21 오배자(五倍子) : 붉나무의 벌레혹으로, 불규칙한 돌기가 있는 자갈색 주머니 모양이다.
22 관음죽[棕竹] : 종려목 야자나뭇과의 열대 상록 관엽 식물로, 중국 남부가 원산지로서 종려죽(棕櫚竹), 근두죽(筋頭竹)이라고도 한다.
23 《和漢三才圖會》卷84〈苞木類〉"筍"(《倭漢三才圖會》10, 323쪽).

을 잘게 썰고 물 20잔에 넣은 뒤 1잔 이하가 되도록
달이다가 아직 □하지 않을 때 □장(漿) 3냥을 넣고
같이 달인다. 잠깐 동안 사기그릇에 거두었다가 쓴
다.《속사방》24

碎, 水二十盞, 煎至一盞以
下, 未□入□漿三兩, 同熬.
少時磁器收用.《俗事方》

4) 선지(扇紙, 부채종이)에 물들이는 법

染扇紙法

선홍색으로 물들일 경우 홍화[紅藍]즙을 쓰고,
짙은 적색으로 물들일 경우 소방목(소목)즙을 쓴다.
푸른색으로 물들일 경우 쪽물을 쓰고, 아청색으로
물들일 경우에도 쪽물로 5~6번 담가 물들인 뒤에
소목즙으로 색을 덧입힌다. 녹색으로 물들일 경우
먼저 쪽물로 물들인 뒤에 황백(황벽)물25을 덧입히고,
자색으로 물들일 경우 자초즙을 쓰거나 옅은 쪽물
로 먼저 물들인 뒤에 소목물로 덧입힌다. 황색은 황
백·괴예(槐蘂, 괴화)26·울금(강황) 등의 물을 쓴다. 이
중에서 홍화와 쪽을 물들일 때는 반드시 종이 재료
를 염료에 담가 물들일 색을 낸 뒤에 비로소 홈통에
넣고 발을 흔들어 종이를 만든다. 다른 색을 물들일
때는 모두 종이를 먼저 만든 뒤 담가 물들이는데,
이는 비단에 물들이는 법과 같다.【안 비단에 물들
이는 법은 《전공지》에 상세히 보이므로 참고할 수
있다.27】《금화경독기》

染鮮紅色用紅藍汁, 深
赤色用蘇方木汁. 靑色用
靛, 鴉靑色亦用靛水浸
染五六度, 後以蘇木汁蓋
之. 綠色先染靛, 後蓋黃
柏水, 紫色用紫草汁, 或
先染淡靛, 後蓋蘇木水.
黃色用黃柏、槐蘂、鬱金
等水. 其染紅藍及靛, 必
先以紙料, 浸染成色, 後
始入槽蕩簾爲紙. 他色,
皆以成紙浸染, 如染帛
法.【案 染帛法詳見《展
功志》, 可參攷.】《金華耕
讀記》

---

24 출전 확인 안 됨.
25 황백(황벽)물 : 황벽나무의 껍질을 달인 물. 누렇게 물들일 때 사용한다.
26 괴예(槐蘂, 괴화) : 회화나무꽃.
6 畫 : 저본에는 "晝".《古今秘苑·點斑竹》에 근거하여 수정.
27 《전공지》권2 〈누에치기와 길쌈〉 하 "염색".

5) 가죽에 물들이는 법

중국에는 가죽을 물들일 때 조반·황반(黃礬)[28] 등의 재료가 있지만, 우리나라 사람들은 가죽을 물들일 때 반(礬)[29]을 쓸 줄 모른다. 자주색으로 물들일 때는 자초나 소목즙에 백반을 넣고, 검게 물들일 때는 신목(辛木)【이는 민간에서 부르는 이름이다. 본초서에서 어떤 이름을 썼는지 모르겠다.】을 진하게 달여 즙을 낸 뒤 여기에 붉은 산화철을 약간 넣는다. 황색을 낼 때는 염료를 쓰지 않고, 다만 볏짚을 태운 연기를 쐬어 색을 낸다.【그 방법은 다음과 같다. 땅을 파 작은 구덩이를 만든 뒤 기와 조각과 흙반죽으로 주위를 쌓되, 점점 둥글게 하여 천장을 만든다. 천장에는 큰 구멍을 하나 뚫고 구덩이 안에서 볏짚을 태우다가, 불꽃이 잦아들면서 연기가 생길 때 가죽을 큰 구멍 입구에 펼쳐 연기를 쐬게 하면 그 색은 선명한 황색이 된다.】 일반적으로 노루·사슴·소·개·말가죽은 모두 검게 물들일 수 있지만, 자주색과 황색 두 가지 색만은 노루나 사슴가죽이 아니면 안 된다. 이 외의 다른 가죽들은 모두 훈염이 되지 않는다.《금화경독기》

가래나무껍질을 삶아 그 즙으로 가죽에 물들이

染革法

中國染皮革有皂礬、黃礬等料, 東人染皮革不知用礬. 其染紫用紫草或蘇木汁, 入白礬, 染皂用辛木【俗名也. 未知在本草作何名.】濃煎取汁, 入黔金少許. 其黃色不用染, 但薰稻草煙而成.【其法：掘地作小坑, 用瓦礫、泥土圍築, 次次鞠成圓頂, 頂窄一大孔, 燒稻稭于內, 待焰止煙起, 張革于口以薰之, 則其色鮮黃.】凡獐、鹿、牛、狗、馬之革皆可染皂, 惟紫黃兩色, 非獐、鹿不可. 他革皆不受薰染也.《金華耕讀記》

楸皮煮, 取汁染皮革, 甚

---

28 황반(黃礬) : 유산염(황산염) 종류의 광석으로, 옅은 황색이다.
29 반(礬) : 백반·조반·황반과 같은 종류로, 매염제 역할을 한다. 염료가 결합하지 못하는 섬유재료에 섬유와 염료를 이어 주는 고리 역할을 하는 것이다. 천연 염료로만 물들인 섬유는 색상을 지니고 있는 견뢰도가 낮아 매염제를 쓰지 않으면 색이 옅어질 뿐만 아니라 빨아서 햇볕에 말리면 색이 점점 빠져 연하게 변한다.(이승철, 《자연염색 : 내 손으로 만드는 자연의 색》, 2001, 학고재, 26쪽) 매염법에는 매염제를 녹인 물에 먼저 담갔다가 물들이는 선매염과 물들인 다음 매염제를 녹인 물에 담그는 후매염이 있다. 현재도 천연염색의 매염제로 밝은 색을 내는 명반, 어두운 색을 내는 철이나 구리 등을 쓴다.

면 매우 검어진다. 노루나 사슴가죽을 물들이기에 더욱 좋다.《산림경제보》[30]

《물류상감지》에서 "가죽을 검은색으로 물들여 말릴 때 염료 안에 살구씨를 넣으면 광이 나면서 검어진다."[31]라 했다.《산림경제보》[32]

섬용지 권제3 끝

黑. 獐、鹿皮尤佳.《山林經濟補》

《物類相感志》云:"染乾皂皮, 顔色內入杏仁, 則光且黑." 同上

贍用志卷第三

---

30 출전 확인 안 됨.
31 《說郛》卷22 下〈物類相感志〉"雜著".
32 출전 확인 안 됨.

⁂ 임원경제연구소

임원경제연구소는 고전 연구와 번역, 출판을 주요 목적으로 하는 사단법인이다. 문사철수(文史哲數)와 의농공상(醫農工商) 등 다양한 전공 분야의 소장학자 40여 명이 회원 및 번역자로 참여하여, 풍석 서유구의 《임원경제지》를 완역하고 있다. 또한 번역 사업을 진행하면서 축적한 노하우와 번역 결과물을 대중과 공유하기 위해 관련 전문가 및 단체들과 교류하고 있다. 연구소에서는 번역 과정과 결과를 통하여 '임원경제학'을 정립하고 우리 문명의 수준을 제고하여 우리 학문과 우리의 삶을 소통시키고자 노력한다. 임원경제학은 시골 살림의 규모와 운영에 관한 모든 것의 학문이며, 경국제세(經國濟世)의 실천적 방책이다.

번역, 교열, 교감, 표점, 감수자 소개

번역

정명현

고려대 유전공학과를 졸업하고, 도올서원과 한림대 태동고전연구소에서 한학을 공부했다. 서울대 대학원 '과학사 및 과학철학 협동과정'에서 전통 과학기술사를 전공하여 〈정약전의 《자산어보》에 담긴 해양박물학의 성격〉과 《서유구의 선진농법 제도화를 통한 국부창출론》으로 각각 석사와 박사를 마쳤다. 《본리지》를 김정기와 함께 번역했고, 《본리지》의 설명대로 파주에서 텃밭 농사를 아주 조금 짓고 있다. 또 다른 역주서로 《자산어보》가 있고, 현재 《임원경제지》 번역 사업에 참여하고 있으며 임원경제연구소 소장이다.

이동인

청주대 역사교육과에서 꿈을 키웠다. 한림대 태동고전연구소에서 한학을 연수했고, 서울대 국사학과에서 석사학위를 받았으며, 한국학중앙연구원 한국사학과 박사과정을 수료했다. 현재 수원시정연구원 수원학연구센터에서 연구원으로 근무하고 있다.

이강민

서울대 건축학과를 졸업하고, 같은 대학에서 건축역사를 전공하여 석사와 박사를 마쳤다. 한국과 동아시아의 건축사를 연구해 왔으며, 주요 저서로《3칸×3칸: 한국건축의 유형학적 접근》(2006)과《도리구조와 서까래구조: 동아시아 문명과 목조건축의 구조원리》(2013) 등이 있다. 건축도시공간연구소 국가한옥센터장을 역임하면서 다수의 한옥과 문화재 정책연구를 수행한 경험이 있으며, 현재는 한국예술종합학교 건축과 교수로 재직 중이다.

김태완

서울시립대학교 국사학과에서 공부했고, 〈조선후기 구황식품의 활용에 대한 연구〉로 석사를 마쳤다. 《임원경제지·본리지》,《정조지》의 일부와《섬용지》,《전어지》 등의 교열에 참가했다. 수원화성박물관을 개관하는 데 일조했고, 현재 부천교육박물관에 재직 중이다.

최시남

성균관대학교 유학과 학사 및 석사를 마쳤으며 동 대학원 박사과정을 수료했다. 성균관한림원과 도올서원에서 한학을 공부했다. 현재 IT 회사에 근무하며 조선시대 왕실 자료와 문집, 지리지 등의 고전적 디지털화 작업을 하고 있다.

차서연

한국전통문화대학교 전통미술공예학과에서 전통섬유공예를 전공하면서 전통의상 제작을 접했다. 단국대학교 전통의상학과에서 〈서유구의 복식관:《섬용지》'복식지구'를 중심으로〉와 《《상례사전》〈상복상〉에 나타난 다산의 상복관〉으로 석사와 박사 학위를 받았다. 조선 학자들의 복식에 대한 관점을 파악하기 위해 한림대 태동고전연구소에서 한학연수과정을 수료하고 《섬용지》 및 《전공지》 역주 작업에 참여했다.

교감 및 표점
민철기(임원경제연구소 선임연구원, 연세대 철학과, 동 대학원 석사)
김수연(임원경제연구소 연구원, 한국전통문화학교 전통조경학과, 태동고전연구소 한학연수과정 수료)
황현이(임원경제연구소 연구원, 중앙대학교 역사학과, 태동고전연구소 한학연수과정수료)

자료 정리
김현진(임원경제연구소 연구원, 공주대 한문교육학과, 성균관대 한문학과 석사 수료, 태동고전연구소 한학연수과정 수료)
고윤주(푸르덴셜 라이프 플래너)

감수
조순희(한국고전번역원 선임연구원)
최연우(단국대 전통의상학과 교수)

🌐 풍석문화재단

(재)풍석문화재단은《임원경제지》등 풍석 서유구 선생의 저술을 번역 출판하는 것을 토대로 전통문화 콘텐츠를 현대에 되살려 창조적으로 진흥시키고 한국의 학술 및 문화 발전에 기여함을 목적으로 하여 2015년 4월 28일 설립하였습니다.

재단은 현재 ①《임원경제지》의 완역 지원 및 간행(출판 및 온라인, 총 67권 예상), ②《완영일록》,《풍석고협집》,《금화지비집》,《번계시고》,《금화경독기》등 선생의 저술·번역·출간, ③ 풍석학술대회 개최 및 풍석학회 지원, ④ 풍석디지털기념관 구축 등 풍석학술진흥 및 연구기반 조성에 필요한 사업을 중점적으로 추진 중입니다.

재단은 또한 출판물, 드라마, 웹툰, 영화 등 다양한 풍석 서유구 선생 관련 콘텐츠 개발을 추진하는 한편, 우석대학교와 함께 풍석문화재단 음식연구소를 설립하여《임원경제지》기반 전통음식문화의 복원 및 현대화 사업 등도 진행 중입니다.

풍석문화재단의 사업 내용, 구성원 등에 대한 자세한 소개는 풍석문화재단 홈페이지(www.pungseok.net)를 참조하여 주시기 바랍니다.

풍석학술진흥및연구기반조성위원회

(재)풍석문화재단은《임원경제지》의 완역완간 사업 등의 추진을 총괄하고 예산 집행의 투명성을 기하기 위해 풍석학술진흥및연구기반조성위원회를 두고 있습니다.

풍석학술진흥및연구기반조성위원회는 사업 및 예산계획의 수립 및 연도별 관리, 지출 관리, 사업 수익 관리 등을 담당하며 위원은 아래와 같습니다.

위원장 : 신정수(풍석문화재단 이사장)

위　원 : 서정문(한국고전번역원 수석연구위원), 안대회(성균관대학교 한문학과 교수),
　　　　유대기(활기찬인생2막 회장), 정명현(임원경제연구소 소장)

《임원경제지·섬용지》 완역 출판을 후원해 주신 분들

㈜DYB교육 ㈜우리문화 ㈜벽제외식산업개발 ㈜청운산업 ㈔인문학문화포럼
대구서씨대종회 강흡모 고관순 고유돈 곽미경 곽의종 곽중섭 구자민 권희재
김경용 김동범 김문자 김병돈 김상철 김석기 김성규 김영환 김용도 김익래
김일웅 김정기 김정연 김종보 김종호 김지연 김창욱 김춘수 김현수 김후경
나윤호 류충수 민승현 박동식 박미현 박보영 박상준 박용희 박종규 박찬교
박춘일 박현출 백노현 변흥섭 서국모 서봉석 서영석 서정표 서청원 송은정
송형록 신영수 신응수 신종출 신태복 안순철 안영준 안철환 양태건 양휘웅
오성열 오영록 오영복 오인섭 용남곤 유종숙 윤남철 윤정호 이건호 이경근
이근영 이동규 이동호 이득수 이세훈 이순례 이순영 이승무 이영진 이우성
이재용 이 철 이태인 이현식 이효지 임각수 임승윤 임종훈 장상무 전종욱
정갑환 정 극 정금자 정명섭 정상현 정소성 정연순 정용수 정진성 조문경
조재현 조창록 주석원 진병춘 진선미 차영익 차흥복 최경수 최경식 최광현
최정원 최필수 태의경 하영휘 허영일 홍미숙 홍수표 황재운 황재호 황정주
황창연

※ 지금까지 오랫동안 후원을 통해《섬용지》번역 출판을 함께해 주신 여러분께 진심으로
   감사드립니다.